南昌大学法学文库

生态减灾的法律调整

——以环境法为进路

黄智宇 著

法律出版社
LAW PRESS·CHINA

总序

改革开放以来，随着我国法学教育和法学研究的迅速发展，我国法学理论研究一路高歌猛进，各种法学著述汗牛充栋、琳琅满目。出版各种系列丛书，已成为各大法律院校展示科研成果和研究实力的一种方式。“南昌大学法学文库”的出版也有这种目的。

南昌大学法学教育肇始于新中国成立前的国立中正大学法律系。抗日战争爆发时，国民政府深感经纬万端，亟待忠贞弘毅之士，推行博厚笃实之教育理念，于1940年在江西泰和杏岭建立国立中正大学，享誉海内外的植物学家和教育家胡先骕先生为首任校长。创立之初，即设文法学院、工学院、农学院，1947年文法学院分为文学院和法学院，1948年增设法律系。彼时，适值蔡枢衡先生回家乡永修探亲，被赣鄱父老、学术达士强烈挽留，终留南昌，主持中正大学法律系，任教授，兼任系主任。1949年南昌解放时，国立中正大学停办（我国台湾地区于1989年在嘉义恢复中正大学）。1980年江西大学设立法律系，法学之薪火得以在豫章故郡续燃。江西大学法律系在成立之初便云集了一大批优秀的教师，例如，刘焕文、胡正谒、丁文华、刘仕才、谢庆演、胡继群、卓凡等。许多现今知名的学者和专家也曾于20世纪80年代在江西大学法律系工作过，例如，著名民法学家徐国栋教授、山西省高级人民法院邱水平院长、原清华大学副校长谢维和教授。1993年江西大学与江西工业大学合并组建南昌大学，江西大学法律系亦改称为南昌大学法律系。经过老一辈法学家蔡枢衡、刘焕文、胡正谒等先贤筚路蓝缕、披荆斩棘和几代南昌大学法律人的奋斗，尤其是江西大学法律系成立以来的近40年，南昌大学法学院广聚人才、苦练内功，形成了梯队合理、结构优化的科研教学团队，取得了长足进步，学科优势地位日渐凸显。

“南昌大学法学文库”正是在上述背景下应运而生。文库设立初衷在于展示本校法学最新研究成果,弘扬严谨笃学、厚实勤勉的学术传统。入选文库的论著,既包括毕业于本院社会治理与法治系统工程专业的博士学位论文,也包括新进教师的博士学位论文及学院其他教师的新近力作。内容涵盖法学领域各个二级学科、法学与其他学科的交叉学科。期待经过若干年的连续出版,文库在保证质量的基础上,形成规模效应,为法学理论研究的持续繁荣锦上添花。

“南昌大学法学文库”由南昌大学法学院的教授组成编委会,甄别论著质量,筛选具有出版价值的优秀论著,法学院具体负责出版事宜。通过严格审查把关,力争出版一系列具有学术见地、学术创新的高水平著作。同时也对后学者施以激励,延续本学科优良的学术传统。

本文库的出版,有赖于法律出版社的积极筹划与倾力帮衬。长期以来,法律出版社对南昌大学法学学科给予了大力支持,今日文库出版,亦为双方戮力同心、协同发展合作关系的见证。借此机会,向法律出版社表示由衷的谢忱!

“庙廊之才,非一木之枝”,我们希望各位学界同人批评指正,共同扶持青年后学。

杨峰

2017 年 12 月 31 日于南昌大学前湖校区

序

"生态减灾法"的概念构成

——兼议"生态保护法"与"灾害减防法"的协同

一

中国科学院院士马宗晋认为,灾害是由于自然变异、人为因素或自然变异与人为因素相结合所引发的对人类生命、财产和人类生存发展环境造成破坏损失的现象或过程。环境法学关注灾害主要针对自然灾害。灾害学在美国是一门发展成熟的学科,其发展可追溯至所谓"环境时代"(Environmental Era)的20世纪70年代。美国灾害研究一开始以地球科学、军事科学与工程为方向,直到地理学家、人文生态学派代表吉尔伯特·怀特(Gilbert White,被誉为"灾害管理之父")和社会学家尤金·哈斯(J. Euqene Haas)在1975年出版《自然灾难研究评鉴》(Assessment of Research on Natural Hazards)一书,才开启了灾害在有关经济、社会、政治等领域的跨学科研究。20世纪80年代科学技术的发达伴生着灾害的频发进一步强化了跨学科研究灾害的趋势。灾害学研究大致分为工程学科学派、人文生态学派、社区研究学派、行政学派和整合性灾害研究学派。工程学派认为,灾害仅指自然灾害,其观点建立在数据收集和分析上而不应用于实际中,是典型的理论派。人文生态学派关注人与自然互动所产生的风险,和灾害过程中自然与社会因素共同的影响互动关系。社区研究学派研究灾害行为的社会心理、"集体行为"或"社会组织理论",关注受灾害影响社区的作用、存续和重建。行政学派,发源自公共行政学传统,关心政府的角色以及如何通过立法、政策、行政协调对灾害过程进行管理。整合性灾害研究学派是晚近灾害研究的主流,在前述地理学的天然风险研究和社会学的灾害研究的基础上形成。该学派从地理学、生态学、社会学、行政学和法律政策学等综合性的角度出发,对灾害进行跨学科和领域的研究,开启了灾害研究的新范畴。

随着1992年可持续发展概念引入社会、经济和环境管理,在可持续发展的架构下综合研究灾害问题,成为当代灾害学发展的前沿走向。比如,凯特(Kates)等认为,灾害是社会与自然相互作用的产物,是影响区域可持续发展过程的因子,灾害形成常常表现为突变或渐变两种过程,以此影响不同时空尺度的可持续发展。当代灾害学认为,在自然系统的脆弱性之外,资源的开发利用是产生灾害的一个重要的驱动因素,人类的土地利用对自然地理系统的改变,工业化进程中对化石能源的开发利用以及其他人类开发资源过程中所产生的温室气体(稻田甲烷的释放、大面积森林砍伐、草场转为农田),都会导致和加强自然系统的脆弱性和不稳定性(如气候变暖和全球性的沙尘暴灾害),使地质灾害、气象灾害等自然灾害频发或加剧。灾害科学是一门综合性交叉科学体系,其中生态学派以减少灾害损失为行动目标,社会学派则以灾害相应与应急准备为行动要点。灾害科学是可持续发展科学的一个新领域,其所提倡的"可持续减灾"包含以下主要内容:环境质量、生活质量、社会对灾害的承受力、经济活力、代际和代内的资源和环境的公平分享,社会攻势下的社会行为公平参与。在这个意义上,灾害学与环境科学、生态学协同进入了可持续发展科学的研究领域。

我国的灾害防治研究起步较晚。新中国成立初期,为尽快从战争中恢复国民经济,我国把灾害防治的重点放在交通路线的周边,为工业建设保障基础设施建设。在20世纪70年代研究者已经意识到灾害的地区分布性,除了对川藏、陇海、成昆、宝成、金沙江、川江航道进行交通防灾,还在国土整治、自然保护区建设、环境保护领域开始灾害治理。这是我国灾害防治的探索和摸索规律的阶段。目前,我国灾害防治的研究正从以前的事中救灾和事后治理转向研究灾害的形成、运动机理和重灾点的示范工程;从以前单一的灾害治理转变为综合的灾害防治,在灾害治理上强调综合治理和综合效益;由过去的灾害抢险救灾转变为灾前的主动防范避难。总体上,我国灾害科学研究学者在通过借鉴国外研究成果,以生态学、系统论等综合角度研究灾害问题,注重揭示灾害形成过程的机理与机制、建立将灾害形成机理与过程耦合的灾害动力学模型。这种研究有时存在学院派弊端,研究成果与管理推广存在断带。

伴随灾害学、生态学的发展,与灾害和生态相关的管理和法律实践一直在应用中成长,并表现出从单纯的灾害管理,向综合灾害管理和与生态保护管理相衔接的灾害管理发展的趋势。从20世纪三四十年代开始，日本、美国等自然灾害频发的国家就开始建设专门的灾害减防法律体系和行政管理体系。日本先后在1947年、1961年制定了《灾害援助法》《灾害对策基本法》，其单项灾害防治法的范围几乎覆盖了日本经常遭受的所有灾种，形成了与灾害的各个阶段（备灾、应急、恢复重建系统）相应的法律法规。日本比较完备的灾害管理法律体系，为良好的防灾减灾运行机制提供了有效的法律保障和依据。美国第一个与灾害有关的法律出现在1950年，数次修改后于1970年颁布了《灾害救助法》。美国的单项灾害防治法的范围覆盖了该国经常遭受到的所有灾种：防御洪水灾害的立法（1936年的《防洪法》及其补充，1986年的《国家洪水保险法》，1973年的《洪水、灾害、防御法》，1972年的《国家大坝监测法》等），1974年的《灾害救济法》。美国于1979年4月成立的联邦应急管理署，是联邦政府应急管理的核心协调决策机构，领导全国做好防灾、减灾、备灾、救灾和灾后恢复工作。在20世纪70年代后期，灾害立法开始兼顾生态保护的要求，如1977年地震法要求采用完善的建筑规范和土地利用准则加以防御，在1976年颁布的以减轻沿海自然灾害为目标的海岸带管理法提出的海岸带管理计划中，要求突出防洪、海岸侵蚀、土壤稳定性、气候和气象学等方面的内容。美国和日本的灾害管理法制较为健全，均有自己的灾害管理综合法，且单向法覆盖面较广，可操作性较强；实行中央到地方的分级管理体制，有相应的综合灾害管理机构，实行一元化领导；注重防灾减灾教育，强调以社区为本的灾害管理，在社区水平上普及推广综合减灾实用技术，发挥社区在灾害管理中的作用；注重灾前的防灾与备灾工作；国家对减灾工作有可靠的资金保证。

20世纪末随着综合生态系统管理理念的盛行，“环境”或者“生态”减灾、防灾在欧美成为潮流。美国的反坝运动、欧洲的“环境水利”，就是利用自然生态规律，减少人为的工程性影响，通过合理设计水土蓄洪涵养能力、土地利用规划和生态恢复和建设措施进行防洪减灾的实践，取得了良好的效果。

二

然而，法学领域的“生态保护法”与“灾害减防法”交叉研究尚未形成普遍范式，相应的研究成果也不多。自然灾害法领域的代表性成果当属王建平教授的《减轻自然灾害的法律问题研究》（1994年版、2008年版）。这是我国学者以法律机制减轻自然灾害为目的的第一本法学专著，填补了灾害法研究的空白。其对减轻自然灾害的法律问题的研究主要围绕灾害的集体行动,也就是灾害发生后的减轻损失的法律问题,研究视角基本着眼于灾害的应急管理,关注的议题主要围绕既发灾害的法律问题,如灾区和灾民的特征、赈灾的法律机制、灾害状态的法律对策、国家的减灾责任和灾区的减灾责任。王建平教授的这本专著尚未能够从生态保护和防范控制模式解读自然灾害,其学术旨趣并不在于讨论"生态保护法"与"灾害法"的范畴关系和定位、协同关系和协同性法律制度的构建等问题。

不过,在灾害和生态问题的应对上,很多学者已经自觉或自发地将环境法中的自然资源保护,生态恢复、保护和建设的政策纳入灾害防治法律政策体系的对策研究,也出现了在理论上探讨生态保护法(或环境法)与灾害防治法在什么维度上具有统一性和协调性的理论问题。蔡守秋认为,环境资源法体系从内容上由污染防治法、自然资源利用和管理法、国土开发整治法、灾害防治法、自然保护法、生态环境建设法、能源法等子体系构成。李广兵认为,有关灾害防治、自然保护、环境整治和生态建设的法律规范可以统构为"生态保护建设法"。周珂认为,环境法的功能包括防御和减轻自然灾害,灾害主要表现为生态外部空间环境的灾难性恶化,即所谓原生环境问题或第一环境问题,而对维护外部生态空间安全即人类与生态外部空间关系的法律调整只能归口于环境法而非其他法律。张善信也认为现代生态环境法体系应包括污染防治法、自然资源保护法、灾害防治法。王权典在其论文《论环境安全视角下的我国灾害防治法制建设》中认为,灾害防治法属于环境法在我国理论界已形成主流共识,但在我国现行相关立法与执法方面并没有协调处理好传统环境法律体系与自然资源法律体系和自然灾害防治法律体系的三者关系问题,如现有的《森林法》《水土保持法》《草原法》等就防治荒漠化而言,它们的目标功能一致,但缺乏相互协调一致的系统性规范机制,进而导致执法领域的混乱与困难;如《气象法》,兼有气象灾害防治、气象气候资源开发利用和保护的相关零星规定,但未系统化;《全国生态环境保护纲要》虽已注意到了灾害防治为我国生态安全建设即加强环境保护的重要目标,但还仅是一个政策性纲领,有待于相关立法加以贯彻落实。陈海嵩认为,灾害法与环境法有着不同的调整对象,简单地将灾害防治法纳入环境法范畴,是机械的、不符合法律调整规律的。缺乏对两个子部门法(法群)的法理论证和范畴划定的理论深度。可见,我国对环境法与灾害法交集领域的研究即对环境法与灾害法协同作用和同构法律制度和法律体系的研究已经被较广泛地关注,但其学理论证和制度构建尚不够系统和深入。

这与我国较为薄弱的灾害防治法律体系密切相关。综观我国灾害防治专门立法,虽然法规规章数量不少,但是属于国家法律却不多:2007 年的《突发事件应对法》,1999 年《气象法》,1998 年《防御与减轻地震灾害法》,1998 年《防洪法》和 1992 年《矿山安全法》。我国在 1998 年发布的《减灾规划(1998—2020 年)》中明确提出,加强减灾法制建设,积极开展减灾立法的研究工作,健全和完善减灾法律法规体系。但是结合环境资源立法,我国生态保护与灾害减防法律体系存在的不足之处主要有:(1)缺少综合性的灾害基本法。《突发事件应对法》的突发事件的定义范围大于灾害的定义范围,该法适用于灾害,但是不仅针对灾害,不过该法在 2008 年的雪灾中暴露出了可操作性较差的缺点,难以充当承担灾害防治法律的基本法。(2)灾害立法偏重于突发性自然灾害的防治立法,对渐进型灾害没有给予重视。(3)环境保护立法对渐进性灾害的管制和调整也不够重视,环境保护立法在防灾减灾方面立法意识不强,涉及这方面的法律规范不充分也不完善。(4)在灾害管理体系上,基本上处于单项灾害治理、自成系统的局面,没有统一的灾害管理主管部门。(5)在基本建设、生态保护方面没有综合考虑合理的减灾、防灾规划和措施,缺乏灾害信息预报传输处理机制、灾害预防预警制度、灾害应急制度及灾后重建制度等。

我国是世界上自然灾害最严重的国家之一,70% 以上的人口、80% 以上的工农业和城市受到气象、海洋、洪水和地震等灾害的严重威胁。每年的自然灾害大约造成 1 万多人死亡和 2000 亿元的经济损失。自 2000 年以后,我国生态事故和灾难进入频发期,严重影响国家发展战略的实现和生态文明的建设以及人民群众的生活安定。2010 年 10 月国务院提出《制定国民经济和社会发展第十二个五年规划建议》。该建议提出了加快建设资源节约型、环境友好型社会,提高生态文明水平的规划目标,并从五个方面进行了全面部署,其中之一就是“加强生态环境保护和防灾减灾体系建设”。值得注意的是,这是国务院首次将“生态保护”和“防灾和减灾”作为一个整合、协同的领域明确提出,并作为一个规划目标进行建设。虽然 1998 年的长江特大洪水和 2000 年左右的北方沙尘暴灾害是我国大力开展生态保护和生态建设的契机,但是一直以来我国在国家战略规划中仍然将灾害减防和生态保护作为独立的发展目标进行部署。因此前述“十二五”规划的如此表述,不仅是词组的整合,而且是国家在充分认识到综合灾害治理的必要性和重要性之后的一种战略性选择。对此,时任国务院总理温家宝特别指出,近几年我国重特大自然灾害频发,接连遭受汶川、玉树地震和舟曲山洪泥石流等重大自然灾害,给人民生命财产和经济社会发展造成重大损失;必须加强生态环境保护,坚持保护优先和自然恢复为主,从源头上扭转生态环境恶化趋势,减轻和防治自然灾害的影响。2011 年国家社科基金课题指南将"促进生态保护与灾害减防法律体系建设"纳入理论研究课题,充分表明了从理论上论证、研究"生态保护与灾害减防法律体系"的必要性和紧迫性,以及对建设生态文明法治具有的重大现实意义。

三

经过长期的学术锻造,环境法学界对环境法的调整领域体系基本形成共识,即其由三大子法领域——污染防治法、自然资源法和生态保护法构成。其中,生态保护法系统性研究非常不足。2014 年新修改的《环境保护法》虽然在生态保护上有所加强,仍然没有形成突破之势。然而,我国生态保护的管理试点实践和制度创新却不断涌现和成长,迫切需要环境法学者对生态保护法的基础理论、基本制度和责任构成等问题进行理性思考和系统解说。早在 2000 年我国生态保护第一个政策性文件——《生态保护纲要》出台的时候,笔者就开始关注生态保护法子部门法理论建构问题,并长期开展生态保护法管理实践追踪研究。在考察国家实施生态保护、生态建设工程时,笔者发现自然灾害的减轻和预防是实现生态系统安全的具体目标,因此生态保护与自然灾害减防具有同质性和同构性。2011 年笔者成功申获国家社科基金重点项目"构建生态保护与自然灾害减防法律体系一体化"。这一课题的研究旨趣在于证成"生态保护与自然灾害减防可以同构为一个相对独特的法律体系",即"生态保护与灾害减防领域法构成",以此丰富环境法学科基础理论研究,并为生态保护法辨识、筛选更恰当的法律调整领域和法律制度形态。

经过几年的研究,课题组形成了两个主要的重要成果。一是笔者在项目执行初期出版、后被法学界较为认可的《生态保护法论》。二是笔者指导、黄智宇撰写的博士学位论文《生态减灾的法律调整:以环境法为进路》,该成果经过作者在博士后攻读期间的完善,现在以专著的形式呈现在读者面前。

这两项成果具有逻辑承续性。笔者的成果构成了"构建生态保护和减灾防灾法律体系研究"的上篇,即"构建'生态保护法'"。在该部分成果中,首先,笔者综合考察生态保护和生态减灾防灾的一体化法律体系,提出在综合生态系统管理原则基础上的生态保护法律框架体系和规则体系的建构方法、基本法律要素及其内容，建构了能够承载生态保护的14个基本法律要素（包括：立法宗旨与目的；个人的权利和责任；战略和规划；政府和行政机关的职能；综合生态管理的组织架构；行政管制；资源可持续利用和生态保护区划、规划、计划；资源生态保护、生态系统管理措施；调查、研究、监测、评价；公众和社区参与；教育、宣传和培训等能力建设；财政投入；遵守和执行；法律责任追究和争议处理）。其次，笔者归纳提出并评价了我国生态保护法的主要监督管理法律制度——生态功能区划制度、生态功能保护区制度和生态监察制度，并提出国家应当制定保护生态系统立法——《生态保护法》。

而黄智宇的博士学位论文则构成了“构建生态保护和减灾防灾法律体系研究”的下篇，即以生态保护法（在二级部门法上是环境法）为进路“建构‘生态减灾法’”。黄智宇博士学位论文的研究目标是，从多学科角度解释环境—资源—生态保护与减防灾害关系，总结、归纳生态保护与减防自然灾害的统一性、协同性特征，进而解析灾害法与环境资源法的交集关系（或者说自然灾害减防法在环境资源法中的地位），构建生态保护法与减防自然灾害法功能协同的法律体系——“生态保护与灾害减防领域法”，提出具体的法律制度形态及其规范性构建方案。

无论是从博士学位论文指导教师还是专著的评审专家的角度来看，黄智宇博士的专著《生态减灾的法律调整：以环境法为进路》都较好地完成了预期的研究任务，可以说这是环境法学人在“生态减灾法领域”出版的先驱性专著。专著从环境法的视角研究防灾减灾问题，其核心思想是以生态保护实现自然灾害减防目标，将生态系统管理拓展至减少灾害风险领域，实现生态保护与防灾减灾的有效结合，共同融入可持续发展的大框架之中；从灾害法的角度重新审视环境问题，认为环境问题不仅局限于环境污染和生态破坏，还涉及二者共同作用下对自然灾害的影响。在此基础上，拓展环境法的调整范畴，延伸至防灾减灾的调整之上，论证环境法在防灾减灾中的正当性和合理性。具体而言，专著在以下方面取得了可喜的学术拓展。

1.论证了“生态减灾法”的法理基础——生态减灾的理念和行为模式

自然灾害是自然事件与社会因素的综合产物，随着社会、经济和科技的发展，形成了包括应急管理、风险管理和适应性管理等多元共存的灾害管理理念和方式。生态减灾是新型的减灾理念和方式，具有风险管理和适应性管理的特点；它通过生态系统方式减少灾害风险的发生，利用生态系统服务功能的完整性与健康性来增强社会生态系统在自然灾害面前的恢复力和适应力。从行为上分析,生态减灾是指人类通过保护、维护、修复和建设的方式保障生态系统服务功能以防止、减少或转换灾害风险,提高“社会—生态”系统抵御自然灾害冲击的活动。

2. 解释了“生态减灾法”在法律体系中的地位——“生态保护法”与“灾害法”交集之法域

生态减灾领域法是指调整人类对生态系统的保护、建设和修复(以下统称生态系统管理)以实施减少灾害风险行为而形成的社会关系的法律规范总称。生态减灾领域法的调整对象是调整人类使用、保护、建设和修复生态系统服务功能(生态系统管理)以实施减灾的社会关系,具体分为通过生态系统管理实施的灾害预防行为、通过生态系统管理实施的灾害应急行为、通过生态系统管理实施的灾后恢复重建行为。生态减灾领域法的基本特征包括多元化的法律目的、融合性的法律体系和适应性的法律方法。生态减灾领域法的基本原则包括生态弹性原则、风险预防原则和混合责任原则。

3. 以减灾为目标、以环境法(生态保护法)为进路,解构生态减灾的法律制度和法律责任体系

生态减灾制度分为减少灾害危险的法律制度、控制灾害暴露的法律制度、降低社会脆弱性的法律制度与提高灾害恢复力的法律制度。通过对具体生态保护法律制度的解读、拓展或融合,将可持续发展、生态保护与减少灾害风险等问题综合衡量,明确这些制度中生态减灾的主体、权利、义务和责任,以此指引和规范生态减灾的行为,真正保障生态减灾的有效、有序实施。在生态减灾的法律责任问题上,认为预防损害和填补损害同等重要。随着人类对自然灾害的影响范围和深度的加深,自然灾害的“非自然”性逐渐成为共识,自然灾害从一种天灾式的“不幸”遭遇转变为一种“社会不公”的进程和结果;减灾已经成为一种权利,未履行减灾义务的主体便需承担相应的法律责任,唯此才能促使“从灾害共同体走向责任共同体”。生态减灾责任追究应当遵循全民负担为主、功能破坏者为辅的原则。

4. 从生态减灾的法律调整现状出发提出法治建设对策

生态减灾法是一个概念性法域,其实证法律制度构建需依循生态保护法和灾害法,但在生态减灾调控方面,这两个实体法体系在立法理念、集成目标认知和建构基础等方面均缺乏体现和重视。对自然灾害法来说,应急管理为

主的灾害管理理念促使整体灾害法体系无法在横向上将其调整轴拉长至灾前生态系统的保护和灾后生态环境的建设;建立在纯自然动力基础上的自然灾害概念上的自然灾害法,往往忽略了人为动力对灾害成因和发展过程的影响,大大降低了灾害的可减防度;自然灾害法对生态减灾的态度始终无法明确,这种态度既受其自身理念和建构基础的限制,也受现实中利益冲突下的成本效益之术的束缚。而对于环境法来说,它对生态减灾的法律认可也面临着一系列的困境,包括未贯彻综合生态系统管理理念、基于人为动力机制的环境问题的建构基础以及对生态减灾态度的不明朗。因此,生态减灾法律问题未能在自然灾害法和环境法实体法体系中得到有效的融合。本书提出加强生态减灾法治建设的对策:在法律责任追责上,应当基于自然灾害是自然事件与社会因素综合产物的认知,重新反思自然灾害作为不可抗力之法定事由的效力;在灾害行政管理上,应扭转侧重于灾害应急救助,侧重预防与减缓灾害;在环境法调整机制上,要改变过去单纯进行污染控制、资源经济价值的开发利用以及单个物种保护的现状,转而注重生态系统的整体管理与保护。

四

在2017年8月召开的中国环境资源法学研究会年会上,四川大学的王建平教授与我讨论了环境法与灾害法协同作为的问题。王教授从事灾害法研究的时间与我关注生态保护法的时间差不多,但是他在灾害法研究上的建树令人瞩目。例如,在四川大学独创灾害法学博士培养方向,定期出版《灾害法》研究集刊,建立了灾害法省校共建科研平台。他的成绩令我敬佩。我们不谋而合地同意在“生态保护法”与“灾害法”协同领域主动合作并推进这方面的科研、人才培养和学科建设。现在,我们正在积极筹备组建中国环境资源法研究会所属的“生态保护与灾害减防法律研究委员会”,希望为生态减灾法研究创造一个更有可为的学术“敖包”。而黄智宇博士的《生态减灾的法律调整:以环境法为进路》一书无疑是这个学术“敖包”上新添的一朵出彩的飘带。

杜群*

2018年7月23日

* 武汉大学环境法研究所教授。

目录

引言

第一节　研究背景和意义

一、选题背景

2004年印度海啸是国际社会在灾害管理理念上经历的一个转折点,国际社会强调灾害预防和风险减少的管理理念,尤为强调通过生态系统方式实现减灾(以下简称生态减灾)。2005年在日本举行的国际减灾大会上,通过了旨在提高灾害恢复力的《兵库行动框架》(Hyogo Framework for Action,HFA),在重点行动之一——“减少潜在灾害风险因素”中便有两项关键措施与生态系统和生态系统管理直接相关。[1] 在此后的国际减灾论坛中,多次强调将生态系统管理作为减灾战略中的一个关键组成部分的重要性。

我国经济正处于快速增长的阶段,人均需求与日俱增,工业化、城镇化进程不断加快。人类社会不断挤占自然生态的空间,加剧了自然灾害发生的频率与强度,自然灾害的发生反过来又阻碍人类发展的进程。因此,如何规范人类开发利用生态系统所具有的各项功能,以最大限度地保障生态系统的防灾功能,发挥自然本身调节自然灾害的功能已成为一个重要的现实问题。这一点已被我国决策者和领导者所意识到,2010年10月,国务院《制定国

〔1〕 See International Strategy for Disaster Reduction,“Hyogo Framework for Action 2005 - 2015: Building the Resilience of Nations and Communities to Disasters”, Accessed May 2, 2018. http://www.unisdr.org/wcdr.

民经济和社会发展第十二个五年规划建议》提出了加快建设资源节约型、环境友好型社会,提高生态文明水平的规划目标,并从五个方面进行了全面部署,其中之一就是"加强生态环境保护和防灾减灾体系建设"。这是国务院首次将"生态保护"和"防灾减灾"作为一个整合的体系明确提出,并作为一个规划目标进行建设。"十二五"规划如此表述,不仅是词组的整合,而是国家在充分认识到综合灾害治理的必要性和重要性之后的一种战略选择。2011 年的《国家综合防灾减灾规划(2011～2015)》更是在"加强自然灾害风险管理能力建设"这一任务中,提到了"建立减少人为因素引发自然灾害的预防机制"。随着生态文明建设的不断深入,我国期望用最严格的制度以加强生态保护的决心已然显现;同时,在 2014 年 3 月 5 日第十二届全国人民代表大会第二次会议上的《政府工作报告》中,将应对自然灾害等各种突发事件纳入"改进社会治理方式"的改革当中,进一步认识到自然灾害已不再是单纯的自然现象,而是牵涉社会稳定、生态安全,以及人类生命财产安全的重大公共安全问题。

二、研究意义

(一)现实意义

自然灾害持续地给人类带来巨大的破坏,其影响范围也越来越广,越来越大。国际灾害数据库(International Disaster Database, EM-DAT)[1]记录了 2002 年至 2011 年的灾害达 4130 起,全球自然灾害造成 1,117,527 人丧生,记录的灾害损失至少达 11,950 亿美元。仅 2011 年就发生灾害 302 起,造成 29,782人丧生;2.06 亿人的生活受到影响,造成损失估计达 3660 亿美元。[2]

---

[1] EM-DAT 是国际灾害数据库,它收录了世界各地发生的灾害频率和影响,其数据源于各种渠道,包括联合国机构、非政府组织、保险公司、研究机构以及出版社等。其收录其中的自然灾害都满足以下条件:(1)死亡 10 人以上(包括 10 人);(2)100 人以上受灾(包括 100 人);(3)国家发布应急声明;(4)寻求国际援助。

[2] 资料来源:国际灾害数据库:http://www.emdat.be/about,最后访问日期:2018 年 5 月 2 日。

在过去几十年中,由人类活动和自然作用共同引起的全球气候变暖问题[1]已经成为世界关注的主要问题之一,气候变化带来影响的广泛性和重要性也越来越明显。气候变化导致极端天气气候事件频发,冰川和积雪融化加剧,水资源分布失衡,生态系统受到威胁。气候变化还引起海平面上升,海岸带遭受洪涝、风暴等自然灾害影响更为严重,一些海岛和沿海低洼地区甚至面临被淹没的风险。根据政府间气候变化专业委员会(International Panel on Climate Change,IPCC)报告,温度上升超过2.5℃时,全球所有区域都可能遭受不利影响;温度上升超过4℃时,则可能对全球生态系统带来不可逆的损害,造成全球经济重大损失。[2] 气候变化的加剧导致与气候相关的风险在频率、强度与空间范围上大幅增加,而与水和气候相关的自然灾害占灾害的总数超过2/3。[3] 近些年来,与极端气候有关的自然灾害造成的经济损失和人口伤亡都有所增加。据统计,1980~2010年,由自然灾害造成的年损失从几十亿美元到2000亿美元,其中以2005年卡特里娜飓风(Hurricane Katrina)造成的损失最多。在发达国家,与天气、气候和地球物理事件相关的灾难造成的经济损失比较高,1997~2008年,发展中国家有超过95%的死亡源于自然灾害。不断增长的暴露区人口和经济资产,是极端气候造成的经济损失持续增加的主

---

[1] 目前监测气候变化及发布信息的最权威机构是联合国气候变化专门委员会(IPCC),成立于1988年。它发布了一系列关于气候条件和变化的科学报告,表明"气候变暖是确定无疑的"(2007年)。IPCC关于气候变化归因的认识也逐步深化:1990年第一次评估报告认为,观测到的增温可能是因自然波动或人类活动,或者是两者共同造成的;1996年第二次评估报告认为人类活动对全球气候的影响能力是有限的,并且在一些关键方面存在不确定性,尽管如此,越来越多的事实表明人类活动的影响已经显现;2001年第三次评估报告称根据最新的更强有力的事实,并考虑到存在的不确定性,过去50年观测到的变暖可能大部分是因人类活动产生的温室气体浓度的增加造成的;2007年第四次评估报告观测的20世纪中叶以来大部分全球平均温度的升高,很可能是因为人为温室气体浓度增加;2013年第五次评估报告则认为全球气候变化是由自然影响因素和人为影响因素共同作用形成的,但对于1950年以来观测到的变化,人为因素极有可能是显著和主要的影响因素,人类使用化石燃料和土地利用的变化是温室气体浓度上升的主要原因。

[2] 参见国家发展改革委员会:《国家适应气候变化战略》,载中华人民共和国中央人民政府网站:http://www.gov.cn/gzdt/att/att/site1/20131209/001e3741a2cc140f6a8701.pdf,最后访问日期:2018年4月20日。

[3] See International Strategy for Disaster Reduction,"Living with Risk—A global review of disaster reduction initiatives",Accessed May 3,2018. http://www.unisdr.org/files/657_lwr1.pdf.

要原因。[1] 目前,全球各自然灾害呈现地域集中、突发性与渐发性并存、多发性显著、破坏力更大以及全球化等特点。日益严重的国际自然灾害形势对世界可持续发展进程造成了巨大阻碍,尤其是对那些脆弱的发展中国家和最不发达国家。因此,国际社会在减防自然灾害上作出了一系列共同的努力。我国属于发展中国家,人口众多,自然气候条件复杂,生态系统整体脆弱。仅以2017年为例,各类自然灾害共造成全国1.4亿人次受灾,881人死亡,98人失踪,525.3万人次紧急转移安置,170.2万人次需紧急生活救助;15.3万间房屋倒塌,31.2万间严重损坏,126.7万间一般损坏;农作物受灾面积18,478.1千公顷,其中绝收1826.7千公顷;直接经济损失3018.7亿元。[2] 中国的自然灾害不断恶化,重大的自然灾害频繁发生,人为影响因素不断增加。我国自然灾害频发的自然原因包括:(1)大陆性季风气候,这导致我国海洋灾害和气象灾害比较严重;(2)处于两大构造带交汇处,使我国成为世界上地质灾害较为严重且频繁的国家;(3)生态环境多样,具有有害生物滋生、繁衍的条件,导致我国生物生态灾害较严重。除此之外,还取决于我国社会经济发展特点,即人口多且集中,经济分布集中在沿海和近海平原,而这些区域又是气象灾害、海洋灾害、地质地震灾害严重的区域,因此损失严重。而且,一些经济条件较差的地区一旦发生灾害,缺乏抵御和恢复能力。

近几十年来,越来越多的自然灾害与生态系统功能的减弱甚至丧失密切相关,如2003年印度海啸、2005年美国卡特里娜飓风、2010年舟曲泥石流,以及我国长期遭遇的沙尘暴天气、低地国家受海平面上升的困扰等。生态减灾的研究不仅有助于降低防灾减灾的社会经济成本,而且将减少自然灾害对人类生命财产的威胁,从而实现保障公共安全的目标。

---

[1] See Intergovernmental Panel on Climate Change, *Managing the risks of extreme events and disasters to advance climate change adaptation: Special report of the intergovernmental panel on climate change*, Cambridge, Cambridge University Press, 2012, p. 65. 该报告综述了气候科学、气候影响、气候变化适应性、灾害风险适应等领域的最新研究进展。

[2] 参见中华人民共和国民政部:《2017年全国自然灾害基本情况》,载中华人民共和国民政部门户网站:http://www.jianzai.gov.cn//DRpublish/ywcp/0000000000027782.html,最后访问日期:2018年5月2日。

（二）理论意义

生态减灾的法律研究具有重要的理论意义。

首先，法律对自然灾害的态度将发生改变。我国法律上对自然灾害的认知还停留在单纯的自然现象之上，因此，在民事领域，自然灾害通常作为不可抗力之法定事由，具有减、免民事责任之效力。在行政领域，国家通过专门调整自然灾害的灾害法律体系则更多地侧重于灾害应急救助，而较为忽略预防与减缓自然灾害管理。从本质上来说，环境法主要是调整“人为”引发的环境问题，对于自然灾害是一种排斥态度。而本书对于生态减灾法律问题的研究，建立在多元化自然灾害类型的基础上，认为自然灾害是自然事件与社会因素的综合产物，从而展开了对环境法与灾害法，甚至其他法律部门的协作和融合的论述。

其次，减灾的新型方式将进一步得到法律保障。无论是管理领域、市场领域抑或法律规定中，生态系统服务功能的价值仍未得到有效的确认和保障。虽然理论界不断呼吁加强生态系统的保护，但是对生态系统功能的保护仍一直是我国环境法的短板。对于环境法而言，生态减灾即意味着环境法要转变过去单纯地进行污染控制、资源经济价值的开发利用以及单个物种保护的现状，应该更加注重生态系统的整体管理与保护。那么，法律如何衡平承载于不同生态系统功能之上的利益，则需要环境法理论界作出更多的探讨。综上，生态减灾法律问题的探讨不仅影响法律对自然灾害的界定，也进一步影响法律对自然灾害的调整手段和方式，以及各法律部门在应对自然灾害问题上的融合，真正实现通过法律手段防止和减少自然灾害对人类的影响。

最后，灾害法与环境法学科研究的进一步深入。灾害法与环境法的调整对象虽然都涉及人与自然之间的关系，其中前者是涉及自然对人类造成危害时人与人之间的关系，而环境法则是涉及人类对自然造成污染或破坏时人与人之间的关系。随着现实中自然灾害与环境问题的相互影响，灾害法与环境法之间的关系也将更紧密。生态减灾法律的提出便是要求以“减灾”为本位，加强环境法对生态系统服务功能的保障。

第二节　国内外研究现状

一、生态减灾的形成与发展

(一)"生态减灾"的术语考证

生态减灾的概念并非作者的意创,其早已在国内外灾害管理学、灾害政策与法律文件中被屡屡提及。

1."生态减灾"在管理学上的提出

我国生态减灾的提出和运用最多的领域是气象水文灾害。早在1998年便有学者明确提出"生态减灾"一词,将生态减灾视为流域管理对策的一种,应列入国家安全战略体系之中。[1] 其后又相继有学者将生态减灾适用于洪涝灾害减防对策中。[2] 除了适用于洪涝灾害,生态减灾方式还被用于应对干旱灾害。[3] 学者们之所以认为"生态减灾"是良策,多是基于对自然灾害形成的生态成因的重新认识,人为洪涝、干旱灾害的发生是由于人类在开发利用环境资源过程中忽略了生态保护和建设。

除了我国灾害管理学中明确提出"生态减灾"对策,国外学者在灾害管理研究中也提出了生态减灾对策,且运用领域更为广泛。生态减灾,英文中称为"ecosystem-based approach to disaster risk reduction",翻译过来是基于生态系统

---

〔1〕 参见王克林等:《洞庭湖区洪涝灾害形成机理与生态减灾和流域管理对策》,载《应用生态学报》1998年第6期。

〔2〕 参见王学雷:《江汉平原湖区洪涝灾害形成机理与生态减灾的对策研究》,载《华中师范大学学报》(自然科学版)1999年第3期;金卫斌、雷慰慈:《湖北四湖流域的洪涝灾害与生态减灾对策》,载《环境科学与技术》2000年第4期;舒晓波等:《鄱阳湖区洪涝灾害的生态环境因素与生态减灾对策》,载《江西师范大学学报》(自然科学版)2001年第2期;刘兰芳、关欣:《农业水灾脆弱性综合评价及生态减灾研究——以湖南省为例》,载《水土保持学报》2006年第2期。

〔3〕 参见刘兰芳等:《农业旱灾脆弱性评价及生态减灾研究——以湖南省衡阳市为例》,载《水土保持通报》2005年第2期。

方式的减灾。[1] 该减灾方式是基于全球生态环境的变化,包括气候变化而实施的一种新型减灾方式,适用于洪涝灾害、海洋灾害、地质灾害等。

2."生态减灾"在政策与法律中的提出

生态减灾不仅是一个灾害管理概念,其也不断地在国际与国内外的政策法律文件中被提出。2004 年印度海啸成为国际社会关注生态减灾的转折点,该灾害事件刺激国际社会建立了《兵库行动框架(2005 ~ 2015):构建国家和社区对灾害的恢复力》(以下简称《兵库行动框架》)。印度海啸同样促使国际社会关注灾害的环境影响,关注海岸生态系统防护和减缓灾害的潜在作用。同时,在这一时期国际上还推行了"红树林为未来"(Mangrove for the Future)的全球环境措施。而在《兵库行动框架》行动重点中的"减少潜在的风险因素"就有两类关键措施与生态系统和生态系统管理密切相关:第一,环境和自然资源管理,包括生态系统的可持续利用和管理、综合环境和自然灾因管理方式融合到减少灾害风险中的实施,以及将减少灾害风险与现有的、未来的气候变化联系起来;第二,土地利用规划和其他技术措施,将灾害风险评估纳入发展规划和管理之中。[2] 除此之外,在随后的 2009 年和 2011 年的全球减灾论坛(Global Platforms for Disaster Risk Reduction)中都强调结合生态系统管理作为减灾战略的关键部分的重要性。

(二)"生态减灾"的内涵

生态减灾又称基于生态系统方式的减灾。虽然生态减灾已得到广泛承认,但是对其具体内涵的理解不尽相同。有学者将生态减灾界定为"与工程减灾相对应的,以区域景观结构的调整为中心内容的减灾对策",[3] 其中区域景观结构由水域(包括湖泊、河流、河滩、水渠等)、陆域(农田、林地、城镇、道路

---

[1] See Fabrice G. Renaud et al. , *The relevance of ecosystem for disaster risk reduction*, in Fabrice G. Renaud et al. eds. , *The role of ecosystem in disaster risk reduction*, Tokyo, United Nations University Press, 2013, pp. 9 – 11.

[2] See International Strategy for Disaster Reduction, "Hyogo Framework for Action 2005 – 2015: Building the Resilience of Nations and Communities to Disasters", Accessed May 2, 2018. http://www.unisdr.org/wcdr.

[3] 金卫斌、雷慰慈:《湖北四湖流域的洪涝灾害与生态减灾对策》,载《环境科学与技术》2000 年第 4 期。

等)以及海域(海岸、海滩、海洋等)基本结构成分组成。还有学者更为全面地解读了生态减灾的内容,认为生态减灾是基于生态系统方式的减灾,而生态系统方式是指一种维持或恢复自然生态系统和它们功能及价值的方式。[1] 其中,"维持"是指通过保护和维护的方式维持生态系统及其服务功能,"恢复"则可通过修复和建设的方式实现生态系统服务功能的正常运转。因此,生态减灾是指人类通过保护、维护、修复和建设的方式保障生态系统服务功能以防止、减少或转换灾害风险,提高社会—生态系统抵御自然灾害冲击能力,实现降低灾害损失的一种新型方式。

需要注明的是,生态减灾不仅是一种具体的减灾方式,而且是一种减灾理念。比如,传统的工程减灾措施存在很多问题:对生态环境本身会造成严重破坏;提供一种错误的安全感,让人误以为有工程措施保护的地方就是安全的;事实上,一旦防灾不起作用,工程毁灭会加剧灾害的冲击力。生态减灾的理念旨在推动其他减灾措施的生态化,即尊重生态规律、维护生态系统功能的完整,因此强调的是减灾方法、手段和措施等的综合性、系统性和生态性。

而且,生态减灾是建立在生态系统管理原则、战略和制度之上的减灾方式,因此,维护和提高整个生态系统结构和功能以维持生态系统服务功能应该成为生态减灾优先考虑的问题。生态减灾与一般的通过环境管理减灾不同,后者并不以生态系统的完整性为中心,而是简单地解决灾害管理中的自然资源利用问题。例如,在地震灾害发生时,如何避免核设施破坏带来的污染;在灾后恢复重建过程中,如何减少对环境带来不利影响等,这些措施并不必然将生态系统作为一个功能整体对待。

生态系统管理对灾害风险因素的影响不同,而且,不同的生态系统可减防的自然灾害不尽相同。[2] 具体表现在:

1. 山林和其他山坡上的植被系统具有减防山体滑坡、泥石流、雪崩、洪涝和干旱等灾害的作用。(1)植被覆盖能够减防土壤侵蚀,增加土壤的稳定性,预防滑坡。(2)森林能够防止石块滑落,稳定雪层,降低雪崩的风险。(3)流

---

〔1〕 参见[英]E. 马尔特比等编:《生态系统管理:科学与社会问题》,康乐、韩兴国等译,科学出版社2003年版,第4页。

〔2〕 See Partnership for Environment and Disaster Risk Reduction, "Demonstrating the role of ecosystem-based management for disaster risk reduction", Accessed May 2, 2018. http://www.preventionweb.net/english/hyogo/gar/2011/en/bgdocs/PEDRR_2010.pdf.

域内的森林,尤其是原始森林,通过增加雨水渗透,延期高峰洪水流,从而降低洪涝风险。(4)流域内的森林对交换、净化水流,缓解干旱和保护饮水供应很重要。

2. 湿地和洪泛区则具有减防洪涝和干旱灾害的作用。(1)湿地和洪泛区能够有效防控沿海区域、内陆流域和高山融雪区的洪涝。(2)沼泽地、芦苇地和其他湿地具有蓄调水源的功能,降低春季大雨或融雪带来的水流速度和大小。(3)沿海湿地、滩涂、三角洲和江河口能够减弱风暴潮和潮汐的高速和速度。(4)沼泽、湖泊和洪泛区能够在旱季慢慢释放其在雨季吸收的水量。

3. 海洋生态系统,如红树林、盐沼泽地、珊瑚礁、沙丘等,则能够减防飓风、风暴潮、洪涝和其他海洋灾害的作用。(1)珊瑚礁和海洋湿地,如红树林能够减弱海浪的冲击力,降低海浪高度,减少侵蚀。(2)海岸湿地能够缓冲咸水入侵,减慢海平面上升。(3)沙丘等自然屏障和岛屿能够分散海浪能量,防护风暴潮和海啸。

4. 干旱区内生态系统的健康和完整也能够减防旱灾、沙漠化、水土流失等自然灾害。

(三)生态减灾的具体实践

人类已有3000年建造水坝的历史,但是在工业革命时期才开始大量出现,绝大多数大型水坝是在20世纪建设起来的。在过去很长一段时间内,大坝都被视为进步的象征,最能展现人类改造自然的能力。水坝具备发电、灌溉、供水、防洪等多项功能,为人类提供了巨大的社会经济福祉,然而,水坝的负面影响也逐渐显现。水坝,尤其是大型水坝的建设对流域、湿地和周边生态系统的影响甚广,而且这些影响的负面作用远远多于其积极效果,在许多情况下甚至对物种和生态系统造成不可恢复的损失。[1] 其实,围绕着水坝建设的争议从一开始就存在,到20世纪70年代随着美国的环境保护运动的兴起,反坝运动(anti-dam campaign)也逐渐兴起,并影响世界其他国家对大坝的建设,反坝运动逐渐成为一项国际运动。在20世纪80年代前,对大坝建设的争议主要是围绕着特定工程,如阿斯旺大坝的争议。到了20世纪80年代,对大坝

---

〔1〕 See World Commission Dams, "Dams and development, a new framework for decision-making", Accessed May 2, 2018. http://www.unep.org/dams/WCD/.

建设的争议逐渐关注大坝技术本身。[1] 20 世纪 90 年代国际反坝组织在国际上发起了一系列反水坝运动,如 1994 年《曼尼贝利宣言》的签署、1997 年第一次世界反水坝大会的召开,等等。随着反坝运动的开展,美国、加拿大、瑞士、日本等国家相继开展了拆坝行动。虽然从目前来看,因为经济原因,拆除的多是小型坝,超过使用年限、功能几乎或已经丧失的病险坝,但是该运动的初衷和目的是恢复河流生态,维护河流、湿地的自我调蓄空间和调蓄能力。但是,反坝运动更深远的意义还在于使人类意识到水利(包括防灾)工程的建设并不能仅考虑经济因素,而是需要全方位地综合考量社会、经济和生态影响,实现惠益的公平分配。目前,这一运动越来越明显地影响着各项工程性设施的建设,为生态减灾理念的推广奠定了历史基础。但是,反建坝运动仍停留在消极的"反"之上,要想更加全面地推行生态减灾,就需要更为积极地"建",而这正是近期国际社会及世界各国正在逐步完善的方面。

现实中,各国在进行灾害管理时已在推行生态减灾方式。如 2005 年英国政府推行旨在洪涝和海岸侵蚀风险管理的"给水留空间"(Making Space for Water)战略。这一战略在全国推出了多个项目以评估自然资源和自然过程如何防洪、提高城市排水系统和减少海岸侵蚀,其目的是解决未来的发展压力、由于气候变化而引发的不断增加的海洋灾害以及减少减灾成本。在此之前,英国的洪涝风险管理严重依赖刚性的、人为建造的工程。再如,印度海啸之后,很多亚洲国家也致力于生态减灾的实施,印度尼西亚计划 5 年内将重新种植 60 万公顷红树林;斯里兰卡和泰国政府也发动了重建红树林以防护海岸的项目。还有,2005 年卡特里娜飓风之后,美国新奥尔良市和路易斯安那州采取系列措施增加应对飓风灾害的弹性,其中最为关键的保护措施就是维护和修复湿地以作为城市和海洋之间的缓冲带,这是一个重大的改变,从强调堤坝到重视更自然的防御措施。[2]

而我国古代便已有生态减灾的朴素观念萌生,如西汉贾让"治河三策"提出主动疏导为上、被动拦堵为下的治河原则;也有对生态减灾理念的伟大践

---

[1] 参见王亚华:《反坝还是建坝——国际反坝运动反思与我国公共政策调整》,载《中国软科学》2005 年第 8 期。

[2] See Marisol Estrella and Nina Saalismaa, *Ecosystem-based disaster risk reduction (ECO-DRR): An overview*, in Fabrice G. Renaud et al. eds., *The role of ecosystem in disaster risk reduction*, Tokyo, United Nations University Press, 2013, pp. 32–33, 41.

行，如秦国时期李冰父子建造的都江堰水利工程，充分利用当地的地理条件，尊重水源本身的水脉、水势，以不破坏自然环境为基础，无坝饮水，真正做到变害为利，实现防洪、灌溉、水运等综合效益的发挥。到近代，也有一些生态减灾的举措，如河南昌平的生物保护措施。而到了现代，在1998年制定的第一个全国性的综合性的减灾规划中，提到大规模的减灾工程建设，除了防洪堤、大中型水库、防潮堤等工程外，还提及具有重要意义的防沙治沙工程、三北防护林、沿海防护林、长江中上游防护林、平原绿化、太行山绿化工程等区域防护林等，以及综合林火防治体系、生物灾害防治等，这些生态减灾措施分别针对地质灾害、水文气象灾害、海洋灾害、生物灾害；还相继实施了退耕还林、退牧还草、草原保护、小流域综合治理等一系列生态保护措施工程。这些措施很大程度提高了生态系统自身的调节功能，也从根本上降低了社会系统的脆弱性，从而起到了减灾的重要作用。这些针对不同的灾害实施的生态减灾措施，都取得了不同程度的成效。如三北防护林建设在规划期内完成营造林950万km^2，森林覆盖率净增1.84个百分点，初步扭转三北地区生态恶化的势头，使风沙危害程度和沙尘暴发生频率有所降低；到2010年，全国累计完成退耕还林工程建设任务2200多万km^2，其中退耕地造林800万km^2，退耕还林工程直接改善了生态环境，扭转了治理区生态恶化的趋势；根据2010年农业部监测结果显示，退牧还草工程区植被盖度为71%，生物多样性、群落均匀性、土壤饱和持水量以及土壤有机质含量均有明显提高，草原涵养水源、防止水土流失、防风固沙等生态功能增强等。[1]

但是，我国的生态减灾多是在原来的自然生态系统已经被彻底破坏消失的土地、森林上采取重建或新建的措施，如退耕还林、退牧还草、退耕还湿等。事实上，要想还原原有的自然生态系统在短时间内几乎是不可能的。因此，对现有良好生态系统的维护和保护显得尤为重要，也是生态减灾全面实施的重要保障。

(四)生态减灾的现实局限

值得注意的是，生态减灾应与其他减灾措施相辅相成，如早期预警体系、

〔1〕 参见李文华主编：《中国当代生态学研究——生态系统恢复卷》，科学出版社2013年版，第243~346页。

紧急撤退计划等。和其他减灾措施一样,生态减灾也是减少、转化或者利用灾害风险,而不是完全消除风险,因此,认识生态减灾的局限是非常重要的。生态减灾的局限体现在:第一,生态减灾的有效性取决于生态系统的组成和健康状况,也就是说生态系统的健康与否直接影响到生态减灾的可行性;第二,生态减灾在某些灾害领域(如气象灾害、水文灾害、地质灾害等)能够降低其发生频率或损害程度,但是灾害在具体发生时,其作用可能受限,尤其是在巨灾面前;第三,虽然维护和修复生态系统以实现减灾是一种"双赢"和"不后悔"的方式,但是在某些时候,维护自然设施本身是不可行的,受到生物限制、空间局限以及土地利用等限制;第四,生态减灾需要很多关于灾害和脆弱性以及主体需求等相关因素的可靠信息,因此,实施生态减灾需要环境专家、工程专家、土地规划设计师,以及灾害管理者和当地利益相关者的配合。这些限制和要求增加了生态减灾实施的难度。[1] 因此,生态减灾需要与其他相应的减灾措施结合,而不是取代它们,只有这样才能真正实现有效减灾。

二、国内法学研究现状

(一)自然灾害的法学研究

1. 自然灾害的灾害法研究

我国对自然灾害管理的法学研究起步较晚——几乎是受国际社会的影响——大概起于20世纪末"国际减灾十年活动"后。此后,我国相继发生的一系列的自然灾害与突发事故促使法律不断作出应对和调整,也促进了我国法学界对自然灾害的研究。

自然灾害的爆发是一个过程,从时间上来看,分为灾前、灾中与灾后。从人类对自然灾害的反应来看,粗略分为灾前预防、灾中应急与灾后救助、恢复重建四个过程,这四个过程并非截然分开,而是相对而言的。因此,对自然灾害的法学研究实质上便是对自然灾害管理过程中涉及的法律问题进行研究。

在我国,对自然灾害的法学研究大多置于更大的学科框架之下,如应急管理法治研究、紧急状态法治研究、非常态法治研究等。对自然灾害的法学研究

[1] See Marisol Estrella and Nina Saalismaa, *Ecosystem-based disaster risk reduction (ECO-DRR): An overview*, in Fabrice G. Renaud et al. eds., *The role of ecosystem in disaster risk reduction*, Tokyo, United Nations University Press, 2013, p. 44.

是建立在上述学科理论基础之上进行的一部分。首先,应急管理法治研究内容包括应急管理法律体系的现状与完善、公共应急体制、政府突发公共事件管理机构、应急预案、应急物资储备制度、危机预控、行政规划中的公共参与、重大突发事件的国家救助制度、社区危机管理机制等,[1]其中属于"突发事件"的自然灾害[2]的研究自然也涉及上述内容。应急管理法治研究中的自然灾害管理强调了自然灾害的突发性,与其他突发事件一样,管理模式仍是以应急管理为主。其次,紧急状态法的研究对象同样是"突发事件",但是其研究的"突发事件"相对于应急管理法治研究对象更狭窄,只有当"突发事件的性质非常严重,例如突发严重自然灾害、重大人为事故、重大公共卫生事件、严重经济危机、社会动乱、恐怖事件等时",才构成"紧急状态"。[3] 而紧急状态法治研究的侧重点在于紧急状态下的国家权力行使、民主宪政、人权保障等具体问题的完善以及紧急状态立法研究。在紧急状态法治研究中,自然灾害作为造成紧急状态的事件之一,强调了自然灾害的"紧急性",研究内容是对自然灾害结果的防控以及自然灾害导致的一系列法律问题。还有些学者是建立在更为广阔的"非常法律"框架之下研究自然灾害的,形成了一种与常态法律的理论基础、制度建构都截然不同的非常态法律,其中包括战争法律、紧急法律和应急法律,自然灾害法则属于应急法律制度的一部分。[4] 建立在这些学科之上的自然灾害管理研究其侧重点其实是在灾中应急与灾后救助救济相关法律问题上。

对自然灾害管理的灾害法研究的内容涉及广泛,有较为系统的专著研究,也有涉及方方面面的论文资料。其中,具有代表性的以自然灾害为研究对象的法学著作有王建平的《减轻自然灾害的法律问题研究》和杨立新的《意外灾

---

[1] 参见马怀德主编:《应急管理法治化研究》,法律出版社2009年版,前言第2页。其内容包括《法治背景下的社会预警机制和应急管理体系研究》《应急管理法治化研究》《地方层面突发事件应对的法律规制》等;相应的论文包括《修改〈突发事件应对法〉的几点建议》《〈突发事件应对法〉存在的问题与建议》《完善北京城市应急决策指挥机制》《我国公共应急法治的重要发展——写在〈突发事件应对法〉颁布实施之际》《完善应急法制 为构建和谐社会奠定制度基础》等。

[2] 2007年《突发事件应对法》颁布,该法第3条指出"突发事件"指自然灾害、事故灾难、公共卫生事件和社会安全事件四大类。

[3] 参见郭春明:《紧急状态法律制度研究》,中国检察出版社2004年版,第231页。

[4] 参见孟涛:《中国非常法律研究》,清华大学出版社2012年版。

害应急民法救济》。前者是关于以法律机制减轻自然灾害的第一本法学专著，是一本填补了灾害法研究空白的力作，全书主要对灾害的集体行动，也就是灾害发生后的减轻损失的法律问题进行研究。其对减轻自然灾害法律机制的关注主要围绕既发灾害的法律问题，如灾区和灾民的特征、赈灾的法律机制、灾害状态的法律对策、国家的减灾责任和灾区的减灾责任。后者是从意外灾害对常态下民事法律关系的影响与民事救济这一具体制度的角度进行微观研究。

除了专著，还有一些论文对自然灾害法律体系的宏观把握进行了研究，如应松年教授的《巨灾冲击与我国灾害法律体系的改革》，[1]指出巨灾的不确定性与法律的确定性之间的紧张关系，提出法律系统需要具备足够的适应性和弹性才足以应对巨灾的冲击。金磊的《中国综合减灾立法体系研究——兼论编研国家〈综合减灾法〉的几个重要问题》[2]，针对我国仅有针对众多单一灾害的安全法规仍难以应对未来灾害的多元化及其开放性问题，提出应及早开展综合减灾立法研究并制定国家的《综合减灾法》，并可以借鉴日本综合减灾立法的经验。崔永东的《预防灾害法制的基本理论及相关立法问题研究》[3]，侧重于灾害的预防，认为《突发事件应对法》强调事中应对、事后恢复，相对轻视事前预防，未充分体现"预防为重"的理念，因此作者认为我国应制定一部"预防灾害法"。对灾害法的比较研究，学者讨论得比较多的是美国和日本，比较的内容大多是整体性制度，少有具体制度或具体问题的比较研究。[4] 对具

---

[1] 参见应松年：《巨灾冲击与我国灾害法律体系的改革》，国家综合防灾减灾与可持续发展论坛会议论文，北京，2010 年，第 22 页。

[2] 参见金磊：《中国综合减灾立法体系研究——兼论编研国家〈综合减灾法〉的几个重要问题》，载《北京联合大学学报》（人文社会科学版）2004 年第 4 期。

[3] 参见崔永东：《预防灾害法制的基本理论及相关立法问题研究》，载《法治研究》2013 年第 9 期。

[4] 参见黄兴乔：《比较法视野下的中国自然灾害防治法律制度探析》，载《法制与经济》2010 年第 1 期；李翔：《美国的自然灾害管理体制、政策与立法》，载《上海保险》1996 年第 6 期；杨东：《日本的灾害对策体制及其对我国的启示》，载《中州学刊》2008 年第 1 期；杨东：《论灾害对策立法：以日本经验为借鉴》，载《法律适用》2008 年第 12 期。

体灾害制度的研究，包括灾害保险制度、[1]灾害预警制度[2]、灾害应急预案制度、[3]灾害救助制度，[4]以及灾后恢复重建制度[5]等。对具体灾害类型的研究，较多的有洪涝灾害，包括防洪法的制定、[6]效力[7]以及特点[8]等实证法问题的研究，有地质灾害防治、[9]森林灾害防治研究、[10]气象灾害管理研究[11]等。对具体事件的研究，近几年的汶川地震、[12]舟曲泥石流[13]等。还有对立法规律的总结[14]。

2. 自然灾害的环境法研究

目前，从学科研究视角来看，我国环境法学界对自然灾害的研究大多集中于自然灾害法与环境法关系的讨论之中，主要观点包括：

第一，环境法律体系包括了自然灾害法，自然灾害法属于环境法律体系中的一部分，如在《环境资源法教程》中，蔡守秋教授认为，环境资源法体系从内

---

〔1〕 参见郭超群：《论我国巨灾保险制度的构建——域外立法经验及其借鉴》，载《法商研究》2015年第2期。

〔2〕 参见吴保生、丘丽红：《论我国自然灾害预警机制的建立与完善》，载《兰州学刊》2009年第3期。

〔3〕 参见郝斌：《应急预案行政法律问题研究》，中国政法大学2010年硕士学位论文，第1页。

〔4〕 参见郭建平、邵国栋：《完善我国自然灾害救助体系的对策探究——兼论日本自然灾害救助体系对我国的启示》，载《科技管理研究》2009年第9期。

〔5〕 参见罗登亮：《汶川地震灾后住房恢复重建的法律选择——以“政府—市场”关系为视角》，西南财经大学2009年博士学位论文。

〔6〕 参见何少斌等：《我国防洪法的理性分析》，载《中国防汛抗旱》2007年第4期。

〔7〕 参见《防洪法》立法后评估课题组：《〈防洪法〉立法后评估》，载《水利发展研究》2012年第9期。

〔8〕 参见魏国忠：《谈谈〈防洪法〉的特点》，载《河北水利》1998年第1期。

〔9〕 参见姜喆：《我国地质灾害防治立法研究》，中国地质大学2012年硕士学位论文，第1页。

〔10〕 参见苏靖缘：《气候变化视角下森林灾害防治法律制度研究》，东北林业大学2014年硕士学位论文。

〔11〕 参见赵黎：《气象灾害应急管理机制的完善研究——以伊犁巩留县气象局为例》，新疆农业大学2012年硕士学位论文，第1页。

〔12〕 参见刘小冰：《汶川地震的法律追问——国家紧急权力的法律与法学建构》，载《江苏警官学院学报》2008年第4期。

〔13〕 参见马丽琼、陶信平：《浅析我国灾害防治法制问题——以探究“舟曲泥石流”为例》，全国环境资源法学研究会年会论文，成都，2012年，第1165～1170页。

〔14〕 参见张鹏等：《近30年中国灾害法律法规文件颁布数量与时间演变研究》，载《灾害学》2011年第3期。

容上由污染防治法、自然资源利用和管理法、国土开发整治法、灾害防治法、自然保护法、生态环境建设法、能源法等子体系构成。杜群教授认为，随着可持续发展理念的深入，环境法体系包括“环境污染防治法、自然资源法、生态环境保护法、环境与资源管理法”，其中“生态环境保护法”进一步包含了“防治自然灾害的法律法规”。[1] 黄锡生和史玉成两位教授也认为，“当下中国环境法律体系的内容，应当涵盖环境污染防治法、自然资源保护法、生态保护法、资源循环利用法、能源与节能减排法、防灾减灾法、环境侵害责任法等七大亚法律部门”。[2] 甚至有学者认为，灾害防治法属于环境法在我国理论界已形成主流共识，但在我国现行相关立法与执法方面，并没有协调处理好传统环境法律体系、自然资源法律体系和自然灾害防治法律体系的三者关系问题。如现有的《森林法》《水土保持法》《草原法》等就防治荒漠化而言，它们的目标功能一致，但缺乏相互协调一致的系统性规范机制，进而导致执法领域的混乱与困难。再如，《气象法》，兼有气象灾害防治、气象气候资源开发利用和保护的相关零星规定，但未系统化。[3]

第二，认为灾害法与环境法属于平行或相关的关系。如汪劲教授认为，在环境法律体系之下，自然灾害防治法应当放在相关法的位置。因为首先，二者的关系相对松散，灾害防治问题与环境质量本身的关系不可能因立法目的而改变，且二者的立法目的也不可能一致；其次，从对经济发展的作用来看，环境法对经济发展的作用是间接促进，而自然灾害防治法主要保护既得利益不受侵害或少受侵害，其作用明显不同。[4] 陈海嵩则认为，灾害法与环境法有着不同的调整对象，简单地将灾害防治法纳入到环境法的范畴是机械的、不符合法律调整规律的。[5]

---

[1] 杜群：《可持续发展与中国环境法创新——环境法律体系的重塑》，载《北京师范大学学报》(人文社会科学版)2001 年第 5 期。

[2] 黄锡生、史玉成：《中国环境法律体系的架构与完善》，载《当代法学》2014 年第 1 期。

[3] 参见王权典：《论环境安全视角下的我国灾害防治法制建设》，载《自然灾害学报》2003 年第 3 期。

[4] 参见汪劲：《对构筑我国环境法律体系框架若干问题的思考》，载《环境保护》1995 年第 2 期。

[5] 参见陈海嵩：《自然灾害防治中的环境法律问题》，载《时代法学》2008 年第 4 期。

(二)生态系统管理的法学研究

1.综合生态系统管理的研究

作为生态减灾基础的生态系统,其管理理念、原则和制度逐渐得到法学界,尤其是环境法学界的重视,从而成为法学领域的一大研究方向。生态系统管理又称为"综合生态系统管理",对我们来说是一个舶来品。虽然各国学者们对生态系统管理的界定不尽相同,但是并不影响生态系统管理的广泛传播和实践。我国对生态系统管理的研究已经比较全面,涵盖的内容从理论到实证,从专著到论文,从综合研究到具体研究都有,这些研究为本书生态减灾的研究奠定了重要的理论和实证基础。其中,在专著方面,杜群教授的《生态保护法论——综合生态管理和生态补偿法律研究》,对综合生态系统管理的规范化及其应用的法律问题展开了详细论述,同时对于保障生态减灾的重要制度之一——生态补偿制度的理论基础及其实践作了深入翔实的论述。[1] 赵绘宇的《生态系统管理法律研究》直接将生态系统管理作为一种新的立法模式与立法理念,从而形成了生态系统管理法律体系,并对体系的框架、特征、原则以及基本制度和实现途径都作了较为详细的论述。[2] 万宗成、李高协、殷悦贤编著的《综合生态系统管理法律制度研究》(上、下册)全面介绍了综合生态系统管理法律问题,内容涵括理念、基本原则、实践案例、具体生态系统要素的实证法律制度以及利用综合生态系统管理理念开展的法律质量评估问题。[3] 除了综合方面的研究,还有学者从更为具体的区域或领域展开对生态系统管理法律制度的研究,如陈晓景的《黄淮流域生态系统管理法律制度研究》一书专门针对黄淮流域生态系统管理的法律问题进行了深入翔实的探讨,包括对国外法律制度的借鉴与国内流域管理法的制度创设等。张才琴的《森林生态系统法制化管理模式研究》研究了森林生态系统法制化管理理论基础、典型国家森林生态系统法制化管理、我国森林生态系统法制化管理的缺失和优化途

---

〔1〕 参见杜群:《生态保护法论:综合生态管理和生态补偿法律研究》,高等教育出版社2012年版。

〔2〕 参见赵绘宇:《生态系统管理法律研究》,上海交通大学出版社2006年版。

〔3〕 参见万宗成等编:《综合生态系统管理法律制度研究》(上、下册),甘肃人民出版社2008年版。

径，以及森林生态效益补偿机制等。[1] 除了上述著作的系统全面分析，还有一些生态系统管理的法律论文，内容涉及生态管理理念、立法、原则[2]，以及对现有法律体系的评估[3]等。

我国学者对于生态系统管理作为环境法的一种新的环境管理模式并无太多争论，研究主要集中于如何理解生态系统管理：它是一种理念，还是一种行政管理方式，抑或是一项基本原则？以及如何在法律上实施、运用和贯彻生态系统管理等问题提出了自己的观点和建议。这些研究都为本书生态减灾的法律研究提供了非常重要的理论基础和案例研究。

2. 生态保护的研究

生态保护既是生态系统管理的一个具体方面，又是生态系统管理的一个目标体现，因此环境法学者研究生态系统管理某种程度上说都是为了更好地实现生态的保护，生态保护的研究包括资源生态保护和生态（系统和特殊区域）保护[4]。生态保护法律问题的研究从法律体系的范畴[5]到立法的完善[6]再到具体时空下的生态保护，[7]这些研究不断地推动我国生态保护立法，这是本书生态减灾法律制度的又一重要基础。

---

〔1〕 参见张才琴：《森林生态系统法制化管理模式研究》，中国书籍出版社 2012 年版。

〔2〕 参见蔡守秋：《论综合生态系统管理》，载《甘肃政法学院学报》2006 年第 3 期；《综合生态系统管理法的发展概况》，载《政法论丛》2006 年第 3 期；《论综合生态系统管理原则队环境资源法学理论的影响》，载《中国地质大学学报》（社会科学版）2007 年第 5 期。

〔3〕 参见杜群：《评估法律体系实施综合生态系统管理能力的研究方法——以全球环境基金—中国防治土地退化伙伴关系项目法律评估活动为例》，载《中山大学法律评论》2010 年第 1 期。

〔4〕 参见杜群：《可持续发展与中国环境基本法的创新》，载《北京师范大学学报》（社会科学版）2003 年第 1 期。

〔5〕 参见杜群：《可持续发展与中国环境基本法的创新》，载《北京师范大学学报》（社会科学版）2003 年第 1 期；黄锡生、史玉成：《中国环境法律体系的架构与完善》，载《当代法学》2014 年第 1 期。

〔6〕 参见李爱年：《生态保护立法体系存在的问题及完善的建议》，载《中国人口·资源与环境》2002 年第 3 期；梅宏：《论我国生态保护立法及其完善》，载《中国海洋大学学报》（社会科学版）2008 年第 5 期。

〔7〕 参见王楠博士 2011 年《我国西部生态环境保护法律问题研究》一文中对西部地区的土地沙化、水土流失、森林资源锐减、草原退化等生态问题的关注；王刚博士 2013 年《沿海滩涂保护法律问题研究》一文中对"人们只是关注沿海滩涂的资源价值，而忽视其生态价值"的担忧。

(三)生态减灾的法学研究

1. 从生态环境对自然灾害的作用角度的研究

实践中,我国早已开展了生态工程减灾措施,包括1978年国家批准的"三北"防护林体系建设工程、1986年林业部实施的平原农田防护林工程、1988年开始建设的沿海防护林工程、1989年国家批准的长江防护林工程,以及1991年国家批准的治沙工程,都是通过保护、维护、修复和建设生态环境功能以实现防止和减少自然灾害的目的。但是,与现实中如火如荼的生态减灾实践不同的是灾害法对生态减灾管理研究的忽略。仅有少数学者反思灾害立法理念问题,如吕忠梅、刘超在《从沙尘暴防治看立法理念的转变》中就提出"沙尘暴的表现形式为自然灾害,但人类对自然界的严重破坏行为是原因的主要方面",因此"治沙更为重要的是在立法中引入人地协调的理念"。[1] 零星的研究也导致了灾害立法对生态减灾措施的忽略。

从环境法角度来看,上述生态系统管理的法律研究中都涉及生态减灾的内容,大都意识到很多自然灾害背后的原因都可部分归为生态系统受到了不同程度的破坏,因此实施良好的生态系统管理有利于防止或减少灾害带来的影响。很多学者已经自觉或不自觉地将环境法中的自然资源保护,生态恢复、保护和建设的政策纳入灾害防治法律政策体系的对策研究。有学者明确"生态环境的破坏直接或间接造成自然灾害数量上升",因此应"加强环境立法预防自然灾害的发生"。[2] 但是这些研究都没有明确提及生态减灾的概念,从而也没有针对性地对生态减灾法律问题进行系统研究。

2012年全国环境资源法学研讨会以"可持续发展·环境保护·防灾减灾"为主题,其中有30余篇论文是关于防灾减灾法的研究,其中,从环境法视角下研究自然灾害的文章占据较大比例:有从气候变化角度出发谈论气候灾害防治的法律应对问题;[3] 有对环境法基本原则——风险预防原则在自然灾

〔1〕 吕忠梅、刘超:《从沙尘暴防治看立法理念的转变》,载《河北法学》2007年第7期。

〔2〕 张红侠:《环境法制完善与自然灾害预防研究》,载《法制与社会》2008年第2期。

〔3〕 参见李挚萍、彭本利:《气候变化背景下气候灾害防治的法律应对》,全国环境资源法学研究会年会论文,成都,2012年6月,第622~626页。

害防治领域内的运用的研究;[1]还有些直接点明"防灾减灾是生态保护的组成部分",因此"防灾减灾法律体系的完善应当以生态保护为基本原则";[2]另外便是一些与灾害防治相关的环境法律制度,如环境保险制度、[3]环境警察制度[4]等。这些文章都是基于良好的生态环境能够防止与减少自然灾害的产生及其后果的基础之上的,因此减灾就必须实施生态保护,由此便需要环境法的规制。而这正是本书生态减灾的重要立足点。

2. 从自然灾害对生态环境的影响的角度研究

另外,自然灾害对生态环境的影响长期被忽略,随着人们对生态环境与自然灾害之间关系认识的深入,越来越多的学者开始关注自然灾害对环境安全的冲击,[5]自然灾害产生的次生环境灾害的应对[6]以及自然灾害背景下的环境侵权责任的分担与救济[7]等问题。

(四)国内研究的不足

1. 灾害法研究对其他学科的研究借鉴不足

我国生态学和管理学都突破了对自然灾害"突发性"或"紧急性"的传统单一的认识,如管理学中的灾害风险管理其实质便从理念上彻底转变了灾害应急管理的固有模式,认为脆弱性、恢复力等因素都是风险管理应该考量的因子,同时国内很多学者在研究灾害形成机制和管理对策时,都明确了生态系统功能退化与灾害频率及影响之间的直接相关性,并很早就提出应将"生态减灾

---

[1] 参见谢伟:《论风险预防原则在灾害防治法领域的运用》,全国环境资源法学研究会年会论文,成都,2012年6月,第1257~1264页。

[2] 李艳岩、康婉莹:《生态保护与我国防灾减灾法律体系研究》,全国环境资源法学研究会年会论文,成都,2012年6月,第1142~1146页。

[3] 参见曲劲松:《论灾害防治视角下的环境保险制度》,全国环境资源法学研究会年会论文,成都,2012年6月,第1208~1211页。

[4] 参见孙磊:《防灾减灾背景下我国环境警察制度建构思考》,全国环境资源法学研究会年会论文,成都,2012年6月,第1225~1230页。

[5] 参见王权典:《论环境安全视角下的我国灾害防治法制建设》,载《自然灾害学报》2003年第3期。

[6] 参见陈海嵩:《自然灾害防治中的环境法律问题》,载《时代法学》2008年第4期。

[7] 参见刘梦实:《自然灾害背景下环境侵权责任分担及救济》,载曾晓东、周珂主编:《中国环境法治》(2011年卷),法律出版社2012年版。

列为国家安全体系战略的重要内容之一”。[1] 然而，我国灾害法研究没有结合最新的灾害学和管理学研究，过于强调自然灾害的“自然性”，忽略自然灾害的“社会性”与“生态性”；过于强调自然灾害的“突发性”，忽略自然灾害的“渐发性”；过于强调自然灾害的结果管控，忽略自然灾害的原因预防；过于强调自然灾害的“单一性”，忽略自然灾害的“链性”。灾害法研究的这些特性与其他学科对自然灾害的研究严重脱节，也脱离了自然灾害的现实发展。

2. 灾害法研究仍侧重自然灾害的“应急”而忽略“减防”

虽然在对自然灾害法律问题的相关研究之中，预防已成为不可回避的问题，无论是应急管理法治研究、紧急状态法治研究、非常法律研究还是环境法律研究，本身都包含着预防理念的实施，甚至“预防性是现代社会非常法律的特征”，[2] 因此在对自然灾害研究过程中都论述了对自然灾害的预防。即使是以“减轻自然灾害”作为研究对象的法律专著中，其“减轻”一词也包含“预防”之意。[3] 但是从上述对自然灾害的法学研究论著中，我们可以发现，对灾害的研究仍是强调灾害的“突发性”或“紧急性”，从而讨论最多的也是实践中最为常见的“灾后应急”的相关法律问题。即使文章有涉及自然灾害减防，也是建立在自然灾害“突发性”或“紧急性”的前提之下，其理念仍是“应急为主”。而对我国大多自然灾害法已确立的“预防为主”的基本原则的研究极其缺乏，更不谈预防的相应基本制度的建构。

3. 灾害法研究与环境法研究的脱节

在有限的关于自然灾害预防的法律研究中，大多是侧重于灾害预测预警类的技术预防机制、社会（社区）参与、教育培训类的社会预防机制，严重忽略了通过合理的自然资源管理与生态保护以预防自然灾害的生态预防机制。虽然环境法学界的很多学者们都意识到了合理的自然资源管理与生态保护对于预防自然灾害具有重要的意义，有些学者甚至在减灾法律机制的实证法研究中提及相关的环境法律法规，但是大多数学者在探讨生态保护法律体系与灾害防治法律体系在什么维度上具有统一性和协调性的理论问题上研究和论证得不充分，缺乏

---

〔1〕 王克林等：《洞庭湖区洪涝灾害形成机理与生态减灾和流域管理对策》，载《应用生态学报》1998 年第 6 期。

〔2〕 孟涛：《中国非常法律的形成、现状与未来》，载《中国社会科学》2011 年第 2 期。

〔3〕 参见王建平：《减轻自然灾害的法律问题研究》，法律出版社 2008 年版，第 70 ~ 75 页。

对两个子部门法(法群)的法理论证和范畴划定的深度探讨。同时,在具体的预防类制度上也缺乏研究,研究的脱节在很大程度上是受我国实证法对环境问题二元划分的影响。

三、国外法学研究现状

(一)自然灾害的法学研究

1. 自然灾害的灾害法研究

国外对自然灾害的研究相对而言较为成熟,尤其是灾害学、管理学以及社会学等其他学科对自然灾害有全面认识,学派纷呈。这些研究打破了人们对自然灾害的单一认识,也促使人们对自然灾害的管理从最初关注自然灾害本身到关注受自然灾害影响的人类社会,再到现在意识到的人与自然之间的良性互动;[1] 这些研究与转变正是法学研究的基础。

以美国为例,美国拥有较为完善的灾害法律体系与灾害管理体制,这与该国学者全面系统的研究密不可分。丹尼尔·法布尔(Daniel A. Farber)是美国灾害法研究的重要学者之一,由其领衔主编的包括灾害法系列论文的两部丛书《灾害法》与《灾害法律与政策》系统全面地论述"预防—应急—救助—恢复"的灾害管理全过程涉及的理论或立法问题。[2] 其中《灾害法》论文集的编排是以灾害管理的全过程为主线,以"灾害预防和缓解—灾害应对—灾害保险—政府救助"为主线串联起来。对于灾害预防与减缓,主要涉及对环境法的借鉴(Matthew D. Adler),具体领域(David Crichton)、具体事件(Oliver Houck)的减防,以及减防灾害的具体制度(John R. Nolon)和基本原则(Cass R. Sunstein)等;在灾害应对阶段,主要涉及应急管理计划(Denis Binder 2002),灾害应对的管理体制(Christina E. Wells)和军队的责任(William Banks),以及灾害管理中准备、预防以及应急救助等相应的地位(Ben Depoorter, Saul Levmore)等;在第三部分和第四部分都是灾害保险和救济制度研究。灾害保

---

〔1〕 See Paulina Aldunce et al., "Framing disaster resilience: The implications of the diverse conceptualizations of 'bouncing back'", *Disaster Prevention and management* 23, 2014, p. 258.

〔2〕 See Daniel A. Farber and Michael G. Faure, *Disaster Law*, London, Massachusetts, Elgar Research Collections, 2010; Daniel A. Farber et al., *Disaster Law and Policy*, New York, Aspen Publishers, 2010.

险制度主要是围绕如何转移灾害风险的主体、内容以及相应的责任等法律问题;而救济制度主要是针对灾害救济主要是政府提供是否合理有效这一问题。另外,《灾害法律与政策》一书则更为详尽地针对自然灾害从未产生前的阶段到灾害恢复重建阶段的方方面面的法律问题进行了研究。该书除了《灾害法》一书中论及的问题之外,最大的亮点在于关注产生灾害的各种社会、生态风险,研究了产生灾害的风险、如何降低社会脆弱性以及转移风险等。具体而言,该书共九部分:第一部分为灾害的成因,认为灾害不仅是自然规律使然,而是与经济条件、人口增长、土地利用和气候变化等多重因素共同作用;第二部分为灾害应对的政府管理体制,主要是针对美国的联邦体制在处理灾害时存在的问题与对策;第三部分是应急机制,讨论联邦、州和私人三类主体的三种不同的应急机制;第四部分侧重对社会脆弱性的研究,社会脆弱性是影响灾害后果的重要因素,该部分的研究正是力图避免在灾害中的不公正待遇,书中分析了种族、阶级、性别等都可以成为社会不公正的理由;第五部分是评估和应对灾害风险;第六部分是赔偿和风险扩散;第七部分是灾害恢复;第八部分是国际灾害法和政策。全书从风险角度出发,以预防为主的原则对灾害进行管理和应对,对防灾减灾法律制度存在的问题作出论述。可以看出,上述两部灾害法论文集可以说几乎涵盖了灾害管理的“预防—应急—恢复重建”全过程的问题。

2. 自然灾害的环境法研究

由于气候变化研究的进展和可持续发展理念的更新,自然灾害研究也经常被放在气候变化和可持续发展的大背景下研究,[1]两者都是环境法研究的范畴,这也为环境法研究自然灾害提供了契机。同时,丹尼尔·法布尔就明确提出鉴于环境与自然灾害的相互作用,法学界应该开展环境法与灾害法的交叉研究,其中灾害法应该从环境法中学习如何风险管理和预防,相反,环境法

---

〔1〕 See Emma L. Tompkins and W. neil Adger, “Does Adaptive Management of Natural Resources Enhance Resilience to Climate Change?”, *Ecology and Society* 9, 2004, pp. 1 – 14; Frank Thomalla, et al. “Reducing hazard vulnerability: towards a common approach between disaster risk reduction and climate adaptation”, *Disasters* 30(I), 2006, pp. 39 – 48; Intergovernmental Panel on Climate Change, “Managing Climate Extremes and Disasters in Asia: Lessons from the IPCC SREX Report”, Accessed May 2, 2018. http://cdkn.org/wp-content/uploads/2012/04/CDKN001_CDKN-RFQ_Asia-report_electronic.pdf.

则可以从灾害法中学习如何关注风险暴露的不平等和减缓风险的补偿问题。[1]

值得一提的是,美国对自然灾害的灾害法研究与环境法研究并没有明显的区分,许多灾害法研究中经常会与环境法理念、原则和制度一起加以讨论以适用于灾害问题的解决。

(二)生态减灾的法学研究

1. 生态系统管理的研究

国外对生态系统管理的研究是在反思传统法律理念与调整机制的基础上展开的,法律对自然的认识经历了"财产—环境—生态系统服务功能"的演变,[2]由此,相应的法律概念也从财产权到资源再到现在的生态系统服务功能价值,最终探讨如何将财产权与生态系统服务功能价值相结合。值得注意的是,国外很多学者将生态系统管理作为一种修正传统法律调整手段的新理念,包括对财产权和政府规制在环境管理领域的一种修正。比如,有学者认为,既然生态系统功能的消耗和退化是生态系统功能作为一种公共物品的成本的外部化,那么部分解决方案就应该是让使用者付费。[3] 国外对生态系统管理的研究也包括了理念、原则、制度与具体领域的管理,其中:理念上追求正义、公平;[4]原则上归纳了弹性原则、[5]适应性原则等;制度上建构了适应性

---

〔1〕 See Daniel Farber, "Navigating the Intersection of Environmental Law and Disaster Law", *Brigham Young University Law Review* 2011,2011,p. 1783.

〔2〕 See Keith H. Hirokawa,"Three Stories About Nature:Property,the Environment,and Ecosystem Services",*Mercer Law Review* 62,2010 -2011,p. 542.

〔3〕 See James Salzman,"Creating Markets for Ecosystem Services:Notes from the Field",*New York University Law Review* 80, 2005, p. 870; Robert L. Glicksman, "Regulatory Safeguards for Accountable Ecosystem Service Markets in Wetlands Development", *Kansas Law Review* 62, 2013 -2014,p. 948.

〔4〕 See Thomas Sikor et al. ,*The Justices and Injustices of Ecosystem Services*,London,Routledge, 2013,p. 187.

〔5〕 See Lia Helen Monteiro de Lima Demange,"The Principle of Resilience",*Pace Environmental Law Review* 30,2013,pp. 1 -75.

法律制度;[1]具体领域则包括水生态系统、[2]海岸生态系统[3]等。这些研究为生态减灾的法律制度研究奠定了坚实的基础。

2. 生态减灾的研究

其实上文中对生态系统管理的研究大多侧重于生态系统的“生态功能”,认为传统的对“财产”和“环境”的管理都在努力满足工业制品、人类需求、自然资源商品和自然资源享用的供应,从而忽略了海岸沙丘的防风暴潮和湿地的防洪功能等减灾功能。其更多的是对生态系统功能的综合考察,而且未明确提出“生态减灾”的概念。灾害法中对生态减灾的研究一般放置在灾害预防阶段,因为国外将生态系统功能退化作为灾害的原因之一,例如,有学者认为“人类活动挤占了自然空间从而导致了自然灾害”,因此要实现减灾就应该给予自然更多的空间以调蓄和缓冲。[4] 诸如此类的观点还有很多,如 2004 年印度海啸以及 2005 年美国卡特里娜飓风掀起了国外学术界对生态减灾研究的浪潮,世界自然保护联盟(International Union for Conservation of Nature, IUCN)发布了《生态系统、生计与灾害:综合灾害风险管理》的报告,报告中强调将生态系统管理生计能力提升与减灾有机结合的灾害管理方式,尤其是将生态系统方式运用于灾害管理之中。印度国家灾害管理研究所(National Institute of Disaster Management,NIDM)也编著了《减灾的生态系统方式》一书全面探讨了生态减灾的可行性与必要性。这些报告和专著为生态减灾的法律研究提供了全面翔实的资料和科学依据。为此,有学者专门从环境法的角度管理和规范自然灾害,比如印度有学者认为,为了获取经济社会的发展而破坏环境将导致自然灾害,因此应建构一种简单的、系统的、全面的框架以评估环

---

〔1〕 See Craig Anthony Arnold and Lance H. Gunderson, “Adaptive Law and Resilience”, *Environmental Law Reporter News & Analysis* 43, 2013, p. 2.

〔2〕 See J. B. Ruhl, “Ecosystem Services and The Clean Water Act: Strategies for Fitting New Science into Old Law”, *Environmental Law* 40, 2010, pp. 1381 - 1399.

〔3〕 See Carolyn R. Langford et al., “The Mouse That Roared: Can Louisiana's Coastal Zone Management Consistency Authority Play a Role in Coastal Restoration and Protection?”, *Tulane Environmental Law Journal* 20, 2006 - 2007, pp. 97 - 167.

〔4〕 See Oliver Houck, “Can We Save New Orleans?”, *Tulane Environmental Law Journal* 19, 2006, p. 71.

境法律体系保护环境和自然资源,预防自然灾害。[1] 还有学者对生态破坏与环境污染加剧自然灾害这一现象进行了详细系统的研究,该研究围绕2005年美国发生的卡特里娜飓风问题,直指环境恶化是这一自然灾害的元凶之一,该书"以环境保护的原则为基础,提出了审察灾害法的一个新的视角",[2] 提出了减防自然灾害政策要坚持的三大原则,即"拥抱绿色"(go green)、"力求公正"(be fair),以及"保障安全"(keep safe),其最终目标是加强环境保护与社会公正,帮助人类更妥善地减防自然灾害,保障人类的生命财产安全。[3] 更为重要的是针对卡特里娜飓风引发的生态破坏侵权诉讼,[4] 有学者认为普通法侵权规则存在严重局限,在此情境下应该依据公共信托理念对政府机构提起诉讼。[5] 这就意味着生态减灾不仅是一种理念与方式,更是一种需要所有的生态系统管理的利益相关者担负的法律责任。

(三)国外研究的总结

国外(本书中多指美国)在生态减灾的研究中对生态系统管理的研究几乎没有脱离减灾的目标,很多时候引发他们探讨的是一些巨灾,如印度海啸、卡特里娜飓风和新奥尔良洪灾等,由此他们在研究生态减灾问题时往往是与现实中的自然灾害紧密联系在一起的。而且,美国的生态减灾不仅仅停留在理论层面,实践中也有越来越多的司法案例以落实相关主体的生态减灾责任。未来需要做的就是如何在法律制度中真正保障生态减灾的实施,如何修正传统的追责机制以完善生态减灾的法律责任。

---

[1] See V. B. Negi, "Effectiveness of Environmental Legal System for the Protection of Environment: A Study of the Tribal Areas of Himachal Pradesh", Accessed May 2, 2018. http://www.hrdp-idrm.in/e6547/e32367/e32446/e32484/.

[2] 参见马国泉:《注重环境保护,防范自然灾害——评 Facing Catastrophe: Environmental Action for A Post-Katrina World》,载《公共行政评论》2013年第5期。

[3] See Robert R. M. Verchick, *Facing Catastrophe: Environmental Action for a Post-Katrina World*, Cambridge, Massachusetts: Harvard University Press, 2010, p. 3.

[4] George Barasich, et al. v. Columbia Gulf Transmission CO., et al., Civil Action Nos. 05-4161, 05-4569 (United States District Court. 2006).

[5] See Sam Brandao, "Louisiana's Mono Lake: The Public Trust Doctrine and Oil Company Liability for Louisiana's Vanishing Wetlands", *Tulane Law Review* 86, 2012, p. 759.

第三节 研究目标与方法

一、研究目标

本书的研究目标是试图建立和完善保障生态减灾的法律制度和体系。生态减灾作为一种成本低、经济发展和环境保护双赢的减灾方式,在实践中却很难得到推行。目前我国的大型生态防灾工程,看似如火如荼,问题却日益显现出来。为了实现该研究目标,本书需解决的问题包括:其一,在生态灾害日益频繁的当今世界,如何实现生态保护与防灾减灾的结合?其二,传统权利对受灾害威胁的人类而言是否已经足够?如果不够,该如何证成权利扩张的必要性与正当性?其三,面对正在形成的生态减灾法律群,如何更好地建构法律制度以真正保障生态减灾"有法可依"?其四,生态减灾法律制度的建构,如何突破与协调传统法律制度,完善生态减灾的法律制度?其五,作为预防损害和填补损害的法律责任制度,该如何设置才能在效率与公平之间保持平衡?现有的责任制度存在哪些问题,该如何完善?

二、研究方法

本书的研究综合运用多种研究方法,包括学科交叉研究的方法、历史研究的方法、比较研究的方法、类型化方法,以及法理与实证相结合的研究方法等。其中,学科交叉研究的方法主要是指对生态学、灾害学、环境学等理念与方法的借鉴;历史研究的方法主要是对自然灾害认知演变史的考察;比较研究的方法主要是对国内外理论研究、立法与司法的借鉴与分析;类型化研究则主要是对自然灾害类型的划分;法理与实证相结合的研究则贯穿全文。

第一章

生态减灾：理念与方式

第一节　重新审视自然灾害

一、自然灾害的传统认识

人类的历史不能被理解为一片真空，人类社会一直是，而且仍然依赖于种种复杂的、相互联系着的物理、化学和生物过程。这些过程包括由太阳产生的能量，包括那些生命要素的循环，包括地球物理学的各种进程，它们导致了大陆板块穿越地球表面的漂移，以及控制气候变化的各种因素。这些因素奠定了各种各样的植物和动物（包括人类）构织成各种复杂的、相互依存的群落的基础。地球上的生命和所有的人类社会都依赖于这个复杂过程的整个系列和相互之间的一连串精微的平衡。这些发现能帮助我们去理解环境是如何影响人类社会发展的，以及人类对环境的影响。[1]“在某种意义上，人类社会发展史是两条主线的交织延伸：一条是人与自然的关系，另一条是人与人的关系。”[2]从整体上来说，人类只是自然界的一部分，人类历史也只是自然史的一部分，但是，人类是唯一具有自我意识、自觉能动性的生物。因此，人类的历史又不完全等同于自然的历史，其具有主动性与创造性。

---

〔1〕参见［英］克莱夫·庞廷：《绿色世界史：环境与伟大文明的衰落》，王毅、张学广译，上海人民出版社2002年版，第10页。

〔2〕夏明方等：《自然灾害史：思考与启示》，载《史学理论研究》2003年第4期。

自然灾害在漫长时间中都被视为单纯的地质学和天文学运动下影响的产物,其产生于环境之中,对人类社会造成了巨大的影响,将环境与人类社会联系起来。自然灾害先于人类而存在,那时的自然灾害还不能被认定为“灾”,只是地球环境的自然规律下纯粹的自然现象。这种自然事件之所以被称为自然灾害,根本原因在于其对人类的生命、财产和生存环境造成了巨大的损害和威胁。如果地球上不存在人类,那么自然事件永远都只是自然事件,无法被视为灾害。因此,从某种程度上讲,自然事件成灾与否、灾害严重与否是人类根据自身利害作出的主观判断和选择,这种判断和选择受人类自身的认知能力与科技水平的影响。人类对自然灾害的认识伴随着人类的经济、政治和社会的发展而发展,因此,在人类历史的不同阶段对于自然灾害有着不同的认识,这些不同阶段的认知会因所在区域自然环境或文化不同而有差异,但更多的是相同性。

虽然当今世界的科技发展迅速,但仍有一些自然灾害是很难预测的。尽管如此,我们仍可以通过一些手段和方式减少其对人类和生态环境的影响。仍有不少人持有所有的自然灾害都是“天灾”的观点;甚至在很多国家的立法中,自然灾害大多属于不可抗力,属于免责事由。同时,自然事件即自然灾害的观念也较为普遍,因此人类无法阻挡或规制自然事件,只能逃避或应对其造成的结果。实际上,现代社会的自然灾害已不再是纯粹的“天灾”,而是掺杂了越来越多的人为因素;同时,自然事件也不等同于自然灾害,自然灾害的形成是社会、经济、环境甚至是文化共同作用的产物。因此,管理自然灾害必然涉及这些因素的方方面面。法律作为管理自然灾害中具有强制约束力的手段,如何科学理性地认识自然灾害是基础。我们对自然灾害的认识在逐渐深入,自然灾害的管理理念和手段也应该随之而作出相应的调整。

(一)上帝的创造与惩罚

公元5世纪到17世纪(自公元476年西罗马帝国灭亡,到1640年英国资产阶级革命),史学家们一般将其称为欧洲中世纪。“中世纪的历史只知道一种形式的意识形态,即宗教和神学。”[1]这一时期内的自然观主要是受基督教神创论的影响,即上帝创造了世界,由此,人类不再依靠自然,而要靠上帝的恩

---

[1] 《马克思恩格斯选集》(第4卷),人民出版社1995年版,第235页。

赐,并且由于人类受上帝委托成为自然的管理者。在此观念的引导下,人类对自然灾害的认识主要怀着一种敬畏之心去看待,认为上帝是自然的推手,上帝决定所有创造物的发展,自然灾害的发生是上帝对于人类原罪的审判,并以此作为惩罚手段。因此,人类大多采取灾后忏悔或祈祷获得救赎,而非采取相对积极的救助、恢复重建措施以应对灾害。[1] 后来有些地方改变了在灾害发生后进行宗教仪式的习惯,平时就在教堂进行精神救赎,将灾害作为神对人类罪恶所表达出来的愤怒。[2] 与此同时,该阶段也有一些工程性措施以抵御灾害侵袭,如防洪堤坝的建立,但是这并不说明此时人类转变了对自然灾害的认识。因为防洪堤坝的建立产生了很大的争议,而这些争议仍主要围绕是否符合上帝的意志而展开。比如,有些人认为自然灾害是上帝惩罚人类的方式,如果人类人为地对自然加以改造,人工造就堤坝抵御灾害侵蚀是违背上帝意志的;而有些人则持相反意见,认为人类之所以能够建筑堤坝以抵御灾害,就是因为上帝赋予人类能动力以保护自己,因此不违背上帝的意志,如果人类坚持不抵御,那则是自我赎罪与受难,而非上帝意欲惩罚。[3]

与此同时,我国对自然灾害的认识经历了同样的阶段,只是超自然的力量不单单是西方宗教中的"上帝"。中国古代对灾害的认识观念众多,从原始时代的自然崇拜到万物有灵论,从多神世界到神主宰论,从"天人感应"[4] 到天

〔1〕 See Elaine Fulton, "Acts of God: The Confessionalization of Disaster in Reformation Europe", in Andrea Janku et al. eds., *Historical Disasters in Context: Science, Religion and Politics*, New York, Routledge, 2012, pp. 59, 66.

〔2〕 See Grégory Quenet, "Earthquakes in Early Modern France: From the Old Regime to the Birth of a New Risk", in Andrea Janku et al. eds., *Historical Disasters in Context: Science, Religion and Politics*, London, New York, Routledge, 2012, p. 100.

〔3〕 See Marie Luisa Allemeyer, "The Struggle Against the Sea: An Early Modern Coastal Society Between Metaphysical and Physical Attempts to Control Nature", in Andrea Janku et al. eds., *Historical Disasters in Context: Science, Religion and Politics*, New York, Routledge, 2012, pp. 75–89.

〔4〕 董仲舒、刘向等人用天人感应的观念来解释火灾、水灾、旱灾、虫灾等自然灾害,把自然灾害归结为人事不周,是天对人类的警示与惩戒。

命主义之禳弭论，[1]从神秘主义到巫术、占卜之救灾思想，从阴阳五行[2]到天神论等。天命论在相当长时期内占统治地位，[3]自然灾害被视为天帝对人类的惩罚或者对统治者的警示。在科技落后的时代，人们将自然灾害的发生归咎于天帝的恩威，这是人类对自然缺乏科学认识而面对自然灾害束手无策所致。这种灾害思想在具体的管理实践中，往往是以巫术的形式存在，因此自然灾害发生以后便出现向“天帝”祷禳以求宽恕的各种巫术行为。

因此，无论是欧洲的“上帝的惩罚”还是我国“天帝的恩威”，这一时期的自然灾害被视为一种超自然的神秘力量，是人类无法控制的灾难。面对灾难的侵袭，人类的应对之策主要是反省自身行为并进行祈祷以求获得宽恕和慰藉。

（二）自然的规律与突变

随着17世纪的科学革命，[4]18世纪的启蒙运动[5]和工业革命[6]的发展，西方学者们重新认识了人类认识自然、掌握自然的法则进而适应自然的潜在本能和潜伏着的强大能力。因此，人的思想从对自然界的惶恐状态中解放出来，并逐渐转变为：人是自然界的主人而不再是奴隶，人将利用科技智慧利

---

〔1〕 中国古代一种原始的救荒思想，它认为人间的一切灾难都是上天有意安排的，人类要免除灾难，非向上天祷禳以求宽恕不可，最早见于卜辞（商代甲骨文）。

〔2〕 以水、火、木、金、土五行来解释自然现象的古代朴素唯物主义，“水曰润下，火曰炎上，木曰曲直，金曰从革，土爰稼穑”是五行之本性，如失其性，则为灾异。

〔3〕 参见罗祖德、廖佳敏：《人类对灾害的认识》，载《自然杂志》1990年第3期。

〔4〕 17世纪科学革命的两个主题——新柏拉图主义传统和机械论哲学，前者以几何学关系来看待自然界，确信宇宙是按照数学秩序建构的，后者则确信自然是一架巨大的机器并寻求解释现象后面隐藏着的机制。二者勾勒了数学化和机械论的世界图景，确立了人类中心主义与欧洲中心主义的价值观。

〔5〕 欧洲启蒙运动，又称理性时代，是指在17世纪及18世纪欧洲地区发生的一场知识文化运动，该运动相信理性发展知识可以解决人类实际存在的基本问题，人类历史从此展开在思潮、知识及媒体上的“启蒙”，开启现代化和现代性的发展历程。

〔6〕 工业革命，又称产业革命，是指资本主义工业化的早期历程，即资本主义生产完成了从工业手工业向机器大工业过渡的阶段，是以机器取代人力，以大规模工厂化生产取代个体工场手工生产的一场生产与科技的革命。机器的发明及运用成为这个时代的标志，其影响涉及人类社会生活的各个方面，使人类社会发生了巨大的变革，对人类的现代化进程推动起到了不可替代的作用，把人类推向了崭新的蒸汽时代。

用自然界为自己服务。[1] 在这一时期,机械论世界图景将自然视为被动之物,自然是一部具有规律、可预见运作的机器;[2] 它们只有必然性、确定性而无偶然性和随机性,由此世界被单纯地视为“一种物与物之间力的相互作用下实体的集合”。[3] 这一时期人与自然的关系强调以人类为中心和尺度,人类活动依照人类的利益去对待自然,自然仅被视为服务于人类的对象,人类对自然界只是行使改造、利用、索取和控制的权利,而不承担任何的义务和责任。在这里,自然界只是纯粹被动的、机械的,而作为主体的人,则是自然的主人和征服者。工业革命的发展为将这种观念变成改造利用自然的实践提供了基础。

因此,19 世纪以后人类对于自然灾害,也不再将其作为上帝惩罚人类的超自然神秘力量,而是认为自然灾害是自然现象,是一种与正常规律相偏离的突发性意外或极少数情况。虽然自然灾害来势汹汹,但是也并非不可战胜,相反,人类自认为能够控制与征服自然,当然也能与自然灾害“抗战”。由此,这一阶段应对自然灾害的措施大多是改变或控制自然灾害的工程性措施,如修筑防洪大坝、防潮堤坝等,这一时期的人类与自然是对抗性的关系。

二、自然灾害的灾害学新认知

(一)IPCC 对自然灾害的界定

2012 年联合国政府间气候变化专门委员会(Intergovernmental Panel on Climate Change,IPCC)则明确地将自然灾害定义为“由于危险的自然事件与脆弱的社会状况相互作用导致社区或社会正常功能的严重扭曲,从而引起广泛的人力、物力、经济或环境的不利后果,这些后果需要人类做出即时反应以满足受灾区紧急需求,也可能需要外援以恢复”。[4] 该定义包含了几个重要概念:危险的自然事件、社区或社会的暴露、社会的脆弱性以及恢复力。其中,

---

〔1〕 参见吴必康:《权力与知识:英美科技政策史》,福建人民出版社 1998 年版,第 22 页。

〔2〕 参见[美]佩尔斯:《科学的灵魂:500 年科学与信仰、哲学的互动史》,潘柏涛译,江西人民出版社 2006 年版,第 73 页。

〔3〕 张子程:《自然生态美论》,中国社会科学出版社 2012 年版,第 33 页。

〔4〕 Intergovernmental Panel on Climate Change, *Managing the risks of extreme events and disasters to advance climate change adaptation: Special report of the intergovernmental panel on climate change*, Cambridge, Cambridge University Press, 2012, p. 31.

“危险”(hazards),是指自然或人为引起的自然事件未来可能发生的对脆弱的和暴露的要素的不利后果,危险事件的强度或者频率越来越受人为活动导致的生态环境退化的影响。“暴露”(exposure),是指人类居住地、谋生方式、环境功能与资源、基础设施,以及经济、社会或文化资产可能受自然事件的不利影响,以及未来可能遭受的危害、损失或破坏。[1] 因此,如果上述因素没有暴露在潜在的危险环境中,可能就没有灾害风险的存在。该概念容易与脆弱性概念相混淆。脆弱性,是指受不利影响的倾向,这种倾向构成了受影响者/物的一种内在特征,包括个人或团体以及他们状况的特征,这些特征影响他们参与、应对、抵御自然灾害以及从自然事件的不利影响中恢复过来的能力,[2]影响脆弱性的因素主要有阶级、性别、贫富、年龄、区域等。暴露与脆弱性是有区别的,暴露程度是灾害风险中的一个必要但不充分的因素,人类可能暴露在危险之中,但是并不一定是脆弱的,如居住在泛滥平原但拥有足够手段以加强建筑结构和缓解潜在损失;但是如果在极端事件中是脆弱的,那就必须也是暴露的。如果说,对脆弱性的关注将以结果为导向的灾害转向了灾害形成的社会因素的考察,[3]那么,脆弱性只是社会因素中消极的那一面,恢复力则是与之相应的积极面。恢复力,是指社会生态系统在灾害应对和灾后恢复中的能力,包括能够消除影响和处理灾害的自身条件以及灾后促进社会生态系统重组、改变与学习应对威胁的适应性过程。[4]

自然灾害的概念向我们明确显示了其是自然事件与社会因素的综合产物,因此,法律能够对引发或加剧自然灾害的行为进行调控,这正是生态减灾及其法律调整的基础。因此,需要对自然灾害中的各个要素的内涵和外延作充分而详细的理解。

---

[1] See Intergovernmental Panel on Climate Change, *Managing the risks of extreme events and disasters to advance climate change adaptation: Special report of the intergovernmental panel on climate change*, Cambridge, Cambridge University Press, 2012, p. 32.

[2] Ibid.

[3] 参见陶鹏、童星:《灾害概念的再认识——兼论灾害社会科学研究流派及整合趋势》,载《浙江大学学报》(人文社会科学版)2012 年第 2 期。

[4] See Susan L. Cutter et al., “A place-based model for understanding community resilience to natural disasters”, *Global Environmental Change* 18, 2008, p. 601.

(二)自然灾害的构成要素

1. 自然事件

据国际灾害数据库(EM-DAT)统计,1900年至2011年全世界有记录的自然灾害成急剧增加趋势;[1]各大洲在1900年至2011年的自然灾害都呈增长趋势,亚洲国家自然灾害发生频率最高;[2]气候变化导致与气候相关的风险在频率、强度与空间范围上大幅增加,而气候与水相关的自然灾害占灾害的总数超过2/3。[3] 总之,21世纪的世界里自然灾害变得越来越普遍,这一情况无疑还将继续恶化。[4] 其中,成因多与"滥用、误用、过用科技成果有关,如气候异常与温室气体的大量排放"直接相关;而且,"随着人类活动强度的加大和范围的扩大,出现了很多人为的灾害"。[5]

过去人们常将自然事件等同于自然灾害,其实两者是属于不同层次但却有着密不可分关系的两个概念,具体而言,自然事件仅是自然灾害的导火索。自然事件是人类无法完全控制的现象,如大气圈变异活动的暴雨、暴雪、冰冻等;岩石圈活动引发的地壳运动或火山喷发等;水圈活动引起的潮汐、风浪等。这些现象都是生态规律在发挥作用。对于社会系统或暴露客体而言,自然事件是指一种潜在的危险或外在的风险因素。但是,随着人类活动范围和深度的不断拓展,人类对自然环境的影响越来越深,这种影响在不同生态圈领域的自然事件体现的程度与方式是不同的。首先,在气象水文事件方面,尤其是气象事件的发生,很难说哪一次气象事件是因为哪些具体的人类行为影响,但是

---

[1] See the International Disaster Database, Accessed May 2,2018. http://www.emdat.be/sites/default/files/Trends/natural/world_1900_2011/eveyr2.pdf.

[2] Ibid.

[3] See International Strategy Disaster Reduction, "Living with Risk—A global review of disaster reduction initiatives", Accessed May 2,2018. http://www.unisdr.org/files/657_lwr1.pdf.

[4] See Daniel A. Farber, "Catastrophic Risk, Climate Change, and Disaster Law", *Asia Pacific Journal of Environmental Law* 16,2013,p. 37.

[5] 科学发展观丛书编委会编:《统筹人与自然和谐发展》,党建读物出版社2012年版,第11~12页。

人为导致的全球气候变化在整体上加剧了各类气象水文事件发生的频率与强度。[1] 其次,地质地震灾害中地震、火山等事件是地壳内部活动,因此也很难受人类行为的影响,可是仍然有些大型人类工程设施可能会引发地震。据统计,全世界发生水库诱发地震的案例约有120例,[2]而且有研究表明地震中95%的死亡人数是因为建筑物倒塌。除此之外,其他崩塌、滑坡与泥石流等地质事件受人类行为影响较多,研究证明泥石流的首要原因是森林退化,公路建设和环境破坏造成表层土壤松动也经常被视为泥石流的一个重要原因。[3] 再次,海洋灾害中的台风、飓风是受海洋气旋影响产生,处于入海口、海岸带与近海领域的"咸潮""海岸侵蚀""赤潮"等都受人类对生态环境的破坏与污染行为的严重影响。[4] 最后,生物灾害的形成及其后果也容易受人类活动的影响,如人类对物种的破坏容易导致生态链的失衡,从而引发生物灾害;而人类对森林资源的不合理利用也极易引起森林火灾,且火灾一旦产生容易因为缺少古树和大树的阻隔而迅速蔓延。而最后一类生态环境灾害则是人类与自然因素共同作用引发的灾变形式的典型,在现实中几乎无法避免地受着人类活动的影响。可见,上述几乎每一类自然灾害都不同程度地受人类活动的影响。因此,作为诱发自然灾害的重要因素,如何有效地规范人类开发利用自然环境的行为以减少对这些自然环境的干扰变得意义重大,也是生态减灾的重点。

2. 暴露程度

世界一半以上的人口以及大多数的资本集中在城市。[5] 有学者总结了

---

[1] See Intergovernmental Panel on Climate Change, *Managing the risks of extreme events and disasters to advance climate change adaptation: Special report of the intergovernmental panel on climate change*, Cambridge, Cambridge University Press, 2012, p. 29.

[2] 参见易立新等:《水库诱发地震研究的历史、现状与发展趋势》,载《华南地震》2003年第1期。

[3] See Ramonnetto S. Gervacio and Maria Teresa Sharon Linog, "Integrated Health, Social and Economic Impacts of Extreme Events: Evidence, Methods and Tools", Accessed May 2, 2018. http://www.microdis-eu.be/sites/default/files/D4.4.5%20-%20Combined%20Literature%20Review.pdf.

[4] 参见左书华、李蓓:《近20年中国海洋灾害特征、危害及防治对策》,载《气象与减灾研究》2008年第4期。

[5] See Mark Pelling, "Urbanization and Disaster risk", Accessed May 2, 2018. http://www.populationenvironmentresearch.org/papers/Pelling_urbanization_disaster_risk.pdf.

美国人口趋势的特点:(1)越来越多的人在城市聚集;(2)许多人不得不选择在易受自然灾害影响的区域;(3)人口的流动弱化了对灾害风险的记忆以及防灾方式的继承。[1] 世界人口正处于急剧增加的状态,据联合国预测到2050年世界人口将增至96亿,且增长人口大多集中在发展中国家,其中非洲就超过半数。[2] 目前的人口趋势意味着人口和经济资源将越来越集中在那些易受自然灾害侵袭的区域,世界一半以上的人口以及大多数的资产集中在城市;[3] 人口的增加迫使城市化过程中人类在选择居住地时很难选择那些地理区域条件优越、资源丰富或者交通便利等兼顾的区域。而且,城市化的过程将是不断挤占自然环境的空间、开发利用绿地,以及消耗大量资源的过程。因此,由于资源获取的日益艰难,许多人选择易受自然灾害影响但资源丰富的区域。这些人中有些是为了获取生存资源而被迫选择的穷人;有些则是为了享受更优美的生态资源(环境)而自愿选择居住在危险区域的富人。这些选择都将增加人类在灾害风险面前的暴露程度。除了人口增加和城市化进程加快外,还有一些其他人为因素也可能增加某些区域或人群的暴露程度,如气候变化引起的海平面上升促使沿海低地国家更大程度上暴露在被淹没的灾害威胁之中,同时气候变化加剧了海洋灾害的频率和强度也促使沿海区域更易受灾害侵袭。再如,不合理的城市或乡镇规划或者其他开发、利用与改造自然环境的行为,都可能使原本不暴露在灾害危险区域的群体变得更为脆弱。

3. 脆弱性因素

有人说,灾害是最公平的,灾害面前人人平等,这种观点是不合理的。[4] 有些群体在各类危险面前显得更为脆弱,损失和伤亡也更加严重。决定灾害危害后果的重要变量包括阶层(主要是贫富差距)、职业、社会地位、种族、性

---

〔1〕 See Daniel A. Farber et al., *Disaster law and policy*, New York, Aspen Publishers, 2010, p. 23.

〔2〕 See United Nations, "World population projected to reach 9.6 billion by 2050", Accessed May 2, 2018. http://www.un.org/apps/news/story.asp? NewsID = 45165#. VTZSbfTw5RI.

〔3〕 See Mark Pelling, "Urbanization and Disaster risk", Accessed May 2, 2018. http://www.populationenvironmentresearch.org/papers/Pelling_urbanization_disaster_risk.pdf.

〔4〕 See Claude de Ville de Goyet and André Griekspoor, "Natural disaster, the best friend of poverty", *Georgetown Journal on Poverty Law and Policy* 14, 2007, p. 1.

别、健康状况、年龄、移民地位(是否合法),以及社会关系的范围等。[1] 如果说自然危险本身是一种外在冲击的话,那么脆弱性因素则是社会系统或生态系统中的内在风险因素。脆弱性不仅影响灾害的影响程度,而且脆弱的群体在灾后也更难实现快速恢复,使他们在下一次灾害来临时更为脆弱。但是由于各国国情以及具体区域的社会经济状况的差别,上述脆弱性因素对灾害后果的影响也存在较大差异。比如,从性别上来看,国际社会普遍认为女性在灾害面前更为脆弱,[2] 我国研究却表明男性更为脆弱。[3] 再如,种族问题,在美国表现得尤为明显,[4] 但是在我国却不明显。

尽管如此,仍有一些因素的影响是普适的,如贫困对灾害的影响。减少贫困是人类社会发展的重要目标之一,全球各国,尤其是发展中国家政府,通过改善环境和采取有效的干预措施,实现了全球贫困人口大幅度减少的显著成效。但是,全球越来越频繁发生的洪涝、干旱、地震等自然灾害不仅削弱了各国努力取得的减贫成果,而且已经逐渐成为贫困国家贫困群体致贫、返贫的重要原因。[5] 因为自然灾害,尤其是重大自然灾害的发生一般都会严重破坏当地社会或社区的正常运转功能,致使当地人民生命财产及整个社会经济、环境

---

〔1〕 See Ben Wisner, et al., *At Risk: Natural hazards, people's vulnerability and disasters*, London, Routledge, 2003, p. 11.

〔2〕 See Elaine Enarson, "Gender and Natural disasters, Infocus Programme on Crisis Response and Reconstruction", Accessed May 2, 2018. http://www.ilo.int/wcmsp5/groups/public/---ed_emp/---emp_ent/---ifp_crisis/documents/publication/wcms_116391.pdf.

〔3〕 此研究表明男性更为脆弱的指标是男性在灾害中的死亡率更高,并指出原因可能是男性是社会的主要劳动力,是承担户外和高危工作的主要人群,参见赵飞等:《2000~2012年我国自然灾害人口损失情况特征分析》,载《灾害学》2013年第4期。

〔4〕 种族问题是美国历史上就存在的痼疾,且一直影响着美国的方方面面。2005年新奥尔良市遭遇的卡特里娜飓风中受影响的人有84%属于非裔美国人(美国黑人),当时新奥尔良市中28%的家庭处于贫困状态,没有汽车以提供便利交通寻找撤离地点和获取资源,其中,这些没有汽车的家庭中的21,787户是黑人,只有2606户是白人。而且,灾害对黑人的心理影响远远大于白人,尤其是年老的黑人更难从灾害阴影中恢复出来。许多非裔美国人发现社会中存在的根深蒂固的种族歧视导致了当地白人甚至官员对于黑人的求救抱着怀疑态度。同样在多年后的恢复重建中,重新发展和城市规划同样受种族和阶层的影响。See Robert R. M. Verchick, *Facing Catastrophe: Environmental Action for a Post-Katrina World*, Cambridge, Harvard University Press, 2010, pp. 136-138.

〔5〕 See International Strategy for Disaster Reduction, "Living with Risk_ A global review of disaster reduction initiatives", Accessed May 2, 2018. http://www.unisdr.org/files/657_lwr1.pdf.

受到严重创伤，从而超出当地社会仅仅依靠自身资源和能力来应对的能力。从全球范围来看，在1974年至2003年，自然灾害导致的死亡人数和受影响人数中，最为严重的属中国和印度，非洲地区的阿尔及利亚、埃塞俄比亚以及非洲南部的几个国家；其次便是亚洲其他国家和地区、非洲其他国家和地区、拉丁美洲和澳洲地区；北美和欧洲等发达区域的影响最小。〔1〕 在1975年1月到2008年10月，国际灾害数据库记录中的8866起自然灾害（除了流行病）导致了2,283,767人死亡。在这些数据中，仅23起大型灾害就导致1,786,084人死亡，他们大多来自发展中国家。也就是说，0.26%的灾害事件导致了78.2%的人死亡，且发展中国家与最不发达国家中的脆弱人群更容易受自然灾害的影响。从个体层面来说，贫困影响个体的风险意识、居住地的选择、建筑的抗灾能力，及基础设施（如医院）的选择，这些因素增加了自然灾害发生的脆弱性。〔2〕 反过来，自然灾害的发生导致经济发展遭受重创，基础设施遭到破坏等一系列后果，进一步加剧了贫困群体的贫困。相较而言，富裕阶层的人们更懂得怎样分担风险或转移风险以最大化地降低损失。因此，尽管各国政府都承担着灾害管理的责任，但是事实上每个利益相关者都应该参与到灾害管理过程中来，以避免"贫困导致灾难，灾难加剧贫困"的恶性循环。贫困问题是许多国家的难题，减少贫困能够有效提高社会的应灾能力与恢复能力，而大多国家都是采取财政扶持的方式来加以解决，但是实践证明这一方式的效力十分有限。比如，我国一般对受灾区域给予大量的财政资金用以救灾与恢复重建工作，但由此导致了地方政府怠于灾前预防而是选择在灾害发生后消极地等待中央给予救援。值得注意的是，现在越来越多的富人也选择在易受灾害侵袭的危险区域居住，其主要是为了享受更为优美的自然环境，属于自愿选择的一种风险。〔3〕 与此相反的是穷人基于生存压力而不得已的选择，据估计拉丁美洲80%的穷人，亚洲的60%的穷人以及非洲50%的穷人都住在"边缘区域"，这些高风险区域——海岸带、低洼洪涝平原、河床和火山区域，往往能够

〔1〕 See the International Disaster Database, Accessed May 2, 2018. http://www.emdat.be/world-map.

〔2〕 See Claude de Ville de Goyet and André Griekspoor, "Natural disaster, the best friend of poverty", *Georgetown Journal on Poverty Law and Policy* 14, 2007, p. 2.

〔3〕 See Ben Wisner, et al., *At Risk: Natural hazards, people's vulnerability and disasters*, London, New York, Routledge, 2003, p. 13.

提供维持生活所需的丰富的自然资源。[1]

人为因素导致的温室气体增加改变了我们的生存环境，气候变化[2]已然成为当今全球面临的巨大挑战之一。气候变化引起海平面上升，海岸带遭受洪涝、风暴等自然灾害影响更为严重，[3]并在增加气候相关自然灾害的频率和强度上起到重要作用。另外，气候变化通过影响水源、海岸洪水、疾病与饥饿将人们置于风险中，以及将人置于更糟糕的环境中，反过来增加了脆弱性。[4] 在全球化时代，灾害风险也在全球化，发达国家和发展中国家都不可避免地遭受着自然灾害带来的冲击，人类所面对的自然风险和威胁比以往任何时候都更加复杂。虽然发展中国家和发达国家在自然灾害面前都是脆弱的，但是两者在灾害发生频率、受灾人数、经济损失及死亡人数上都存在明显差异，而且，发达国家比发展中国家具有更强的应灾能力与恢复能力。

4. 恢复力维度

恢复力概念被运用于各类不同的学科之中，霍林首次将其引入生态学领域。在生态学领域，恢复力一般是指吸收干扰，不断变化以及重新组织并保持同一特性（保持同一基本结构和运行方式）的能力。在此基础上，恢复力概念进一步适用于灾害领域。灾害恢复力有多个维度，包括技术维、管理维、社会经济维以及生态维。其中，技术维是衡量系统在灾害中的表现状况；管理维是评定管理机构行动和决策的有效性和适当性；社会经济维是判断承灾体基本服务能力和降低直接及间接经济损失能力。[5] 目前我们在减、防自然灾害的过程中考虑更多的是上述三个维度内系统的适应性和恢复力。现在，越来越多的学者逐渐关注到了恢复力的生态维度，生态维度，是指生态系统在灾害发

---

[1] See Karen Sudmeier-Rieux et al. eds. , "*Ecosystem, Livelihoods and Disasters: An integrated approach to disaster risk management*", IUCN, 2006, p. 16.

[2] 联合国气候变化框架公约定义"气候变化"为这样的变化："人类直接或间接地改变全球大气组成的行为以及经过相对长时期观察到的自然气候变动。"

[3] 参见国家发展改革委、财政部等：《国家适应气候变化战略》，载中华人民共和国中央人民政府网站：http://www.gov.cn/gzdt/att/att/site1/20131209/001e3741a2cc140f6a8701.pdf，最后访问日期：2018 年 4 月 20 日。

[4] See María Eugenia Ibarrarán et al. , "Climate change and natural disasters: macroeconomic performance and distributional impacts", *Environment, Development and Sustainability* 11, 2009, p. 1.

[5] 参见葛怡等：《恢复力研究的新进展与评述》，载《灾害学》2010 年第 3 期。

生时以及灾后仍能发挥其供给、调节、支持以及文化功能的能力,即生态系统能够抵御(resist)、保持(maintain)和适应(adapt)自然灾害冲击的能力。实际上,社会系统和生态系统并不是截然分开的,而是相互影响、相互作用的一个整体性系统。除了恢复力维度的不同,根据系统稳定状态的不同,恢复力一般还分为工程恢复力和生态恢复力。其中,工程恢复力是基于单一稳定状态的假设,由于假设系统只有一个“最优”平衡态,因而强调恒定、预见性和功能有效性的维护;而生态恢复力则是基于存在多个稳定态的假设,其关注的是诸多稳定态间的转换。[1] 影响恢复力的因素包括生物多样性、生态存储、生境条件、人类活动等,[2]其中人类活动又会不断增强对生态环境因素的影响。

人类不断地提高自身能力以利用与改造我们生存的自然环境,从而满足越来越多的人类需求,但是这些需求的满足是以对地球大气资源、水资源、土地资源等自然资源的不可持续利用为代价的。因此,人类如果要继续安全地生活在地球上,应该学着尊重地球环境中大气的、地质的以及生态的过程。而恢复力思维便是以一种可持续的方式处理气候变化以及其他变化(包括自然灾害)对人类造成的危机。现实中很多自然灾害的发生及其后果的恶化都是因为“社会—生态系统”的恢复力的降低甚至丧失所导致的。而且恢复力理论的一个重要突破在于考虑到前一次自然灾害发生后系统所作的反应对下一次灾害的影响,恢复力在减灾规划上的重要性以及其预防性和主动性的特点越来越受到重视,对灾害系统存在一种正反馈机制。

(三)自然灾害的环境成因和后果

自然灾害与生态环境之间存在紧密的联系:一方面,环境破坏与退化将增加自然灾害风险,是形成自然灾害的主要原因之一;另一方面,自然灾害尤其是大型灾害的发生,也将引起生态环境恶化。具体而言:(1)有些生态恶化就是自然灾害,如沙漠化、水土流失等;(2)一类生态环境恶化很可能引起多种自然灾害,一种自然灾害也可能是多种环境因素引发;(3)自然灾害具有链性特征,其可能引发其他次生灾害;(4)自然灾变是渐进的过程,是由多因素的量变

---

[1] 参见葛怡等:《恢复力研究的新进展与评述》,载《灾害学》2010年第3期。

[2] 参见闫海明等:《生态系统恢复力研究进展综述》,载《地理科学进展》2012年第3期。

到质变的过程，其中环境恶化便是一个量的累积。[1] 综上，退化的生态系统会通过影响自然灾害的规模、频率和持续时间而加剧自然灾害后果。

与此同时，自然灾害也会对环境和生态系统产生不利后果，这些后果对依赖于其生存和发展的人类而言也具有长期的负面性。这些后果包括：(1)对自然资源和设施的直接损害会影响生态系统功能；(2)灾害发生时工业释放有毒物质而引发的不受控制、无规划的意外紧急情况；(3)灾后救助恢复阶段对环境造成的潜在影响。

虽然自然灾害的认知经历了"上帝所为—自然所为—社会所为"三个阶段的发展，但是在公众认知中，这三者是同时存在的。尽管神义论已过时，但仍会被拿出来利用，如 2010 年海地地震(超过 30 万人在地震中死亡)就被视为"与魔鬼的协议"(pact to the devil)。[2] 更多的时候，自然灾害被视为自然界的存在，这一点在法律中得到了确认，如"不可抗力"规则的实施。因此，一方面是灾害现实的发展，另一方面是社会观念的转变。二者之间相互联系、相互作用。灾害现实促进人类社会观念的转变，社会观念的转变又进一步加强对灾害现实的应对。简单地说，自然灾害不是客观存在的，而是非自然的，是科技发展、社会发展过程中形成的内在特质。因此，人类不仅能够通过努力预防、减缓和避免其存在的现有风险和消极后果，将造成的潜在损失或风险进行限制或有效管控；而且应该将灾害管理融入环境保护、气候变化和可持续发展领域之中，形成一种积极的、有弹性的灾害管理理念和方式。那么，生态减灾作为一种积极的，有弹性的灾害管理理念，到底是无差别地适用于各类自然灾害，还是有选择地适用于某些类型的自然灾害之上呢？这是本研究要确定的问题。要回答这个问题，就必须对自然灾害的类型及其各类型的原理有一个大致的了解和把握。

三、自然灾害的类型化分析

在方法论上，类型化是作为一种研究方法在 20 世纪的大陆法系国家流

---

〔1〕 参见张艳军等：《论人类活动、生态环境与自然灾害的关系》，载《中国环境管理》2003 年第 1 期。

〔2〕 David Waters, "Haiti, the Devil and Pat Robertson", WASH. POST, Jan. 13, 2010, Accessed May 2, 2018. http://onfaith.washingtonpost.com/onfaith/undergod/2010/01/haiti_the_devil_and_pat_roberton.html.

行，其目的在于对研究对象的分析和把握，对该对象进行建构性分析，以探知其在法律上的意义。类型化得以存在的哲学前提是"承认主体在认识理性上的有限性以及关于客体之信息获取上的不完全性。因此，它只反映人类对客观世界认识的现实程度……此种写实主义的立场使类型可以利用其开放的结构随时捕捉人类对客观世界的认知信息，与时俱进地更新其内部特征"。[1]自然灾害的类型化目的是区别不同类型和类别的自然灾害的成灾机制和成灾过程，从而考察这些自然灾害受人为环境活动影响的程度与状况，为灾害监测与预报、灾情评估，以及灾害管理等方面提供基础，为法律的差别化调整提供现实导向。

下面笔者将从具体的自然灾害的界定及其成因机制出发，指出人类行为在自然灾害的成因过程中可能产生的干扰，打破传统上认为自然灾害属于纯粹自然规律作用的观点。比如，判断和界定干旱的标准不仅是雨水稀少，更为重要的是水量供与需的不对称，确切地说是供少于需。

（一）根据灾害发生的生态圈领域划分

我国于2012年发布了《自然灾害分类与代码》（GB/T 28921—2012）的国家标准，将自然灾害分为气象水文灾害、地质地震灾害、海洋灾害、生物灾害和生态环境灾害5大类39种自然灾害，这一划分的主要依据是灾害发生的生态圈领域不同：由大气圈变异活动主导引起的气象水文灾害；由岩石圈变异活动主导引起的地质地震灾害；由水圈变异活动主导引起的海洋灾害；由生物圈变异活动引起的生物灾害和生态环境灾害。与此同时，每一种自然灾害不局限于一个圈层，可能同时受到多个圈层活动的共同影响；各个圈层内的活动也可能影响其他圈层内的活动。气象水文灾害，是指由于气象和水文要素的数量或强度、时空分布及要素组合的异常，对人类生命财产、生产生活和生态环境等造成损害的自然灾害，主要包括干旱、洪涝、台风、暴雨等。地质地震灾害，是指由地球岩石圈的能量强烈释放造成剧烈运动或物质强烈迁移，或是由长期累积的地质变化，对人类生命财产和生态环境造成损害的自然灾害，这类自然灾害主要包括地震、火山、崩塌、滑坡、泥石流等。海洋灾害即海洋自然环境

---

[1] 李可：《类型思维及其法学方法论意义——以传统抽象思维作为参照》，载《金陵法律评论》2003年第2期。

发生异常或激烈变化，在海岸或海上发生的对人类生命财产和生态环境造成损害的自然灾害，比如，风暴潮灾害、海啸、赤潮等。生物灾害，是指在自然条件下的各种生物活动或者由于自燃、雷电等原因导致的发生于草原或森林，有害生物对林木、农作物、养殖动物及设施造成损害的自然灾害，如植物病虫害，鼠害，森林、草原火灾等。最后一类是生态环境灾害，是指由于生态失衡或生态系统结构破坏，对人地关系和谐发展和人类生存环境带来不良后果的一大类自然灾害，包括水土流失、风蚀沙化、盐渍化、石漠化等自然灾害。

在我国，根据生态圈领域划分灾害类型具有重要意义，其直接关系到灾害管理部门的分工，如气象灾害归属于气象部门，水文灾害归属于水利部门，生物灾害分别归属于农业部门和林业部门，海洋灾害则是由海洋部门管理，地质灾害一般由国土资源部门负责，地震灾害则是地震部门负责，等等。

（二）根据灾害成因的自然程度的划分

虽然上文中提到几乎每一种自然灾害都可能受人类活动的影响，但是有些自然灾害的成因机制很难受到人类行为的作用，如地震，虽然有些大型工程能够引发地震，但是这是极少情况，且一般造成的危害不大，总体上说此类灾害可归为自然灾害。根据成因的灾害二元分类体系，包括：(1)自然灾害，即人类不能或难以支配和操纵的各种自然物质和能量聚集、爆发、运动所导致的灾害形式。(2)人为灾害，即那些在社会经济建设和生产活动中故意破坏或各种不合理、失误造成的灾害形式。后来出现的三分法将灾害分为自然灾害、准自然灾害和人为灾害。准自然灾害，是指那些在人类生产和生活活动过程中，一些违背自然规律的行为造成自然生态环境的结构、功能紊乱而导致的表现为自然灾害的类型，如人为导致的沙尘暴。再后来依据四元分类将灾害更细致地划分为自然灾害、准自然灾害、人为灾害与准人为灾害。其中，准人为灾害是指那些由一些自然灾害所衍生的次生的表现为人为灾害的类型（上述四种灾害类型与种类划分详见表1－1）。从上述论述中可以看出，各灾害类型的成因、发展过程和人为可控性与预知程度各不同（见表1－2）：自然灾害的可控性与可预知程度较低，但是其发展过程短且灾情较严重；准自然灾害的原因可控性高，具有“人—自然环境—人”的灾害循环特征；准人为灾害结果的人为调控性较高;人为灾害的可控性最大。[1] 本书研究的“自然灾害”主要集中在准自然灾害,同时对自然灾害的减缓也稍有关注。因为,虽然自然灾害的成因主要是自然规律发挥作用,但是很多时候自然事件成灾与否还取决于当时当地的社会经济与生态条件等共同因素。而准自然灾害呈人类与生态过程相结合的范式,是实施生态减灾的重点领域。

表 1-1 灾害类型与种类划分

灾害类型	灾害种类
自然灾害	火山、地震、太阳黑子引起的洪水、暴雨、自然泥石流等
准自然灾害	过度开采地下水导致的地面沉降、过度放牧导致的沙漠化、石漠化
准人为灾害	水旱灾害引发的饥荒、社会动乱,由气象因素导致的海难
人为灾害	战争、交通事故、有毒气体的泄漏、放射性物质的泄漏等科技灾害

表 1-2 自然灾害、准自然灾害、准人为灾害与人为灾害比较

灾害类型	自然灾害	准自然灾害	准人为灾害	人为灾害
成因机制	纯自然因子	人为 + 自然	自然 + 人为	纯人为因子
孕灾环境	自然环境	自然 + 人文环境	自然 + 人文环境	人文环境
致灾因子	自然因素	自然 + 人为因素	自然 + 人为因素	人为因素
可预控性	低	中等	中等	高
可预测性	低	中等	中等	高
致灾过程	短程集中	居中	居中	长程分散

(三)根据灾害过程的时间特点的划分

自然灾害的本质是自然界的部分物质和能量的自然运动使人类社会遭受损害。根据灾害发生的时间特点,可以将自然灾害划分为突发性自然灾害和渐变性自然灾害。突发性自然灾害强度大、突然而来、持续时间不长、受灾面积相对也不大,但可造成严重损失,此类自然灾害有地震、暴雨、滑坡等。渐发性自然灾害产生之初强度不大,人们甚至不能及时地感受它的危害,但由于持

---

[1] 参见刘会平、潘安定编:《自然灾害学导论》,广东科技出版社 2007 年版,第 25~27 页。

续时间长，面积大，严重程度与日俱增，最终也将造成严重损失，此类灾害有旱灾、沙漠化等。

突发性自然灾害的共同特点有：(1)自然界部分物质基本上呈整体运动(或块体运动)；(2)它们的发生都带有一定程度的突然性，运动速度快而且持续时间短；(3)频繁地在全球各地发生且发生的具体位置很容易被确认；(4)在同一地点经常重复出现；(5)一次性释放的能量巨大，对局部具有摧毁性的破坏力；(6)现在已经获得了有关这类自然灾害事件的大量资料以及积累了减轻其影响的重要经验和一系列技术性措施。突发性自然灾害包括：岩土物质急剧运动，如地震、火山、爆发、塌陷、地裂缝、崩塌、滑坡等；水体物质的急剧运动，如暴雨、海啸、涡流、风暴、浪流、暗流等；气体物质急剧运动，如低温或高温气团、气旋流、沙尘暴等。渐发性灾害一般不是由单一的、明显的危险来源导致，而是在错综复杂的环境下逐渐形成(从周到月甚至年)。渐发性自然灾害通常具有以下特征：频率上的复发、影响范围上的广泛性、受影响的具体方面多是人们的生计和健康(而不像突发性灾害那样突然致命)、经济上的难以估量，以及可预测性。此类自然灾害较为典型的是干旱、洪涝、泥石流、环境退化、海平面上升等。[1] 对于这类自然灾害的减灾，正如《面对自然灾害——国际减轻自然灾害十年》报告书所述，更加需要强调的是生态学和社会学问题，而不像短期灾害那样把土木工程性措施作为关键手段。[2]

突发性自然灾害与渐发性自然灾害更多地体现在灾害发生时的表征特点上，随着人类环境行为的拓展，突发与渐发之间的区别逐渐模糊。如洪涝灾害，从其发生时表现的特点来看，其是突发性自然灾害，而从其产生的过程来看，其又可界定为渐发性自然灾害，因为其产生及其危害是受长期的森林破坏、土壤侵蚀和湿地萎缩等的影响。

(四)根据灾害是原生还是次生划分

"重大自然灾害一经发生，极易借助自然生态系统之间相互依存、相互制

---

〔1〕 See Marilise Turnbull et al., *Toward resilience: a guide to disaster risk reduction and climate change adaptation*, Practical Action Publishing, 2013, p. 111.

〔2〕 参见国际减轻自然灾害十年顾问委员会、美国国家研究委员会工程技术系统委员会、美国国家科学院、美国国家工程科学院：《面对自然灾害：国际减轻自然灾害十年》，谢礼立、周雍年译校，地震出版社 1988 年版，第 9 页。

约的关系,产生连锁效应,由一种灾害引发出一系列灾害,从一个地域空间扩散到另一个更广阔的地域空间,这种呈链式有序结构的大灾传承效应称为灾害链。"[1]因此,原生自然灾害会触发或诱发一系列的次生灾害,并造成该地区遭受毁灭性的打击,比如暴雨为主的灾害链[暴雨(台风)—暴雨—避灾—泥石流—洪泛—毁田、路、房—淹亡等];干旱为主的灾害链(干旱—沙尘—暴热—缺水—毁农、林、草—埋村、堵城);地震为主的灾害链[地震—(雨雪)—崩塌—沙涌—城内建筑破坏—交通堵塞—通信断路—泄毒失火等]。[2] 而且,同一种原生自然灾害,发生在不同地区,会出现不同的次生自然灾害的组合类型,具体表现为次生灾害的种类不同,数量也多少不一。因此,原生与次生之间的关系并不是必然的、确定的,而是存在极大的偶然性与不确定性,且经常受外在环境的影响。

在许多地方,次生性自然灾害的损失比原生性灾害的损失要大得多,有时甚至是原生性灾害损失的许多倍。原生性自然灾害与次生灾害的相互关系相当复杂,不仅表现为引发次生性灾害,有时还表现为提供物质或物质运动的条件,在空间上距离远近相差很大,在时间上有的紧随发生,有的则可以相隔较长的时间。

四、自然灾害的共同特征

一般认为,自然灾害的特征具有时间上的突发性、影响上的广泛性和成因上的自然性。但是有学者对此逐一进行了驳析:关于突发性,并不是表面上看到的那样突然发生,自然事件的产生经常是在朝向灾害发生漫长阶段的最后一步;关于影响广泛性,也取决于法律制定者和公众的社会道德和偏见;关于自然性,该学者认为可以说事实上"没有什么是自然的",因为自然发生的事件导致的损失是与人类组织和人类控制自然环境的程度密切相关的。[3] 从上文对自然灾害的重新认知中,我们也可以看到由于受社会因素的影响,自然灾害变得更为不确定,同时一些自然灾害的产生过程变得更为漫长。的确,自然

[1] 门可佩、高建国:《重大灾害链及其防御》,载《地球物理学进展》2008 年第 1 期。

[2] 参见马宗晋:《世界环境问题和中国减灾工作研究进展》,载《地学前缘》2007 年第 6 期。

[3] See Daniel A. Farber and Michael G. Faure, "Introduction", in Daniel A. Farber and Michael G. Faure eds., *Disaster law*, London, Massachusetts, Elgar Research Collections, 2010, p. xv.

灾害种类多样,不同类型的自然灾害具有不同的特征,对自然灾害突发性、影响广泛性与自然性等特性的反思,正是对自然灾害认识不断加深的一种表现;虽然自然灾害具有各种类型,依据不同类型划分也不同,但是它们之间存在一些共同的特征,这些特征也是本书研究减灾的基础。除了一般意义上将自然灾害的特征分为自然性与社会性之外,本书将其特征分为产生机制的必然性与耦合性,以及发生过程的循环性与复杂性。

(一)产生机制的必然性与耦合性

产生机制的必然性是指自然灾害是发生在地球表层系统中的自然事件,地球是不断运动变化的,加上太阳、月球和其他天体的影响,地球的岩石圈、大气圈、生物圈与水圈的物质在运动中不断变异,从而产生了大量的岩石的、大气的、生物的以及水的极端地球物理事件等。也就是说,只要地球在变动,各类自然灾害就会相伴而生,这是自然规律使然,称为"必然性"。自然灾害的耦合性,是指特定区域特定时间内特定灾害的发生是人地耦合系统共同作用的产物,而所谓的"人地耦合系统是一个有嵌套层次的实体概念,是指人类活动与自然环境通过相互作用和复杂的反馈作用而在彼此影响下形成的整合系统"。"人地耦合系统"突出了"连接人类与自然系统的模式和过程、相互影响和反馈,以及人类和自然组成在某一尺度内部和跨尺度的相互影响,强调其组织上、空间上和时间上等多维度的耦合性"。[1] 虽然自然灾害的产生是自然规律使然,但是具体一些自然灾害的产生受着时间、空间等多维度要素的影响。比如,某一区域在一次强降雨过程影响中,不同时间阶段其生态系统的稳定性或脆弱性不同,由此会带来不同程度的洪水、滑坡或泥石流等灾害事件;同样程度的洪水、滑坡和泥石流等灾害事件会因发生在不同区域,从而产生不同程度的自然灾害;而在同样程度的自然灾害影响下,会因不同区域的社会适应恢复能力不同而导致不同的灾害损失。因此自然灾害的产生和扩大是受着自然生态系统与社会系统中的多要素耦合而成。两者的耦合关系主要表现在以下两个方面:第一,社会经济系统中的经济发展、人口增长、城市空间扩张与交通扩张对自然生态系统产生压力,这种压力驱动下原生态环境迅速向次生生态环境转变,其表现往往是环境质量与功能的下降,从而诱发自然灾害,产

[1] 田亚平等:《区域人地耦合系统脆弱性及其评价指标体系》,载《地理研究》2013 年第 1 期。

生致灾效应,增加了灾害损失。第二,自然灾害的产生造成了区域乃至整个国家的社会经济重大损失,影响和制约着社会经济的发展。自然灾害的耦合性是动态的,其中任何一组要素发生变化都将引起系统要素相互作用的变化以及其他要素乃至整个人地系统状态的变化。

(二)发生过程的循环性与复杂性

自然灾害发生过程的循环性与复杂性。自然灾害的发生过程包括两个侧面:一个是自然生态系统中孕灾环境的稳定性,自然事件的发生打破了这种稳定,最后导致对人类社会经济系统的破坏,形成自然灾害;另一个是人类社会系统在面对自然灾害从产生到消亡的循环过程中形成的灾前监测预报和预警、灾中应急响应,以及灾后的灾情评估、救济救助、恢复重建的循环模式。自然生态系统与社会经济系统在灾害发生后都将呈现一种无序到有序的循环,这种循环便是灾害循环性的表现。值得一提的是,这种循环性并不是简单的重复,而是自然生态系统与社会经济系统不断自我更新的过程,因此,人类管理自然灾害的实质就是在自然灾害发生后能够保持生态系统与社会系统的功能正常运行。

人类社会遭受的主要自然灾害基本上都是发生在地球表层的各个圈层中,形成了地球灾害系统,这些系统都是典型的复杂系统。“它们不仅存在着多因子、多系统错综复杂的相互作用,而且具有一些复杂的共同的基本特性:本质上的开放性和相对封闭性共存;稳定与不稳定、平衡与不平衡、连续与不连续、线性与非线性、渐变与突变交替发生;灾害系统具有多种时空尺度系统的嵌套式的层次性;内因和外因的交互、耦合作用以及共振作用”等。[1] 这些都促使自然灾害发生过程具有极端复杂性。自然灾害的复杂性认识并不是意味着我们滑入了不可知论的“泥潭”,而是需要人类转变对自然灾害的认知,尽量减少对灾害系统的不当干扰,从而以更合理的方式管理自然灾害。

---

〔1〕 王沙燚:《灾害系统与灾变动力学研究方法探索》,浙江大学建工学院 2008 年硕士学位论文,第 5 页。

第二节　现代灾害管理的多元共存

各发展中国家的经验和教训表明,在应对自然灾害的过程中,需大致经历三个阶段:第一阶段——救助阶段,即在自然灾害发生后,由临时成立的各类“救助委员会”承担灾害紧急救助、物资发放和灾民安置;第二阶段——恢复重建阶段,就是由临时性的“应急救助阶段”过渡为长期性的灾区灾后经济社会恢复重建阶段,这一阶段经常面临如何根据整合各渠道建设资金来合理确定灾区灾后恢复重建目标和建设期限的问题,而且往往缺乏应对灾后恢复重建阶段有关灾害评估、信息发布技术、管理、经验等方面的专业性支持,因此临时性的“救助委员会”表现出明显的应对能力不足问题;第三阶段——综合灾害管理阶段,逐步趋向于建立更侧重提前防止与减缓自然灾害发生及其后果的可持续“灾害管理”机制。[1] 在自然灾害的态度上,从一味地逃避到积极地管理已是一种质的飞跃。如今,受不同社会价值、文化模式、宗教信仰、政治制度,以及经济结构的影响,世界各国的灾害管理理念各异,有些仍处于应急管理为主的阶段;有些则是灾害管理;还有些发展到灾害风险管理,甚至是适应性管理阶段。[2]

一、应急管理到风险管理的发展

实际上,每个阶段的灾害管理理念和方式都存在其现实合理性,这种合理性是基于具体时空下的认知程度和社会经济水平等因素。那么,应急管理理念的现实合理性是什么呢?为了实施该理念,又有哪些方式和内容作支撑?应急管理又为何会转变为风险管理?发生转变的现实基础是什么?二者有何不同之处?风险管理的方式和具体内容又有哪些?

---

〔1〕 参见黄承伟等主编:《自然灾害与贫困:国际经验及案例》,华中师范大学出版社2013年版,第7~8页。

〔2〕 See International Federation of Red Cross and United Nations Development Programme, “Effective law and regulation for disaster risk reduction: a multi-country report”, Accessed May 2, 2018. http://www.preventionweb.net/publications/view/38053.

(一)应急管理理念与方式

正如本章第一节中已经论述了19世纪以后人类将自然灾害视为一种自然界中的突变现象,这种观点直到20世纪80年代后才有所转变。1961年美国经典灾害学研究的先行者福瑞茨(Fritz),首先对灾害作出了明确的定义:"灾害是一个具有时间—空间特征的事件,对社会或社会其他分支造成威胁与实质损失,从而造成社会结构失序、社会成员基本生存支持系统的功能中断。"[1]福瑞茨的定义包含了人类对灾害的应对和适应,同时也阐明了这类事件有别于日常生活中的危机和普遍的意外事件,如交通事故。依照这一经典定义的逻辑,灾害被视为在一定"时空"范围内,对社会整体造成负面影响的、突发的、外部的、瞬间作用的事件。类似地,加里·克雷普斯(Gary Kreps)将灾害定义为例外事件(non-routine events),并造成社会混乱和物质损失;[2]丹尼斯·史密斯(Denis Smith)则认为,灾害事件首先带来的是死亡和损失,进而造成社会、政治、经济的中断;[3]凯瑟琳·蒂尔尼(Kathleen J. Tierney)认为此种定义具有功能主义或"事件导向"。[4] 虽然上述学者对灾害的界定不尽相同,但是整体而言,认为灾害是由自然的、客观的与外部的突发事件所导致的社会功能中断的各种消极社会后果。伴随着灾害的全过程,大多数的社会—生态系统经历一个"稳定—中断—调整—恢复"的循环,[5]少数"社会—生态"系统在巨灾或频繁的灾害面前被毁灭,而无法调整恢复过来。

为了减少灾害造成的社会损失,人类逐渐开始建立相应的机制以尝试"管理"灾害及其对生命财产的影响,"应急管理"正是在这种情况下应运而生的

---

[1] C. E. Fritz, "Disaster", in R. K. Merton and R. A. Nisbet, *Contemporary Social Problems*, New York, Harcourt, 1961, p. 655.

[2] See G. A. Kreps, "Disaster as Systemic Event and Social Catalyst", in E. L. Quarantelli ed., *What is a Disaster? Perspectives on the Question*, London, Routledge, 1998, pp. 21 – 25.

[3] See D. Smith, "Through a Glass Darkly: A Response to Stallings", in R. W. Perry and E. L. Quarantelli ed., *What is a Disaster: New Answers to Old Questions*, Philadelphia, Xlibris, 2005, pp. 292 – 307.

[4] K. J. Tierney, "From the Margins to the Mainstream ? Disaster Research at the Crossroads", *Annual Review of Sociology* 33, 2007, pp. 503 – 525.

[5] 陶鹏、童星:《灾害概念的再认识——兼论灾害社会科学研究流派及整合趋势》,载《浙江大学学报》(人文社会科学版)2012年第2期。

创新之物，且经历了不同的发展阶段。人类最开始通过工程措施（如堤坝、大坝、防洪堤等）改变自然灾害的自然特性以实现减灾，这种实践源远流长。但是工程措施有时会失败，因此政府会迅速建立应灾机构，等到灾害过去，工程措施修复了，该机构就会被撤销，直到下次灾害发生又会被建立起来。随着科技的发展，人类逐渐地能够作出预测，能够在灾前采取一些相应的措施以备灾，从而开始了有组织的灾害应对，进而导致了各国逐步建立常态化的灾害管理机构。应急管理需要采取不同的措施，这些措施一般由不同的政府机构分管。例如，美国应急管理中的功能由超过五个的联邦部门和机构分管：商务部负责气候、预警和防火，总务管理局负责政府的协调、储备和联邦准备，财政部则负责进口调查，核管理委员会负责核电站，住房和城市发展部负责洪灾保险和灾害救助。[1] 虽然机构分工不同，其建立的最初目的都只有一个：满足灾民或潜在灾民的紧急需求。割裂化的灾害管理机构无法应对日益复杂的灾害形势，因此综合应急管理的需求逐渐显现。1978 年时任美国总统卡特提出建立联邦应急管理局（Federal Emergency Management Agency，EMA），由总统直接领导，1979 年联邦应急管理机构正式成立，统一化的管理机构极大地促进了应急管理的发展。应急管理的内容也逐渐拓展为应急指挥和控制、预警和通知、交通管制、公共信息发布、避难所和集中医疗、撤退、法律执行等[2]各个方面。应急管理过程包括灾前减缓、灾前准备、灾中紧急应对，以及灾后恢复四个阶段。[3] 虽然应急管理的内涵不断地在丰富拓展，很多国家建立了灾害管理机构，但是其绝大部分的资源集中在灾害应对上。其实质是一种危机管理，这种管理模式是一种消极的防护模式，已经无法应对灾害风险的多元化趋势。应急管理阶段对自然灾害也有一些预防性措施，但是这些措施是建立在人类能够控制或改变自然形态的基础之上。例如，美国 1934 年《防洪法》的通过，

---

〔1〕 See George D. Haddow and Jane A. Bullock, *Introduction to Emergency Management*, 2nd edition, Elsevier, Butterworth Heinemann, 2006, p. 5.

〔2〕 See Jennifer Wilson and Arthur Oyola-Yemaiel, "The evolution of emergency management and the advancement towards a profession in the United States and Florida", *Safety Science* 39, 2001, pp. 117 – 131.

〔3〕 See Neal D. M., "Reconsidering the phases of disaster", *International Journal of Mass Emergencies and Disasters* 15, 1997, p. 239.

不断增加美国陆军兵工团设计和建造防洪工程的权力。[1] 后来，美国的反水坝运动愈演愈烈，历史最终证明单纯依靠工程控制是非常短视和高成本的。

（二）风险管理理念与发展

事实上，越来越多的学者通过研究逐渐接受了自然灾害"非自然"的现实，灾害的风险已远远不止自然危险，而是与灾害的脆弱性的综合产物，而脆弱性的产生是由一系列因素造成的，包括：根本性原因，如有限的权利渠道、意识形态；动态性压力，如缺乏应灾训练、缺乏投资、新闻不自由等，以及由人口增长过快、城市化、森林退化、土壤生产力下降等带来的巨大压力；不安定条件，包括自然环境中的危险位置、危险的建筑和设施、当地的经济、社会关系、公共行动和制度等。所有这些因素与自然危险的综合便是自然灾害的风险。[2] 因此，人类要想实现灾害管理，必须以一种综合的方式对所有的灾害风险因素进行全面管理。这一综合灾害管理的核心便是风险管理，即通过设计、实施和评价各类措施、政策和战略，以深入对灾害风险的认识，鼓励降低和转移灾害风险，并促进防灾、备灾、应灾和灾后恢复方法的不断完善，提高人类的生活质量、福祉、安全和可持续发展的一种全面的、统一的和整合的管理模式。[3] 风险管理包含了一系列不同但紧密联系的措施：第一，避免或消除风险，例如，禁止具有潜在危险的行为；第二，规制或改变行动以降低灾害规模和/或频率，如修建大坝、防洪堤、防潮堤等；第三，降低暴露区的脆弱性，如加固建筑物、建立灾害预警体系；第四，开展和实施灾后的减缓和恢复程序，如建立搜救和救援团队、救助训练等；第五，风险分担和损失赔偿机制，如保险体系等。其管理包括以下过程：风险识别，包括个体认知、社会表现和客体评估；风险减少，或者

---

〔1〕 See George D. Haddow and Jane A. Bullock, *Introduction to Emergency Management*, 2nd edition, Elsevier, Butterworth Heinemann, 2006, p. 2.

〔2〕 See Ben Wisner et al., *At Risk: Natural hazards, people' s vulnerability and disasters*, 2nd edition, London, Routledge, 2003, pp. 11–13.

〔3〕 See Intergovernmental Panel Climate Change, *Managing the risks of extreme events and disasters to advance climate change adaptation: a special report of working groups I and II of the Intergovernmental Panel on Climate Change*, Cambridge, Cambridge University Press, 2012, p. 38.

说风险预防或减缓;风险管理,包括应对和恢复;风险转移,包括保险和财政支持。[1] 也有学者认为,综合风险管理框架包含风险预评估、风险评估、风险管理、风险沟通、可接受水平判断五个部分。[2]

风险管理模式被国际减灾大会所重视,如 1994 年的《横滨战略:为了一个更安全的世界》(Yokohama Strategy for a Safer World)为减少灾害风险和灾害影响提供了重要的指导。自然灾害风险管理的目标是通过工程措施和非工程措施将灾害风险控制在公众普遍能够接受的水平之内。与应急管理建立在"例外事件"之上的管理模式不同的是,风险管理针对的是减少日常行为产生的风险,具有普遍性,其侧重点是要人类学会如何与风险共存。灾害风险的最重要特征是不确定性,包括:灾害发生与否的不确定性,灾害发生时间、地点的不确定性,以及灾害造成不利影响的不确定性。人类应该摆脱旧有的恐惧和躲避灾害的传统思想,转而更加理性地了解灾害进而有效地管理灾害,学会与灾害共生共存。与灾害风险共存,始终是为了可持续发展这一目标,也是风险管理和防灾减灾的基本点和出发点。与风险共存理念的核心内容之一就是要接受部分灾害风险,这一部分风险被称为可接受风险。可接受风险就是在可持续发展的大背景下,在整个社会能量可及的前提下最大限度地减少承灾体脆弱性和灾害风险的可能性,以减轻灾害发生的不利影响。[3]

风险管理需要强有力的科技作为支撑才能得以实施,现代科学能够增加我们对自然灾害来源和影响的认识与理解,现代技术则能够增加我们改造环境、适应自然灾害的能力。但是,这些科学技术并不总是被用于以预防为主的风险管理之中,在许多情况下,管理者宁可选择短期的经济利益,而不选择能够转移或缓解灾害损害的长期的预防措施。因此,现代科技往往增加了自然灾害的风险而不是减少灾害风险。例如,美国陆军兵工团(Army Corps of Engineers)建造了成千的大坝以及超过上万的防洪墙和堤坝以驯服美国的河

---

[1] See Omar D. Cardona,"The Need for Rethinking the Concepts of Vulnerability and Risk from a Holistic Perspective:A Necessary Review and Criticism for Effective Risk Management",Accessed May 2,2018. http://www.la-red.org/public/articulos/2003/nrcvrfhp/nrcvrfhp_ago-04-2003.pdf.

[2] See Ortwin Renn,"White paper on Risk Governance:Towards an integrative approach",Accessed May 2,2018. http://link.springer.com/chapter/10.1007%2F978-1-4020-6799-0_1.

[3] 参见尚志海、刘希林:《自然灾害风险管理关键问题探讨》,载《灾害学》2014 年第 2 期。

流,同时预防邻近区域免于洪涝,但是1993年的密西西比河“大洪灾”和2005年的卡特里娜飓风显示这些防护设施一旦失败,其产生的后果将更为严重。[1] 而且,这些防护措施的建设本身如果不合理,便容易造成对生态环境的破坏,加剧灾害后果;同时,防护措施所考虑的其他经济功能也将损害防灾功能的充分发挥。

二、风险管理到适应性管理的完善

(一)适应性管理的产生背景

对于自然灾害,人类从一开始的畏惧到不得已地接受再到自信地管控,从应急管理到风险管理,管理的范围和能力逐渐提高,其目标便是实现“大幅度减少灾害对社区和各国带来的生活、社会、经济和环境损失”。[2] 但是,灾害数据却显示灾害造成的经济损失和生计损失呈上升趋势。[3] 为什么灾害管理理念越来越先进和完善,但灾害损失却不降反升呢?这种矛盾的出现提出了一个基本问题:损失上升是因为世界各国的灾害管理模式并未真正贯彻落实而达到预期目标,还是因为过去和当前发展模式和轨迹仍在不断加剧灾害风险或制造新的灾害风险?这个问题的答案应该是二者兼有:一方面,先进的灾害管理理念和方式在很多国家并未得到推行,尤其是发展中国家;另一方面,人为气候变化的加剧、环境问题的恶化以及经济社会的迅速发展,从不同侧面增加了灾害风险和灾害损失。因此,从更广阔的角度来看,灾害问题是一个发展问题,最大的挑战是如何在社会经济发展的同时不增加新的灾害风险。然而,以减少灾害风险为主导的模式(“减少”一词是指处理应对已有状况)致力于将努力和资源集中在矫正的和补偿的风险管理之上,这种管理致力于减少现有的具有消极作用的风险,其实质仍然是侧重于减少或补偿灾害损失和

---

[1] See Christof Mauch, “Introduction”, in Chriostof Mauch and Christian Pfister ed., *Natural Disaster, Cultural Responses: Case Studies toward a Global Environment History*, Lanham, Lexington Books, 2009, pp. 2 – 14.

[2] International strategy disaster reduction, “Hyogo Framework for Action 2005 – 2015: Building the Resilience of Nations and Communities to Disasters”, Accessed May 2, 2018. www. unisdr. org/wcdr.

[3] See International strategy disaster reduction, “2012 disaster in numbers”, Accessed May 2, 2018. www. emdat. be.

破坏,而不是转换产生风险的潜在驱动因素,从而减少新的风险的产生。因此,灾害风险管理已无法应对将与社会经济发展相伴随的各类灾害风险,其侧重于处理现有风险的管理模式显然也无法满足对各类不确定风险的管理。基于此,灾害管理理念和方式应作出怎样的转变呢?

恢复力理论在脆弱性理论上更进一步,不仅关注产生脆弱性的因素,注重增强恢复的因素,还重视如何促使二者有机结合。恢复力理论逐渐作为一种理解“社会—生态”系统动态化的方式,从最初作为生态学中的一个基础分支,到后来在生态系统中多个吸引盆[1]的发现,它激发了社会和环境科学家们去挑战占有主导地位的稳定均衡(stable equilibrium)[2]理论。恢复力理论不仅关注系统吸收冲击和仍然保持功能的能力,它还有另外一面就是更新、重组和发展的能力,这对于可持续发展议题是必不可少的。恢复力理论将试图从管理那些基于系统稳定变化的政策转变为提高“社会—生态”系统应对、适应和产生改变的能力。[3] 社会和生态维度缺一不可,如果是在对资源和生态系统缺乏理解的情况下解决社会层面的问题,将无法充分地引导社会朝向可持续结果前进;同样,如果仅集中于决策的生态层面,可能得出狭隘的结论。[4] 因此,灾害管理应该被视为一种朝向可持续发展、维护人类福利和财富的方式,而不是作为保护不可持续发展的手段,这就需要一种更为积极的、动态的和前瞻性的灾害管理模式,这种模式便是适应性灾害管理。

(二)适应性管理理念与方式

适应性管理概念产生于20世纪70年代晚期,由生态学家霍林(Holling)在

---

〔1〕 大致来说,一个动力系统的吸引力是状态空间的一个子集,这种状态空间(动力系统中所有可能状态,每一个系统状态相应的具有独特的状态空间)随着时间推移而沿着源自典型的初始状态进入轨道。一个动力系统拥有数个吸引力是非常普遍的现象。对于那样一个吸引力来说,它的吸引盆是一系列导致长时间行为的初始状态的组合。所有有界的吸引盆构成了系统的安全盆,即以安全盆内的点为初始点的系统运动都是有界的。

〔2〕 传统主流观点认为一种稳定和有无限弹性的环境是这样的状态:资源流动的可控和自然会在人类压力被去除后自我修复到平衡状态。

〔3〕 See Carl Folke, “Resilience: The emergence of a perspective for social-ecological systems analyses”, *Global Environmental Change* 16, 2006, p. 253.

〔4〕 See Carl Folke et al., “Adaptive Governance of Social-Ecological System”, *Annual Review* 30, 2005, p. 443.

《适应性环境评估和管理》(1978 年)一文中使用。其理论的核心前提是治理自然资源管理和使用的立法体制存在缺陷,因为立法体制"分而治之"的结构——在分割立法和管理体制下不同机构对生态系统的碎片化管理。霍林认为,生态系统的动态性倾向需要资源规划者使用一种更全面的、跨学科的方式管理自然资源。适应性管理可能在实践中采取多种形式,并且根据运用学科的不同包含不同的组成部分。如美国内政部将适应性管理界定为"通过学习管理结果以提高资源管理的系统方式",[1]这种方式"涉及利用替代性方案满足管理目标,预测基于目前知识水平的替代性方案的结果,执行一个或更多的替代方案,监测了解管理行动的影响,然后利用成果更新知识并调整管理行动"。[2] 适应性管理模式已在美国濒危物种管理、森林规划管理等多领域实施。对于自然灾害而言,前面对其概念进行解读时提及灾害恢复力的社会与生态维度。因此,如何提高"社会—生态"系统的恢复力便是灾害管理面临的巨大挑战,而适应性管理模式的主要目标是提高系统的适应能力,其中便包括"社会—生态"系统对自然灾害的适应能力。

广义而言,适应性灾害管理模式是一种基于明确一致的后果而实施的系统的灾害管理行动,且保持对行动的监控以评判管理行动是否满足可得目标。如果不满足,则需调整管理方式以确保满足或重新评估。这种管理模式是基于灾害的不确定性和复杂性,其实质是对未来的风险进行管理,避免或者转换未来的风险。适应性灾害管理的四个关键部分为:(1)学会与变化和不确定性共存;(2)结合各种知识体系加以学习;(3)为"社会—生态"恢复力的自我组织创造机会;(4)培育恢复力更新与重组的来源。[3] 其中,生态系统的动态、需求和"优先"也必须纳入考量,而不仅是人类的需求和优先。因为,在共同演

---

[1] Byron K. Williams, et al., "US Department of the Interior, Adaptive Management: The U. S. Department of the Interior Technical Guide 1", Accessed May 2, 2018. http://www.doi.gov/initiatives/AdaptiveManagement/TechGuide.pdf.

[2] Ibid.

[3] See Carl Folke et al., "Adaptive Governance of Social-Ecological System", *Annual Review* 30, 2005, p. 452.

进的“社会—生态”系统中的人为风险以一种自然系统少有的方式产生和集中。[1] 适应性灾害管理模式与灾害应急管理模式不同,其将世界设想为连接人类和环境的一个系统,因此,人类应该学会与自然共同生存,与自然中的不可预测的变化和变化带来的不确定性共存。可以说,适应性灾害管理模式是灾害风险管理模式的一种更为先进的、更为科学的管理模式。其中,通过生态系统方式减少灾害风险(生态减灾)便是适应性灾害管理的一种重要方式。

综上所述,各灾害管理在管理主体、管理目标、对风险的态度、管理方式以及管理形态都不尽相同(见表1-3),这些管理的不同方面在各个国家几乎是同时存在的。

表1-3 不同灾害理念对比

区别	应急管理	灾害管理	风险管理	适应性管理
主体	政府是唯一的责任主体	政府是主要的责任主体	多元主体	多元主体
管理目标	结果管控	过程管控	社会脆弱性消减	社会恢复力建设
对风险的认知	忽视风险	忽略风险	风险的消极方面	风险的积极方面
管理方式	静态的	静态的	静态的	动态的
管理形态	非常态	非常态	常态	常态

三、我国从救灾到减灾的转变

(一)我国早期的救灾理念

我国的灾害管理理念同国外和国际灾害管理理念一样,也在不断地发生转变,其中最为重要的转变是以救灾为中心的应急管理转变为以减灾为内核的风险管理。我国古代的救灾思想便是百家争鸣,如春秋时期的孟子提倡仁政,由此赈济灾民便是其主要的救灾思想;墨子则是节约救灾的典型代表;荀

[1] See Allan Lavell and Andrew Maskrey, “The Future of Disaster Risk Management, Environmental Hazards”, Accessed May 3, 2018. http://dx.doi.org/10.1080/17477891.2014.935282.

子则强调发展经济、提高全社会生产水平等开源性措施等。有学者总结了中国传统救灾思想具有以下特点：(1)儒学是传统救灾思想的理论支柱和基本内核：仁政、民本、重农等；(2)追求天人合一、物我合一，追求人与自然生态环境之间的高度和谐，这是传统救灾思想的重要出发点和立足点，而推天道以明人事则是其重要的思维方式；(3)注重在节俭、积储、赈济基础上的开发性救灾是传统救灾思想的重要视角；(4)救灾活动中的积极投入是中国传统救灾思想论述的重要内容；(5)日趋合理化的救灾管理思想在中国传统救灾思想中占有重要地位。[1] 总体而言，中国古代的救灾思想经历了从“天命主义的禳弥论”[2]到“消极救济论”[3]再到“积极预防论”[4]，形成了赈济(包括赈谷、赈银、工赈)、调粟(包括移粟就民、移民就粟、平粜)、养恤、除害、安辑、薄征、仓储、放贷、节约等措施为主体的救灾制度。[5] 这些传统的救灾思想和制度为我国在灾害管理领域的发展奠定了基础。

新中国成立后，救灾思想和制度不断地得到发展和完善。在1949年至1978年的计划经济阶段，经济上实行指令性计划，灾害认知和管理能力上相对低下，影响着我国的灾害管理理念与模式。这一时期我国的灾害管理思想是以“生产救灾”为中心，通过生产实施自救，政府救济加以辅助。对外由于意识形态的对立，强调自力更生，拒绝资本主义国家的援助；对内则对灾情信息实施封闭式管理，以国家机密的形式隐瞒灾情灾况。在这一时期，涉及自然灾害的法律、行政法规几乎处于空白。在实践中发挥作用的大多是各种规范性文件，包括各种“指示”“决定”“通知”等。例如，《关于发动群众继续开展防旱、抗旱运动并大力推行水土保持工作的指示》(1952年)、《关于加强灾害性天气的预报、警报和预防工作的指示》(1954年)、《关于大力开展群众性的防旱抗旱运动的决定》(1952年)、《关于统一灾情计算标准的通知》(1952年)等。到20世纪80年代，救灾制度得到进一步充实和发展，其中最为显著的是救灾款的分配与使用，采取了“救灾经费包干”以及“无偿救济与有偿使用相结合”的管理思想，同时与扶贫、保险相结合，确立了专款专用的原则。这两个阶段也

---

〔1〕 参见张涛等：《中国传统救灾思想研究》，社会科学出版社2009年版，前言第4页。

〔2〕 邓云特：《中国救荒史》，商务印书馆2011年版，第161页。

〔3〕 同上书，第166页。

〔4〕 同上书，第202页。

〔5〕 参见孙绍骋：《中国救灾制度研究》，商务印书馆2005年版，第25页。

有一些文件和规定提出灾害预防，以“防”为主，但是很多仍流于形式和表面，并未切实贯彻。灾害管理理念仍然是以救灾为主，管理制度仍以事后救助和恢复为重点。

（二）我国目前的减灾理念

到了 1990 年，我国灾害管理理念受“国际减灾十年活动”的影响，加上改革开放带来的物质经济基础，灾害管理理念开始从救灾向减灾转变，灾害治理工作的主要内容也从生产救灾变成为保护人民生命和财产安全。1998 年国务院颁布了第一部国家级减灾规划——《中华人民共和国减灾规划》，灾害管理开始向减灾为主迈进，减灾工作趋于规范化和法制化。这一时期的减灾注重重大减灾工程的建设，认为“除水害、兴水利历来是治国安邦的大事”；且开始重视生态环境与自然灾害的相互联系与作用。2007 年《国家综合减灾“十一五”规划》明确提出“以人为本”，“推进减灾工作由减轻灾害损失向减轻灾害风险转变”，以及“减轻灾害风险与经济社会可持续发展相协调”。到 2011 年《国家综合减灾“十二五”规划》进一步“将防灾减灾工作作为政府社会管理和公共服务的重要组成部分并纳入经济社会发展规划”，提出要“将减轻灾害风险列为政府工作的优先事项，防灾减灾的地位和作用更加凸显”，并进一步意识到要“合理利用自然资源，注重生态保护”，“建立减少人为因素引发自然灾害的预防机制”。随着可持续发展理念的深入，国家日渐意识到自然灾害与可持续发展之间的关系，包括不可持续的发展对自然灾害产生的影响以及自然灾害对可持续发展的威胁两方面。因此，国家力图实现综合减灾，并颁布了一系列的灾害管理法律法规，如《防洪法》《防震减灾法》等，出台了各类自然灾害救助应急预案，确立了“预防为主”的基本原则以及“群防群测”的灾害防御模式。因此，我国的灾害管理理念经历从救灾到单一减灾再到综合减灾的转变。近年来将减灾与可持续发展联系起来，赋予了减灾更多的社会、经济与生态意义。

法律对自然灾害的态度从最初对自然灾害的确认，到对灾害后果的关注，再到承认并主张发挥人们在灾害中的作用，其侧重点从灾害本身转到了灾害后果的分担和灾害原因的防控，这说明法律对自然灾害的态度发生了根本转变，从被动的救灾调整为积极的减灾。到目前为止，我国制定了“以防为主，防灾、抗灾和救灾相结合”的灾害管理战略;[1]建构了“政府统一领导,部门分工负责、灾害分级管理、属地管理为主”的管理体制。在此基础上,不断推动国家减灾综合协调机制的建设,截至2013年7月,全国超过80%的地市、区县成立了减灾救灾综合协调机构或减灾委。[2] 完善了防灾减灾的工程与非工程措施,并将生态减灾措施纳入工程体系之中,如环境保护工程、生态建设工程、自然保护区建设工程、野生动植物保护工程等,这些生态工程措施正是本书中生态减灾措施的重要组成部分。

四、自然灾害管理的一般机理和对策

但是,无论各国灾害管理理念如何发展,并不能认为一种灾害管理理念直接替代另外一种理念,或者一种减灾方式替换另一种减灾方式。自然灾害的共同特征意味着自然灾害的减防机理具有共同性,自然灾害的减防一般是围绕着自然灾害发生的周期展开,包括灾前预防、灾中应急、灾后救助与恢复重建,这些周期是一个循环式发展过程。具体而言,灾前预防是减少灾害风险的关键,其涉及许多具体的不同的措施:包括新设施的建设,如防洪大坝、堤坝;也包括土地利用规划,避免在高风险区域生产生活,或保存自然缓冲区域;还包括本书的生态减灾措施。灾中应急也至关重要,尤其是对突发性自然灾害而言,如地震后的72小时是灾后救援的黄金期。目前,国际社会也逐渐加强了灾后应急与救援力量的建设。灾中应急阶段过后,便是灾后救助补偿与恢复重建工作的开展。灾后救助阶段注重分散和转移风险的方式,一旦灾前未预防风险,灾后的救助机制能够减轻灾害带来的影响。灾后救助一般通过三种方式实现:私人保险、政府救助或者侵权赔偿。灾后救助和赔偿为灾民、灾区的恢复重建提供了重要的经济基础,对于发达国家而言,灾后救助和赔偿无须过多的外在援助,而对于发展中国家或最不发达国家,则需要更多的经济援助和物质保障。恢复重建在一定程度上又是灾害管理循环链的一个新的开始,相当于为了预防下一次自然灾害的减缓措施。恢复重建不仅意味着房屋、公共设施的重建,还包括社会、经济甚至法律秩序的重建。恢复重建提供了一个重新规避灾害风险,提高减灾抗灾设计标准和灾害应对机制的重要机会。

---

[1] 参见李学举:《中国的自然灾害与灾害管理》,载《中国行政管理》2004年第8期。

[2] 参见张晓宁:《我国自然灾害风险管理现状与展望》,载《中国减灾》2013年第8期。

各个灾害管理理念的不同导致其侧重的灾害阶段不同，如应急管理更侧重于完善灾害应急救助，风险管理则强调灾害预防。

第三节　生态减灾：以环境法为进路的新型减灾方式

一、人类的需求与自然秩序的冲突

（一）生态系统及其服务功能

1953 年坦斯利（Tansley）将生态系统定义为“一个植被单位，它不仅包括组成植被的植物，而且也包括栖生其中的动物以及相关环境或生境中所有的物理和化学因子。它们共同形成了一个可识别的自我维持的实体”。[1] 若干年后，他又补充认为，生态系统的所有部分都是相互影响和联系的，后来的学者们对生态系统的界定大多基于此。生态系统的概念为分析人类与环境之间的关系以及采取适当行动提供了一种有价值的框架。从生态系统的概念中，我们可以看出生态系统是由各种生态因子组合而成，包括生物因子与非生物因子两大类。生物因子包括：日照、湿度、温度、降水、风等气候因子；地质构造、矿物、岩石等地质因子；地形、地貌、坡度、坡向等地形因子；基质、养分、水分、质地、肥力等土壤因子；水量、水质等水因子。非生物因子包括动物、植物、微生物，尤其是人类活动（放牧、狩猎、灌溉、垦殖、采伐、污染等）。生态系统内的生态因子之间相互影响、相互依存、相互制约，其中一种因子的改变必然会引起其他一系列因子的变化。这种关系不仅存在于各非生物因子之间和各生物因子之间，也存在于生物因子与非生物因子之间；不仅环境作用于生物和人类，生物和人类也反过来影响环境。另外，生态因子之间不可替代，只有各因子之间相互恰当的配合，才能对生物发挥有益的作用。在一定限度内，可以通过调节在一定空间和时间条件下具有主要影响的因子（限制因子）来有效地管理生态系统，使生态系统发挥最大的效益。[2] 生态系统具有以下特征：（1）生

---

〔1〕 Tansley A. G.，“The use and abuse of vegetational concepts and terms”，*Ecology* 6，1935，p. 299.

〔2〕 参见蔡运龙编：《自然资源学原理》，科学出版社 2007 年版，第 122～123 页。

态系统这一概念是一元论的，它将动物、植物、人类社会以及环境整合在一起，以这样的方式将它们之间的相互作用在一个单一的框架内加以分析，强调了一个完整或整体系统的功能，而不是将各要素分割开来。(2)组织化特征，即生态系统各组成要素的等级划分为了解复杂关系提供了方便，同时有助于数据收集的组织化。(3)强调"功能"的作用，这将导出各组成部分如何联系的相关知识，使我们能够确定影响系统每一组成部分的因子，特别是它可能追踪和预测系统中特定组分变化的可能结果。(4)它是一种普适系统，从而使利用普适系统理论的规则和概念来预测一个生态系统中的单一或多个变量的变化影响成为可能。[1]

2005年联合国发布的《千年生态系统评估报告》(Millennium Ecosystem Assessment)指出，生态系统服务功能是人类从生态系统中获得的惠益，具体包括：(1)供给功能，是指人类从生态系统中获得的各种产品，如食物、燃料、水源，以及生物遗传资源等。(2)调节功能，是指人类从生态系统过程的调节作用中获得的效益，如气候调节、维持空气质量、控制人类疾病、净化水源，以及调节自然灾害等。(3)文化功能，是指通过丰富精神生活、发展认知、消遣娱乐，以及美学欣赏等方式从生态系统中获得的非物质文化效益。(4)最后支持功能，是指生态系统生产和支持其他服务的基础功能，如制造氧气和形成土壤等。[2] 生态系统是人类的栖息之所，其供给功能、调节功能、文化功能、支持功能为人类提供了多元化的惠益，包括生活必需品，选择和行动的自由，健康，良好的社会关系以及安全等。具体而言，生活必需品包括适当的谋生方式、足够的营养食物、避难所，以及可获得的商品，其与生态系统的供给功能和调节功能(水质净化)密切相关。选择和行动的自由则是指有机会实现个体珍视的事情和生活，其受供给功能、调节功能、文化功能的影响。健康包括力量、良好的感受以及获得良好空气和水源的权利，其同样主要是受供给功能、调节功能以及文化功能的影响。良好的社会关系是指社会凝聚力、相互尊重以及互相帮助的能力，主要受文化功能的影响。安全则包括个人安全、资源获取的安全

---

〔1〕 参见[英]E. 马尔特比等编：《生态系统管理：科学与社会问题》，康乐等译，科学出版社2003年版，第2~3页。

〔2〕 See Rashid Hassan eds. ,Ecosystems and Human Well-being:Current State and Trends(Volume 1),Accessed May 3,2018. http://www. millenniumassessment. org/documents/document. 765. aspx. pdf.

以及免予灾害的安全，受供给功能提供的食物和其他资源的影响，也受能够影响各类自然灾害的频率和规模的调节功能的影响，同时还受文化功能的影响——通过提供精神支持加强社区内部的团结。[1] 可见，每一种功能能够提供多元的惠益，每一种惠益又可能受多种功能的共同作用。这些功能是一体的，缺少任何一种功能将影响其他功能的效能和完整。

（二）需求增加与功能减弱的冲突

生态系统作为一个整体，其功能的提供并不是孤立的，人类在增加一些功能的同时往往以减少另外一种功能为代价，当其中一种功能部分或全部丧失时，其他一些功能也会受影响。据《千年生态系统评估报告》显示，大约60%（24类中的15类）的生态系统功能呈退化或不可持续利用态势，其中70%属于调节功能和文化功能，包括水源净化、区域和地区气候调节、自然灾害调节、精神满足和美学享受等。这些正在退化的生态系统功能是作为增加其他功能（例如，供给功能，在仅有的四类有所提高的生态系统功能中就有三类属于供给功能）的代价而退化的。[2] 具体而言，由于人口增长而日益增长的食物需求，相应地就需要水资源和土地肥力与面积的增加，由此采取的相应行为将降低其他生态功能，包括水质的下降、生物多样性的减少以及森林面积的锐减等，由此可能引发更多的生态问题。类似的还有森林改造成农田会严重影响洪涝灾害的频率和范围。从目前世界生态系统的结构和功能的变化来看：越来越多的土地变成了农田，由此造成森林、湿地、草原等面积的大量减少；随着水库的成倍增加，大量的水资源从河流和湖泊中减少而被蓄积在水库中用于农业灌溉；越来越多的生态群落为了农业而被改变。[3] 由于经济发展，人口增长以及个人选择等原因，全球生态系统总体上呈萎缩趋势。其中，由于市场机制的作用，那些无法用经济价值衡量的功能或者不能直接为人类提供服务的功能往往容易被忽视以致退化甚至丧失，如文化功能或者调节功能。而且

---

〔1〕 See Rashid Hassan eds., Ecosystems and Human Well-being: Current State and Trends (Volume 1), Accessed May 3, 2018. http://www.millenniumassessment.org/documents/document.765.aspx.pdf.

〔2〕 See Millennium Ecosystem Assessment, *Ecosystems and Human Well-being: Synthesis*, Washington, Island Press, 2005, p. 1.

〔3〕 Ibid., pp. 2-4.

即使市场机制能够衡量它们带来的利益，这些利益也往往具有社会性或生态性，存在非常大的外部性，如果不能为付出者提供相应的补偿，将缺乏足够的动力促使人们去维护和保持这些功能。人类日益增长的相对单一化的需求导致生态系统服务功能逐渐减弱，这些被忽略甚至破坏的生态系统服务功能反过来又以环境破坏或自然灾害等各种灾变性方式威胁人类社会的福祉。

对于正在退化的自然灾害调节功能，2005 年的《千年生态系统评估》指出："人们越来越多地占据着受极端事件侵袭的区域和地区，由此加剧了人类在自然灾害面前的脆弱性，这种趋势与生态系统对极端事件缓冲功能的下降共同导致了自然灾害的全球高死亡人数和快速增加的经济损失。"[1] 在具体的灾害案例中，生态系统功能的退化与丧失加剧自然灾害后果的现象屡见不鲜。如我国，在气象水文灾害方面，1998 年长江特大洪涝的发生，河流两岸森林被大量破坏以及不合理的耕种方式，导致了严重的水土流失，淤塞河道，抬高河床，加上大量修建水库、修筑堤坝，加剧水土流失的淤塞，提高河床，降低了河道本身的泄洪能力；而由于泥沙淤塞以及大面积围垦，长江中下游湖泊锐减，如有着"千湖之省"之称的湖北，20 世纪 50 年代初有 332 个湖泊面积在 $333km^2$，总面积为 $7640km^2$，有效调蓄容积量为 115.4 亿 m^3，后缩减至 $2500km^2$ 以下，不到之前的 1/3，严重影响湖泊对洪水的调蓄能力。[2] 2010 年云南发生的特大旱灾，之后又连续遭遇 2011 年雨季干旱、2012 年季节性干旱和 2013 年冬春连旱，除了大气环流异常这一自然气象条件外，由于生态环境破坏严重，水土流失与石漠化易发生，加上外来物种入侵使地下水位下降，土壤保水能力差，[3] 大规模经济发展、城镇化进程加快与人口增长使生态环境用水被严重挤压，[4] 从而严重影响了生态系统本身的调节功能的发挥。在地质灾害方面，如 2010 年甘肃舟曲发生的特大泥石流，除了舟曲地质、地貌以及极端暴雨等自然条件的诱导外，人类不合理的毁林开荒严重，导致森林面积锐减，水土流失严重也是重要诱因。舟曲 1952 年到 1990 年，全县森林覆盖率从之前的 67% 下降到 2010 年的 20% 左右，再加上城市规划与建设破坏了当地的

---

〔1〕 Millennium Ecosystem Assessment, *Ecosystems and Human Well-being: Synthesis*, Washington, Island Press, 2005, p. 41.

〔2〕 参见何方：《应用生态学》，科学出版社 2003 年版，第 310 ~ 313 页。

〔3〕 参见陈为铎、余培刚：《"三个维度"看云南旱灾》，载《地理教学》2013 年第 19 期。

〔4〕 参见王永德：《云南省持续干旱原因分析与应对措施》，载《防汛与抗旱》2014 年第 15 期。

生态环境，经济与社会发展未考虑生态环境，从而加剧了灾害的侵蚀。[1] 国外也有许多的自然灾害受生态系统功能破坏的影响，如 2005 年美国卡特里娜飓风[2]暴露了生态系统功能丧失的严重性，卡特里娜飓风之所以影响如此之广，后果如此之严重，原因除了自然事件本身的强度大、一些地方的基础设施以及防洪标准过低之外，石油和天然气开发导致的沿海地区海岸带生态系统的破坏以及海岸侵蚀严重，也成了另一大重要促因。为此，有居民甚至对哥伦比亚海湾传输公司提出诉讼（Barasich v. Columbia Gulf Transmission），原告认为，飓风对他们造成的损失是因为被告开采石油和天然气的行为破坏了湿地生态系统，才使他们在遭遇飓风灾害和风暴潮时缺乏必要的自然防护设施。[3]

综上分析，可以发现生态功能退化是一系列人为因素导致的，主要包括：(1)对资源的过度开发与利用，超出了生态系统可维持的供给；(2)土地利用和土地覆盖变化或栖息地变化，主要是变成农田和城镇；(3)气候变化影响生态系统，加剧环境退化；(4)外来物种入侵问题，侵蚀本地生态系统服务功能，造成重大经济损失；(5)环境污染严重损害生态系统服务功能。[4]

二、保障生态系统服务功能对减灾的意义

（一）综合生态系统管理的作用

综合生态系统管理（Integrated Ecosystem Management，IEM），有些学者称为“生态系统管理”、“综合生态管理”或者“生态系统方式”等，是保障生态系

---

[1] 参见方海燕等：《甘肃舟曲“8·7”特大山洪泥石流灾害原因及防治对策》，载《中国水土保持科学》2010 年第 6 期。

[2] 2005 年美国卡特里娜飓风被认为是美国历史上造成损失最大的自然灾害之一，其影响范围涉及多国，其中美国七个州遭遇了严重的洪水灾害，包括佛罗里达州、密西西比州、路易斯安那州、亚拉巴马州等，尤其是路易斯安那州的新奥尔良市。

[3] See Robert R. M. Verchick, *Facing Catastrophe: Environmental Action for a Post-Katrina World*, Cambridge, Massachusetts: Harvard University Press, 2010, pp. 90－91.

[4] See Karen Sudmeier-Rieux, “Ecosystems for adaptation and disaster risk reduction, Ecosystem approach to disaster risk reduction: basic concepts and recommendations to governments, with a special focus on Europe”, Accessed May 3, 2018. https://www.coe.int/t/dg4/majorhazards/ressources/pub/Ecosystem－DRR_en.pdf.

统服务功能的重要管理方式。前面谈到了生态系统功能的多元化以及其存在的冲突引发的自然失序，因此，要想实施生态减灾，便要对综合生态系统管理有一定的认识。理论和实践领域对该概念的具体内涵和适用的认知不尽相同，对此，杜群教授在其专著《生态保护法》一书中专章阐述了综合生态系统管理的概念和原则，本书也将借鉴其在书中的论述。杜群教授认为，综合生态系统管理中“综合”一词具有多重含义，包括生态系统在自然、人文因素上的耦合作用，生态系统的自然型、人工型和复合型的演变以及在景观上的镶嵌呈现，影响生态系统的经济、社会、文化等多样化因素及复杂的相互作用关系等，因此，综合生态系统管理的对象是生态系统与人类经济、社会系统的复合，涉及的管理方式包括行政、经济、社会和技术等综合手段。[1] 从环境与资源管理的角度来理解，综合生态系统管理，是指在充分理解和尊重生态系统的组成、结构、功能和规律的基础上，统筹兼顾生态、经济、社会和文化的需要，采用多学科的知识和方法，对自然资源的利用、自然环境和生态系统的保护综合地采取行政、经济和社会的手段进行管理的策略和方式。综合生态系统管理的目的是保护和利用自然资源可持续性、生物多样性，以及生态系统的功能性和整体性，实现人与自然的和谐相处。这一定义具有开放性和发展性，包括以下要点：第一，它认可综合生态系统管理既是“针对”生态系统的保护和管理，也是“基于”生态系统的知识和规律，对人类活动作用的直接对象——生态组分、自然资源、环境和生态功能容量等客体所进行的保护和管理。第二，它强调综合管理的对象是人类生态、经济、社会和文化等多元的而不是单一的活动，管理的客体是“人”与“自然”复合的而不是割裂的有机系统。第三，它依据多学科的知识，运用多元的调控方式，包括政治的、行政的、经济的、社会的、法律的和政策的等。[2] 可喜的是，综合生态系统管理不仅停留在理论争议的层面，而且在规范层面都得到了重要的发展。在国际社会上，已有多项国际公约和条约规定了综合生态系统管理或与之相类似、密切相关的管理理念和方式，如《生物多样性公约》缔约方大会提出的“生态系统方式”；《防治荒漠化公约》中缔约国将采取“一项长期的综合战略，同时在受影响地区重点提高土地生产

---

[1] 参见杜群：《生态保护法论——综合生态管理和生态补偿法律研究》，高等教育出版社 2012 年版，第 21 页。

[2] 同上书，第 22 页。

力,恢复、保护并以可持续的方式管理土地和水资源,从而改善特别是社区一级的生态条件”,其中的“长期的综合战略”和“可持续的方式”与综合生态系统管理密切相关。

生态系统管理影响着灾害管理循环周期的各个阶段,从灾害预防到风险和脆弱性评估,再到灾后的恢复重建。生态减灾与灾害管理的一般机理相似,都在一般机理的基础上作了改进(见图1－1和图1－2)。[1]

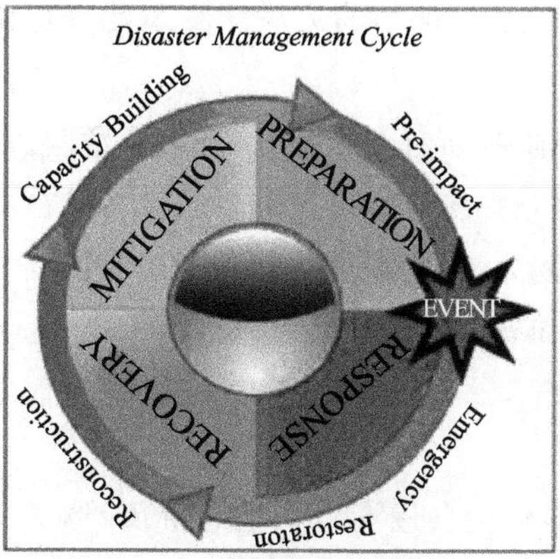

图1－1　灾害管理的一般机理

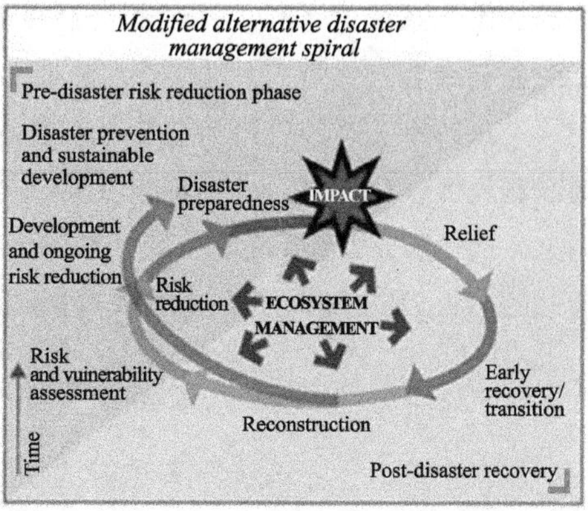

图1－2　生态减灾的一般机理

(二)保障生态系统服务功能对减灾的意义

首先,保障生态系统服务功能能够预防或缓冲灾害危险。大多数时候,危险是自然因素引发的,如雷电风雨的发生。但是,随着人类开发利用自然环境的深度和广度达到前所未有的程度,灾害危险的自然因素也时常受人为活动的影响。那么,健康且管理良好的生态系统就能在预防自然危险方面发挥作用:第一,预防自然危险;第二,作为缓冲自然危险的天然屏障。比如,在许多高山地区,植被覆盖能够有效地预防各类滑坡灾害;管理良好的森林可以有效抵御雪崩,等等。其次,健康且管理良好的生态系统同样也能够帮助减少人类及其生产性资产在自然风险中的暴露程度。比如,避免在泛洪区进行开发利

〔1〕 See Karen Sudmeier-Rieux, “Ecosystems for adaptation and disaster risk reduction, Ecosystem approach to disaster risk reduction: basic concepts and recommendations to governments, with a special focus on Europe”, Accessed May 3, 2018. https://www.coe.int/t/dg4/majorhazards/ressources/pub/Ecosystem-DRR_en.pdf.

用活动，尽量保持该区域的自然状态，为其减少洪涝风险提供必要的空间；在干旱地区，维护植被覆盖率与传统农业习惯，通过保存土壤与锁住水分以缓解干旱，提高农业系统的恢复力。再次，保障生态系统服务功能能够降低灾害脆弱性。生态系统为人类生活条件提供了必要的生产生活资料，如食物，水源，避难所，药材等，尤其是在灾害中，这些生产生活资料尤为重要。因此，健康且管理良好的生态系统能够降低人类在灾害面前的脆弱性。最后，健康且管理良好的生态系统更有利于社区的灾后恢复重建，能够为灾后恢复重建提供必要的原材料与自然资源。[1]

可持续生态系统管理可以影响灾害风险的所有要素：调节和缓解危险、控制暴露程度、降低脆弱性、增加恢复力。生态系统管理提供重要的及时可行的减灾方式，通过提高系统和社区的整体恢复力，或者提高它们积极应对或反弹前进的能力，其最终目的在于实现可持续和有弹性的发展。

三、生态利益：环境法功能的拓展

从科学上对生态系统服务功能的认知到社会逐渐承认生态价值，形成生态保护的共识，再到法律对生态利益的确认，整个过程漫长而艰辛。生态系统服务功能的公共性和外部性决定了生态利益的公共性和非排他性，因此，一旦未得到法律的有效调整，社会主体受其自利本质的驱使，在追逐自身经济利益时便极易忽略生态利益，生态利益的损伤继而将通过各种灾变形态侵犯人类生命财产安全。

本书所讨论的生态利益，是指多数人共同享有的、难以分割的、由生态系统服务功能所提供的环境公共利益。目前，我国法律对生态利益的保障很不充分，如民法体系对生态损害的救济局限于对生态破坏造成的人身利益和财产利益的救济，而不包括生态利益的损害。在专门致力于环境保护的环境法体系中，污染防治法调整预防与治理环境污染和其他公害过程中产生的社会关系，虽然它体现了对生态利益的保护，但主要是对生态利益减损后造成的人身财产利益的保护。自然资源法是调整开发利用和保护自然资源过程中形成

---

〔1〕 See Fabrice G. Renaud et al., "The relevance of ecosystem for disaster risk reduction", in Fabrice G. Renaud, Karen Sudmeier-Rieux and Marisol Estrella ed., *The role of ecosystem in disaster risk reduction*, Tokyo, United Nations University Press, 2013, pp. 9 – 11.

的社会关系,主要是对资源具有的经济利益的保护。虽然自然环境要素和资源是生态利益的承载体,但生态利益的保护只是对资源保护的一种反射。而旨在保障生态利益的生态保护法,如自然保护区保护法,也仅是对某一区域内生态利益的保护。综上,可以看出,生态利益的法律保障机制是存在结构性缺陷的,其既未得到法律的明确确认,也未得到现有法律的有效保障。

生态减灾意味着以生态为手段,为减灾为本位的减灾方式,一旦作为手段的"生态"未得到有效保障,那么作为目的的"减灾"也很难实现。因此,作为调整生态利益的本位法——环境法而言,其需要对与生态利益存在冲突的各类利益进行衡平,即"对不同的利益需求进行选择、识别、衡量、评估,在此基础上,通过法律的协调机制,合理配置,使之达到均衡的状态"。[1] 其中,这些不断发生冲突的利益,包括:第一,生态利益与资源利益的冲突。生态利益应基于生态规律运作上的生态系统服务功能的健康和完整,是一种长远性利益;而资源利益是基于人类对生态资源经济价值的开发利用带来的惠益,是一种需及时转换经济效益的利益选择。现实中,往往存在过分追求资源利益而不顾及生态规律,继而造成生态系统服务功能下降、损害生态利益的状况。第二,不同主体的生态利益的冲突。生态利益具有非排他性,无法通过产权的方式界定边界,所以利益的主体广泛、不特定,从而容易引发"搭便车",造成"公地悲剧",损害生态利益。[2] 因此,环境法的功能应该是进行利益识别、选择、衡量和评估,确认生态利益的正当性和合理性,对导致生态利益减损的行为进行规制,对增进生态利益的行为进行保护,实现对生态利益的调整。

小　结

本章按照认识论—灾害学—管理学—法学的学科逻辑,层层递进地论述自然灾害在认识论上的发展,自然灾害的具体内涵,不同时期的灾害管理理念以及减灾的环境法路径。通过灾害认知的历史梳理,可以看到人们对自然灾害的判断并不是一成不变的,而是随着社会经验、科技水平和经济发展的变化

---

〔1〕 史玉成:《生态利益衡平:原理、进路与展开》,载《政法论坛》2014 年第 2 期。

〔2〕 同上。

而变化。到如今,自然灾害是自然事件与社会因素的综合产物这一观点已广被接受,而这正是本书的立论基础。基于自然灾害认知的不同,自然灾害管理理念和方式也在不断地完善,形成了多元共存的灾害管理理念和方式,包括应急管理、风险管理和适应性管理。在不同的灾害管理理念下,各国也采取了不同的灾害管理措施,这些措施大致可以归为三大类:其一,工程性措施,即大型防洪堤坝、大坝、防潮堤等;其二,非工程性措施,即防灾教育、灾害保险、防灾标准等。其三,是一种被忽略的减灾措施,即生态减灾。生态减灾是通过生态系统方式以减少灾害风险的减灾措施,它是基于生态系统服务功能的完整与健康,保障社会生态系统在自然灾害面前的恢复力和适应力。然而,虽然生态系统服务功能对减灾具有非常重要的意义,但是目前我国法律,尤其是环境法,对生态系统服务功能的保障仍是明显欠缺的,而其根源在于法律对生态利益的忽视。

第二章 生态减灾领域法的定性研究

第一节 生态减灾领域法的概念与特征

一、生态减灾领域法的概念

(一)生态减灾领域法的内涵

目前,生态减灾领域法并不是专门性法律,而是散落在环境基本法、环境单行法、自然灾害单行法及其行政法规及规范性文件之中的法律规范组成的法群。但是现有调整生态减灾的法律规范未有效保障生态减灾的实施,因此有必要从应然角度提出生态减灾领域法的调整对象和基本特征。生态减灾领域法,是指调整人类对生态系统的保护、恢复和重建(统称生态系统管理)以实施减少灾害风险行为而形成的社会关系的法律规范总称。具体而言,保护,是指在生态系统退化不严重的情况下,限制开发、利用和破坏生态系统服务功能的一系列行为;恢复,是指发挥生态系统的自我更新和重组能力,自然恢复到生态系统被干扰之前状态的生物、地球和化学过程;重建,是指针对退化的、受损的或者被破坏的生态系统,人为采取措施去启动或加速恢复生态系统健康、完整和可持续的行为。生态保护是在生态系统功能尚且健康或完整的情况下实施的,而恢复与重建都是在生态系统功能丧失或部分丧失的状况下实施的,这是前者与后二者之间的根本区分;生态恢复是没有人直接参与或人为辅助干预的,而生态重建则是在人为活动的辅助下实施的,这是二者的根本区别。

对生态减灾领域法的定义,需要进一步作两点解释:第一,生态系统管理是为了保障生态系统服务功能,尤其是灾害调节功能,以达到减少灾害风险、降低灾害损失的目的,因此,其立法目的与同样调整生态系统服务功能的环境法不同,这是生态减灾领域法区别于环境法,尤其是区别于立法目的与之相近的生态保护法的特殊之处。第二,减少灾害风险既不是通过建坝等工程性措施,也不是通过预警预测等技术性措施来实现,而是通过综合生态系统管理的方式保障生态系统的调节、供给、支持等功能,因此其涉及的权利义务与之前减灾过程中的权利义务不同,这是生态减灾领域法区别于传统自然灾害法的特点。

(二)生态减灾领域法的调整对象

法律的调整对象一般是指法律调整的人与人之间的社会关系,环境法和自然灾害法因为涉及人与自然环境的关系,所以有学者认为环境法和自然灾害法的调整对象还包括人与自然的关系。虽然人类现处的环境中的关系包括人与人之间的社会关系和人与自然之间的关系,但是实际上人与自然关系背后仍是人与人之间的关系。从上文中生态减灾领域法的定义中,我们可以看出生态减灾领域法的调整对象是调整人类使用、保护、建设和修复生态系统服务功能以实施减灾的社会关系。本书认为,生态减灾领域法的调整对象仍限于人与人之间的社会关系,社会关系的直接体现为人与人之间行为的互动,而社会关系建立和存续的前提都离不开主体的资格或身份。因此,对于生态减灾领域法的调整对象又可进一步具体化为行为和主体两个方面。

1. 生态减灾领域法调整的行为

生态减灾是通过保障生态系统服务功能以减少灾害风险,降低灾害损失;而生态系统服务功能的保障则有赖于人类对生态系统服务功能的合理使用、人类对生态系统服务功能的有效保护以及人类对生态系统服务功能的修复和建设等,这一功能在灾害风险管理的全过程中都能发挥重要作用。因此,生态减灾领域法调整的生态减灾行为包括:

(1)通过生态系统管理实施灾害预防的行为

生态环境被过度开发利用,生态系统功能减损甚至完全丧失,从而削弱了生态系统作为自然屏障以防护自然灾害和留出生态空间以缓冲自然灾害的作用,最终导致或加剧灾害的产生。因此,生态减灾领域法通过生态系统管理保障生态系统的减灾功能，预防自然灾害的产生及其后果的行为。该调整行为又可进一步分为：第一，通过合理利用生态系统服务功能以预防灾害发生。人类对生态系统服务功能的使用方式分为两大类：间接利用和直接利用。[1] 间接利用是通过对生态系统服务功能提供的自然资源与自然能量进行转换，保障人类的生活和生产条件，尤其是在灾时的必要物资，如木材、燃料等，降低了人类在灾害面前的脆弱性。直接利用则是不对生态系统服务功能进行人工转换而直接使用，这种利用有时连我们自己都不知道，如生态系统调节功能（如蓄土、保水）。通过直接利用生态系统服务功能能够为人类提供防御灾害冲击的自然屏障和生态空间。但是，对生态系统服务功能提供的自然资源，尤其是不可再生资源的过度开发利用，会严重破坏生态系统自身的平衡，影响人类对可直接利用的生态系统服务功能的使用。现有法律的问题就是没有有效调整对生态系统服务功能的直接利用行为，从而使生态系统功能下降甚至丧失，削弱了其减灾作用。第二，通过保护生态系统服务功能以预防灾害发生。生态系统服务功能，尤其是调节功能和支持功能的下降导致了我国生态危机日益加剧，自然灾害日益频繁，危害甚广。因此，要想更有效地实现减灾，不仅要合理利用生态系统服务功能，而且应该增强对生态系统结构和功能的保护，保障生态系统服务功能，以减少灾害风险的聚集。如我国生态功能区划中的水源涵养生态功能区、土壤保持生态功能区、防风固沙生态功能区和洪水调蓄生态功能区等的规划、管理行为。第三，通过修复和建设生态系统服务功能以预防灾害发生。此类行为是对已经遭受破坏的生态系统进行修复或者人工建设以恢复生态系统功能，实现预防自然灾害的作用，如我国的防灾工程建设行为，便属此类。正如前文自然灾害类型化中的分析，并不是所有的自然灾害都能够实现预防，如火山喷发、地震等这类突发性的自然灾害，多是地壳运动造成的，难以受人类行为的控制。因此，对生态系统管理实施的灾害预防行为的调整多是在由自然与人为因素共同作用引发的渐发型自然灾害领域，如气象水文灾害中沙尘暴、洪涝、干旱等，地质灾害中的泥石流等，以及生物灾害中的森林病虫害等。还有一些虽人为不可控制成因的自然灾害，仍可通过生态系统管理预防或减轻灾害后果，如为应对海洋灾害中的台风、飓风，我国便在沿海

---

〔1〕 See J. B. Ruhl, *The law and policy of ecosystem services* (Ph. D. diss., Southern Illinois University Carbondale, 2006), pp. 20 – 26.

建设防风林的方式减弱风力,减轻灾害损失。

(2)通过生态系统管理实施的灾害应急行为

过去的灾害应急阶段,仅是对人类生命财产的救助和转移;现有的法律调整也多是对自然灾害引发的环境污染事件进行应急管理。实际上,通过生态系统管理实施的灾害应急行为包括两个方面:一方面是防治自然灾害对生态系统功能的冲击;另一方面是灾害应急行为自身应该避免环境污染和生态破坏。通过生态系统管理实施的灾害应急行为,不仅有助于全面保障人们在灾害中的生存条件,而且提高社会—生态系统的恢复力,能够更快地从灾害中恢复过来。

(3)通过生态系统管理实施灾后恢复重建的行为

灾后的恢复重建,并不仅仅是房屋的重建,也不单是生产生活的恢复,更应该是生态环境的恢复。通过生态系统管理实施灾后恢复重建的行为包括两类:第一,生产生活的恢复重建应基于当地生态系统承载力的基础上,以符合环境保护的标准下恢复重建。第二,自然灾害导致的环境污染和生态破坏应得到有效治理,保障灾区的环境质量,保障灾区生态系统功能的健康运行,这是生态系统功能的恢复重建。虽然地震、火山喷发等纯地壳运动导致的自然灾害很难通过生态系统管理加以预防,但是,在灾害应急和灾后恢复重建过程中,生态系统管理仍可发挥重要的作用。例如,汶川地震、舟曲泥石流的灾后恢复重建都非常重视与生态环境保护相结合。对于复发性自然灾害而言,这些行为又是对下一次自然灾害的预防行为,因此,不仅需要恢复重建,更需要建设更美好的未来。

2. 生态减灾领域法调整的主体

如果说社会关系最直接的体现是行为,那么主体则是行为的寄托,因此,对社会关系的讨论不应该局限于人与人之间的行为,而应该进一步探究人与人之间的此人与彼人的差异。现有的灾害法中,减灾行为多为政府之职责。主体间的关系主要包括政府与政府间的灾害援助关系(如灾害对口支援行为),政府与灾民间的灾害救助关系(如紧急转移受灾人员、紧急拨调应急资金和物资等行为),还有政府实施的其他灾害管理行为(如大型防灾工程建设),其对应的受益主体则是处在灾害中的特定对象和灾害风险中的不特定对象。而对于日益壮大的其他社会组织和个人参与灾害管理的现象,也是将这些社会力量纳入到公共救援体系当中继而转化为政府行为。因此,现行灾害法调整对象中的主体完全是以政府为主导。

与灾害法调整对象中的主体不同的是，生态减灾领域法调整对象中的主体更为广泛，不仅包括采取生态系统管理方式实施灾害管理的政府及各部门，而且还包括在开发、利用、保护和建设生态环境时需兼顾减少灾害风险的企事业组织、单位，甚至是个人。具体而言，包括灾害预防阶段的主体、灾害应急阶段的主体和灾后恢复重建的主体。对于灾害的预防，生态系统的退化和不可持续利用限制了它们在调节气候、防护灾害和维持生计方面的作用，有时甚至演变为灾害产生的成因。而生态退化的成因往往是各个主体的单一行为累积、聚集导致的后果。因此，对于受人为因素影响较大的渐发型自然灾害的预防而言，各企事业单位、组织、社区和个人等可能对生态退化产生影响的生产生活行为都应该得到法律的调整和规范。对于灾害的应急，除了政府应当采取必要的防范措施和应急对策之外，存在易引发环境污染和生态破坏的企事业单位（如化工企业、生物研究所等）也应该采取必要的防范措施和应急对策。而在灾后的恢复重建过程中，无论是企事业单位的生产条件的恢复重建，还是公民个人生活条件的恢复重建，都应该在环境保护的标准下进行。同时，政府及其各部门也应该积极治理自然灾害导致的环境污染和生态破坏问题。

生态减灾法的减灾主体应延伸到对生态系统功能可能产生影响的任何人。主体的延伸并不是在否定政府在减灾职能上的主导地位，相反，是希望能进一步加强和完善政府对生态保护上的监管，从而更有力、更全面地减少灾害风险，保障人类生命财产安全和生态安全。同时，主体的延伸还将促使这些主体参与到政府在环境保护和减灾方面的决策之中，增强政府决策的参与度和透明度。此外，传统上认为自然灾害属“天灾”，因此，造成的灾害后果要么“自认倒霉”，要么以国家补助实则全民共担的方式补偿，这显然已经不能应对自然灾害人为化带来的挑战，无法有效保障正义。

二、生态减灾领域法的基本特征

2008 年以来，我国连续遭遇了一系列自然灾害的袭击：南方雪灾、汶川地震、西南干旱、玉树地震、舟曲泥石流……这些重大灾害的应对显露了我国在组织体制、资源保障和策略选择上仍不够灵活，缺乏应有的弹性。为了适应“生态—社会”系统中的动态的、不确定的以及非线性的变化，社会制度，包括法律，在应对这些转化时也应该是灵活的、有弹性的。如果法律未与“生态—

社会"系统变化的速度、规模和方向同步,那么法律的调整也将无法实现预期的目标。当今的环境问题(包括灾害问题)已不再是某区域、某阶段的问题了,也不再是单纯的自然或人为之分的问题,气候、土地、水三大领域的相互作用充分地证明着环境问题的复杂性——混乱的(messy)、无序的(chaotic)、快速变化的(rapidly change)、多层面的(multiscalar)与多维度的(multidimensional)。这些问题及其因果关系的特点在于其是许多相互关联的驱动力,关系和交互作用造成的,这些生态和社会驱动力、过程间的联系具有八个特点,包括:多重性(multiplicity),即多重的关系;多样性(diversity),即多样的关系;相互性(mutual effects),即相互依赖的关系;复杂性(complexity),即错综复杂的关系;嵌入性(multiscalarity),即嵌入的关系;动态性(dynamism),即不断变化的关系;非线性(nonlinearity),即关系及其后果的非连续性;不确定性(uncertainty),即对关系的信息和了解无法全面。[1] 这些便是复杂的生态系统、社会系统以及"社会—生态"系统的特点。在此之下的自然灾害也已不再是"自然的",其是复杂性环境问题下的体现,同时,其自身的产生和发展也具有复杂性特质。这对于传统上不管是解决人为环境问题的环境法来说,还是解决原生环境问题而言的自然灾害法来讲,都造成了巨大的挑战。虽然二者在立法理念、管理体制、实施制度以及责任机制等各方面都不断地完善,但仍主要是通过单一的、碎片化的管理方式解决社会层面的问题,而忽略自然环境中的风险以及自然与社会相互作用带来的风险。因此,生态减灾领域法要想真正地减少灾害风险,必须着眼于应对复杂的"社会—生态"系统带来的挑战,突破传统的、单一的、碎片化的、甚至相互冲突的管理模式。

为此,生态减灾领域法自身也应该是一个适应性的系统,生态减灾领域法应该具有以下主要特征:(1)多元化的法律目的;(2)融合性的法律结构;(3)适应性的法律方法。

(一)多元化的法律目的

作为主要调整自然灾害的自然灾害法和环境法,它们的立法目的都过于单一。目前,由于我国自然灾害领域缺乏基本法,自然灾害各单行法的立法目

[1] See Craig Anthony Arnold, "Fourth-generation environmental law: integrationist and multimodal", *William and Mary Environmental Law and Policy Review* 35, 2011, pp. 797 - 799.

的较为类似,如《中华人民共和国防洪法》(2016 年修正)的立法目的是减轻洪涝灾害,保护人类生命和财产,维护社会经济的稳定发展;[1]《中华人民共和国防震减灾法》(2008 年修订)的立法目的是减轻地震灾害,保护人民生命和财产安全,促进社会经济的可持续发展;[2]类似的还有《地质灾害防治条例》(2004 年)[3]等。这些立法目的都包含了三个方面,即某类灾害的减防、人类生命财产的安全与社会经济的稳定。从表面上看,也是多元化的目标,但实质上,三者都是致力于社会利益的保障,维护社会经济系统的稳定。还有一些自然灾害立法中明确了对生态利益的保障,如《森林防火条例》(2008 年修订)中规定的"保护森林资源,维护生态安全";[4]《草原防火条例》(2008 年修订)规定的"保护草原",[5]这些立法虽作出了一定的变革,加强了对生态资源和环境的保护,但在具体的制度和实施机制中仍侧重于社会利益的保障。而在本书第二章对环境法的现状进行梳理时,已经指出了环境法的立法目的要么是保障人体健康,要么则是促进自然资源的经济价值。环境法本应作为保障生态系统减灾功能的强有力制度,但其立法目的中既未侧重对"生态—社会"系统恢复力的保护,更未明确生态系统的减灾功能。[6]

---

[1] 《防洪法》第 1 条:"防治洪水,防御、减轻洪涝灾害,维护人民的生命和财产安全,保障社会主义现代化建设顺利进行。"

[2] 《防震减灾法》第 1 条:"为了防御和减轻地震灾害,保护人民生命和财产安全,促进经济社会的可持续发展,制定本法。"

[3] 《地质灾害防治条例》第 1 条:"为了防治地质灾害,避免和减轻地质灾害造成的损害,维护人民生命和财产安全,促进经济和社会的可持续发展,制定本条例。"

[4] 《森林防火条例》第 1 条:"为了有效预防和扑救森林火灾,保障人民生命财产安全,保护森林资源,维护生态安全……"

[5] 《草原防火条例》第 1 条:"为了加强草原防火工作,积极预防和扑救草原火灾,保护草原,保障人民生命和财产安全。"

[6] 如有环境"基本法"之称的《环境保护法》(2014 年修订)的立法目的是"保护和改善海洋环境,保护海洋资源,防治污染损害,维护生态平衡,保障人体健康,促进经济和社会的可持续发展"(第 1 条)。具体各单项法中,在自然资源管理领域,如《水法》(2016 年修正)的立法目的是"合理开发、利用、节约和保护水资源,防治水害,实现水资源的可持续利用,适应国民经济和社会发展的需要";在污染防治领域,如《水污染防治法》(2017 年修正)的立法目的是"为了保护和改善环境,防治水污染,保护水生态,保障饮用水安全,推进生态文明建设,促进经济社会可持续发展"(第 1 条);在生态保护领域,如《自然保护区条例》(2011 年修订)中的立法目的是"加强保护区的建设和管理,保护自然环境和自然资源"。

生态减灾领域法的目的是多元化的,体现在其既是保障社会系统在灾害面前的弹性(恢复力),也致力于保障生态系统在灾害面前的弹性。该法律目的包含了两方面的含义:第一,生态减灾领域法是保障整体性生态系统的服务功能健康,从而保持社会—生态系统在灾害面前的恢复力;而不是致力于保障特定的某类群体、某个区域或者某特定物种、某类环境要素的质量或存量。第二,生态减灾领域法既保障社会系统在灾害面前的恢复力,也保障生态系统在灾害面前的恢复力,二者是有机结合的统一体,体现了法律对生态和社会多元利益的保障。

长期以来,灾害法建构起来的潜在意识是人类可以控制环境,[1]而环境法背后的意识也经历了人类与环境的分离关系到人类与环境的静态作用关系。[2] 生态减灾领域法律目的的多元化要求生态减灾领域法不仅要保障生态系统在灾害中的弹性和适应性,也要保障社会系统的弹性和适应性,二者相互作用、相互影响。而且,在减灾中,生态系统是社会系统的基础,因此,生态应该优先于社会。过去灾害法的基本框架建立在人类与环境分离的基础上,其旨在控制自然以适应人类的发展。但是,人类意识到自然灾害太复杂而日益变得难以预测。为了保障人类在灾害面前的恢复力,自然灾害法应该从人类中心的适应模式(该模式体现在控制自然、扭曲风险和提供灾后救助)转变为与自然共处、减少风险和缓解损害的方式上来。[3]但是,这并不意味着作者认同以生态为中心的法律改革。生态中心的法律改革忽略了社会系统对生态系统的影响,尤其是改革在需要社会作出实质转变却又未致力于解决社会冲突、经济支撑等问题的情况下将难以成功。为此,生态减灾领域法需要融合性的法律结构和适应性的法律方法才能保障"生态—社会"系统的恢复力的实现。

---

〔1〕 See Ryan B. Stoa, "Droughts, floods and wildfires: Paleo perspectives on disaster law in the anthropocene", *The Georgetown International envrionmental Law review* 27, 2015, p. 445.

〔2〕 See Melinda Harm Benson, "Reconceptualizing environmental challenges—is resilience the new narrative?", *Journal of Environmental and Sustainability Law* 99, 2015, p. 4.

〔3〕 See Ryan B. Stoa, "Droughts, floods and wildfires: Paleo perspectiveness on disaster law in the anthropocene", *The Georgetown International Environmental Law Review* 27, 2015, p. 393.

(二)融合性的法律体系

生态减灾领域法律体系的融合性体现在立法体系的融合、调整机制的融合和管理体制的融合三方面。具体而言：自然灾害的形成和发展受自然和社会中的多因素的影响，因此灾害法本身无明显的界限。关于灾害问题的法律涉及宪法、行政法、保险法、侵权法、环境法，以及其他部门法，而灾害法是一系列风险管理战略的建构。[1] 作为专门调整生态减灾的生态减灾领域法而言，除了涉及上述传统部门立法之外，最为主要的还是环境法和自然灾害法之间的融合。这里的环境法体系包含广泛，其中较为紧密的是气候变化法、土地利用法、自然资源管理法等。立法体系的融合是生态减灾制度的前提。

此外，生态减灾领域法的特殊之处还在于其对生态系统平衡态的假设是存在多个平衡态，且相互间存在转换关系，这与传统法律对生态系统单一平衡态的假设不同。因此，无论是通过"命令—控制"的行政手段加以调整灾害问题的灾害法而言，还是虽然越来越侧重经济手段、行政手段和社会手段的综合运用，但是并未有效整合，形成合力的环境法而言，对单一平衡态的假设都促使其为了单一目标而维持生态系统的单一稳定态，反而可能导致生态系统更无弹性，从而在灾害面前更加脆弱。生态减灾领域法不仅综合行政、经济和社会三大类调整机制，而且这些机制并不致力于单一的特定的稳定状态，而是通过致力于保障生态系统服务功能的健康与完整，提高生态系统和社会系统的灾害恢复力。

(三)适应性的法律方法

很多学者拒绝将适应性理论适用于法律之上，理由是法律应该具有确定性和安全性。然而，这种观点忽略了一个基础性问题，即作为规制社会系统的规则之一的，应该考虑到社会系统如何运作，如果法律想要规制一个复杂的社会系统，那么它也应该像一个复杂的社会系统一样思考。因此，生态减灾领域法要想保障生态减灾的实施，就必须通过适应性的法律方法来实现。

现有的环境法和自然灾害法多采取确定性、强制性、义务性和禁止性的法

---

[1] See Daniel A. Farber and Michael G. Faure, *Disaster law*, London, Massachusetts, Elgar Research Collections, 2010, p. xiv.

律规则,通过"一刀切"的统一环境和灾害标准来实现管理。一方面,这样的管理方法在实施成本和实施效率上都占有较大的优势。另一方面,此种法律方法无益于复杂性环境问题和灾害问题的解决,无法保障生态系统服务功能的完整,也无法实现生态系统服务功能分配上的公平与正义。相互联系的生态系统和社会系统之间的复杂性、不确定性以及非线性的发展促使生态减灾领域法必须给予决策者、灾害管理者、环境与资源管理者,以及使用者和受益者等都应该拥有一定的自主权。对于决策者而言,适应性的法律标准不应该对某类行为产生的短期影响和邻近影响进行设定,而应对决策行为本身设定相应的程序和标准,这些标准是需要决策者考量对生态系统功能和服务产生影响的所有累积性的综合后果。对于管理者而言,要在"最佳可得科学"的基础上,不断调整生态系统防灾减灾的标准,调整灾害管理规划和行动。因此,这并不意味着法律不需要标准,关键在于对什么确立标准,怎样使用标准。生态减灾领域法更多的是采取基于具体时空下的具体标准,通过灵活的自由裁量的适应性方法实现目标。

第二节　生态减灾领域法的法理

一、自然灾害受社会因素的影响

(一)自然灾害是不幸,更是不公

人类对自然灾害的认知经历了一系列的转变,当将自然灾害视为"上帝所为"或"自然所为"时,因为这超出了人类的控制范围,因而人们往往将自然灾害视为人类遭遇的不幸。自然灾害导致人员伤亡、财产损坏、房屋毁灭、环境破坏等一系列的危害,继而影响受灾地区、整个国家乃至全球社会经济的波动。尤其是对于受灾的灾民而言,其人身权、生命权、财产权等基本权利都面临着巨大的威胁。为了降低这种不幸,各国政府积极完善对自然灾害的管理,加强灾害预防;增强政府的社会保障功能,提高对灾民的救助,降低损失;规范政府的灾害应对,减少灾时紧急状态下对人权的克减,等等。在"不幸"面前,灾害能够增强"民族凝聚力","灾害面前人人平等"的观念也一直被人们

信奉。

但是,对自然灾害的重新审视让我们看到自然灾害问题不单是自然问题,更是社会—生态系统脆弱性的体现,是个体的脆弱性体现。因为,当我们能够预测自然灾害,甚至是人类行为引发或加剧自然灾害后果时,我们便能够在一定程度上管理自然灾害,减少或转化灾害风险。那么,现代灾害便不仅是一种“不幸”,更是一种“潜在不公”的体现。真正的悲剧还是由人对人——恐惧、偏执和恶意的疏忽造成的。也就是说,自然灾害(natural hazards)本身并不会造成不公,它只是增强和加重了社会中固已存在的不足。因此,灾害对每个人来说都是坏的,尤其是对那些弱者和权利被剥夺者。[1] 这种不公不仅与有意识的歧视相关,还与各种潜意识的区别对待,与政府的组织和应对不力,与人类开发利用环境的活动有关。灾害往往落在那些最脆弱的群体上——那些由于社会的、经济的原因而更易暴露在灾害面前的群体,从而当灾害发生时,更容易受影响且难以恢复的群体。然而,“灾害面前人人平等”的观念掩盖着这样的现实,从而忽略了人们对灾害中弱势群体的关注,法律也无法扭转这种不公正的现实。

(二)自然灾害中不平等的具体体现

2005 年美国卡特里娜飓风发生后,学者们认为飓风应对不力不仅是因为地方、州和联邦紧急应对的失败,而且是国家对弱势群体的社会保障系统不完善所致。[2] 在美国,影响灾害脆弱性的因素包括种族、性别、肤色、贫富。在大多发展中国家,影响灾害脆弱性的因素则包括经济发展和收入不公、性别、年龄、种族阶层等。而在我国,以汶川地震为例,主要是贫富差距,从而影响了建筑物防震能力、灾害保险购买能力、灾后恢复力等。[3]

具体而言,这些脆弱性因素(包括社会脆弱性和生态脆弱性)不同程度地影响着灾害的损害程度,且体现在灾害风险管理的各个阶段中:(1)在灾害预

---

〔1〕 See Robert R. M. Verchick, “Disaster justice: the geography of human capability”, *Duke Environmental law & Policy Forum* 23, 2012, p. 24.

〔2〕 See Susan L. Cutter, “The geography of social vulnerability: race, class, and catastrophe”, Accessed May 3, 2018. http://understandingkatrina.ssrc.org/Cutter.

〔3〕 See Robert R. M. Verchick, *Facing catastrophe: environmental action for a post-Katrina world*, Cambridge, Harvard University Press, 2010, pp. 107 - 116.

防阶段,社会和经济条件的不平等,影响着包括居住地、生存手段、防灾措施和能力等各个方面的选择。对于贫困者而言,他们即便暴露在灾害风险之中,也往往会因为社会经济条件的限制而漠视风险或不得不承受风险。(2)在灾害应急阶段,经济条件较好的群体往往拥有更多的资源自救或他救,如美国卡特里娜飓风灾害中,普遍拥有汽车的中产阶级在飓风来临前更好地逃离,从而免予或大大降低了灾害损失。不止社会经济条件,受灾者的年龄(儿童和老人),性别(女性),也更容易遭受灾害侵袭。[1] (3)在灾害救助阶段,例如,美国是种族歧视较为严重的国家,种族歧视使得少数种族群体对政府的不信任感加重,即使是自然灾害发生后,他们通常也不习惯从外界得到支持和救助。(4)在灾后恢复重建阶段,灾后资源的缺乏或分配不平等将严重影响灾后恢复重建顺利实现。总之,"社会脆弱性不仅重视灾后获取资源的可能性及灾害恢复能力等,它更强调灾前风险分布的问题"。[2] 因此,要想降低社会和生态脆弱性,不仅仅要提高共同体的恢复力,还要增强个体的灾害适应能力。

二、防灾减灾的权利路径

(一)权利路径对人权克减原则的挑战

自然灾害并不必然导致人权克减,只有在自然灾害造成地区或国家进入紧急状态时,才可能会需要对人权作出克减。目前,国际上对"紧急状态"的确认都需要满足一些条件:(1)情况必须是现实发生的或是迫在眉睫的,这是紧急状态成立的时间条件。这就意味着不能为了预防可能发生的危险而采取人权克减措施,"预防性"的宣布紧急状态是非法的,只有紧急状况确实已经发生或者如果不立即采取措施就一定会发生时才可以宣布紧急状态。(2)公共事件的影响必须波及全国,这是紧急状态成立的空间条件。该条强调紧急状况对国家政权和人们整体利益的影响,而不包括那些仅影响少数公民和某些组织或团体的紧急情况。(3)紧急状况必须威胁到国家持续的有组织的生存,这

---

〔1〕 See Thomas Gabe, Gene Falk & Maggie McCarty, "Hurricane Katrina: social-demographic characteristics of impacted areas", pp. 17 – 19, 2005, in Daniel A. Farber et al. eds., *Disaster law*, 2nd edition, New York, Aspen Publishers, 2010.

〔2〕 周利敏:《从自然脆弱性到社会脆弱性:灾害研究的范式转型》,载《思想战线》2012 年第 2 期。

是紧急状态构成的危害程度要件。一般认为人口、领土和国家主权三部分构成一个完整的国家,那么对其中任何一部分的威胁都可构成对国家持续的、有组织的生存的威胁。(4)危机或危险如此严重以至于平常为保障公共秩序、公共安全和国家安全的措施或限制远远无法满足需要,因此必须以实施紧急状态作为唯一的手段。[1]

因此,当国家正式宣布进入紧急状态时,人权就必须在一定程度上实施克减。但这种克减并不是无限度的。尤其是随着国际人权法的发展,越来越强调人权克减的有限适用,努力地在国家利益与个人利益冲突间保持平衡,以最大化保障人权。因而,根据《公民权利和政治权力国际公约》(International Covenant on Civil Political Rights)、《欧洲人权公约》(European Convention on Human Rights)、《美洲人权公约》(American Convention on Human Rights)和《阿拉伯宪章》(Arab Charter),一些民事和政治权利是不可克减的,包括生命权,禁止酷刑或残忍、不人道或有辱人格的待遇,禁止奴役和刑法的溯及适用,以及免予重复起诉的权利。但是,这些规定已经远远不能满足对灾害中人权的保障,因此越来越多学者的研究和各国立法实践着眼于从权利路径来保障灾民的生存和发展,实现减少灾害风险和灾害后果的目标。

(二)权利路径对保障灾害权利的增强

传统上,灾害救助集中在生活必需品的分配,忽略保障受灾人员的人权。因此,权利路径,是指"一种基于国际人权标准和实践中致力于促进和保障人权的人类发展的概念性框架",该框架试图分析发展问题中存在的不平等,解决阻碍发展进步的歧视性做法和权力的不公正分配问题。[2] 权利路径认为,防灾减灾需要强调权利的实现而非仅是需求的满足。需求与权利的关系并非互相排斥的,而是"一物两面",但权利更具普遍性和约束力。因此,为了更好地减灾,权利路径被界定为"满足特殊需求,同时提醒人们在灾害中拥有的法

---

〔1〕 See Emanuele Sommario, "Derogation from human rights treaties in situations of natural or man-made disasters", in Andrea de Guttry et al., eds., *International Disaster Response Law*, Hague, T·M·C Asser press, 2012, p. 323.

〔2〕 See United Nations Human Rights, "*Report of the Office of the United Nations High Commissioner on Human Rights on the Relationship between Climate Change and Human Rights*", U. N. Doc. A/HRC/10/61. 2009.

定权利”。[1] 在国内层面，人们在灾害中的法定权利也不断地得到拓展，从最初得到救助的法定权利拓展到得到保护的权利。权利路径促使国家减灾义务增强，路经从救助义务到保护义务，再到预防义务发展。[2] 而在国际层面，传统上国际法上的人权保护受“主权”和“不干预”原则限制，其他国家对受灾国的帮助遵循国际团结与合作的法律原则。但是，权利路径促使受灾国的主权逐渐从权利转变为义务，被赋予了更多的保护责任，而不是特权。

目前，灾害中需要保障的具体人权种类繁多：有程序性人权，如救济权、公平审判权；也有实体性人权，包括民事和政治权利，经济、社会和文化权利，环境权等；还有专门对特殊群体的权利保障，如妇女、儿童、老人、残障人士和少数群体等。[3] 现有的减灾法律中的措施多是采取“成本—效益”分析的方式，考虑较多的是经济问题，而忽略了其中的人权保障问题。因此，权利路径要求减灾法律与政策更为全面地考量人类的福利问题；如果未有效保障权利，那么受灾者便有权提起相应的诉讼，获取赔偿。

第三节 生态减灾领域法的基本原则

《生物多样性公约》(Convention on Biological Diversity)缔约方大会提出了综合生态系统管理的12项基本原则，为管理生态系统提供了规范和指导意义。这12项原则包括：原则一，确定土地、水及其他生命资源管理目标属于一种社会选择，因为生态系统的内在价值及其提供给人类的有形或无形的惠益存在冲突，如何共享需要利益相关者的广泛参与并根据他们自身的需要作出

---

〔1〕 United Nations, “Protection of persons in the event of disasters: Memorandum by the Secretaria”, UN Doc. A/CN. 4/590, 11 December 2007, p. 6.

〔2〕 See Barbara Nicoletti, “The prevention of natural and man-made disasters: what duties for states?”, in Andrea de Guttry et al., eds., *International Disaster Response Law*, Hague, T·M·C Asser press, 2012, p. 177.

〔3〕 See Erica Harper, *International law and standards applicable in natural disaster situations*, International Development Law Organization, 2009, Accessed May 12, 2018. https://www.sheltercluster. org/sites/default/files/docs/International% 20Law% 20and% 20Standards% 20Applicable% 20in% 20Natural% 20Disaster% 20Situations% 202009. pdf.

选择,因此生态系统的管理需要尊重文化和生物多样性,并应当采取公平合理的方式。原则二,管理应当下放到最低的适当层级,因为管理行为越靠近生态系统,越会涉及责任问题、所有权问题、诉责性问题,以及运用地方知识的问题,因此非集权的体制可能为管理带来更高的效率、更好的效果,并可能更加促进公平。原则三,生态系统管理者应当考虑到他们的活动给邻接的和其他的生态系统带来的(实际的或潜在的)影响,因为生态系统间的相关性,所以生态系统的管理可能对其他生态系统具有不可预测的未知的影响。原则四,了解管理活动带来的潜在收益,通常有必要在经济背景下理解和管理生态系统,包括:减少对生物多样性产生不良影响的市场扭曲作用,运用激励措施加强生物多样性保护和可持续利用,将特定生态系统的成本和惠益在可行范围内内部化。因为通常而言,从生态系统保护中获益的人并不直接支付保护成本,同样,那些对环境造成污染和破坏的人也试图逃脱责任,由此利用经济刺激手段的目的是让保护资源的人能享受其惠益,迫使产生环境治理成本的人支付费用。原则五,为了维护生态系统的服务功能,保护生态系统的结构和功能应成为生态系统方式的一个优先管理目标。因为生态系统服务——通过各种资源、环境调节——包括对生物圈过程的支持、对文化的投入以及系统自身的内在价值而从生态系统获得的惠益,都依赖于生态结构和功能的保护和适当的恢复,由此对这些作用和过程的保护以及适当的治理相比,对种群的简单保护有更为重要的意义。原则六,生态系统管理必须控制在生态功能的限度之内,因为生态系统的整体性和持续提供产品和服务的能力是人类福利和环境可持续性的基础,因此,人类对生态系统的需求应当注意自然生产力的限度,生态系统结构、功能和多样性的环境状况等情况的影响。原则七,生态系统管理应当在恰当的时空尺度内进行,因为生态系统的驱动力,包括由人类活动带来的驱动力存在时空上的差别,为了实现管理目标有必要采取多尺度管理的方法。原则八,考虑到生态过程在时间尺度上的变化性和结果的滞后性特征,生态系统管理目标的设定应该具备长期性,因为生态过程的这些特征与人类倾向获得短期和即期的惠益、忽视长远利益的本性有内在的冲突。原则九,管理必须认识到生态系统的变化是不可避免的,因为生态系统除了受到自然变化的驱动,还受到来自人类、生物和环境领域的复合的不确定性因素和潜在的"意外情形"的干扰,所以管理目标不能理解为是对固定结果的追求,而要理解为是对自然生态过程的维护,必须运用适应性管理以预测并顺应这些影响变化的情形。原则十,生态系统管理应当寻求生物多样性的保护和利用之间的适当平衡和统一。原则十一,生态系统方式应当考虑一切形式的有关信息,包括科学的、传统的和当地的知识、创新和经验,因为各种来源的信息对于制定有效的生态系统管理策略甚为关键。原则十二,生态系统方式要求所有相关的社会部门和科学部门的参与,因为以可持续利用和保护为目的的生态系统管理具有复杂性,这就要求整合许多不同利益相关者的活动和行为。

这12项原则对于生态减灾具有非常重要的意义,是生态减灾领域法的基础,但是它们仍主要是关于如何开展生态系统管理的管理原则。对于作为法律体系的生态减灾领域法而言,基本原则则是生态减灾领域法在创制和试行中必须遵守的具有普遍约束力的基础性和根本性准则,其既是生态减灾领域法基本理念的具体体现,又是生态减灾领域法的本质、原理和国家政策在生态减灾领域法上的具体反映。生态减灾领域法的基本原则必须在生态减灾立法中有所体现,且贯穿于整个立法体系之中;同时它的效力应该弥补立法局限,在必要时帮助具体法律条文的理解。因此,生态减灾领域法的基本原则包括:致力于减少灾害风险的风险预防原则;致力于保障灾害恢复力的生态弹性原则;致力于克服社会脆弱性的全民负担为主,功能破坏者为辅的责任原则。

一、减少灾害风险的风险预防原则

(一)原则的形成

预防理念最初起源于德国和瑞士的国内立法,被用于处理环境危险事宜,但其真正普遍化得益于国际环境法的兴起与发展,其经历了从国内到国际再到国内的传播路径。环境法上的预防原则包括两层含义:

第一层含义是环境损害的预防,在英文中常表示为“prevention principle”或“principle of prevention”,它还常被译为防止原则、损害预防原则。1991年《关于在跨界背景下环境影响评价的埃斯波公约》就在前言中指出,制定预防政策,防止、减少和监测普遍的环境影响,尤其是在跨界背景下的环境影响,既是必要的,也是具有重大意义的。欧盟在环境保护领域采取行动之初的政策目标就是从根源上防止污染或损害的发生,而不再是传统的“先污染,后治理”

为特征的末端控制的危害控制原则。[1] 在实践中,该含义层面的预防原则具体表现为两个方面:(1)对计划采取的活动进行环境影响评价;(2)对环境进行持续监测。[2] 前者体现在众多国际环境条约中,如1992年《工业事故跨界影响的赫尔辛基公约》、1997年《国际水道非航行利用法律公约》等。后者在1982年《联合国海洋法公约》和1982年《世界自然宪章》中都有清楚的表述,而且斯德哥尔摩大会通过的《环境行动计划》组织对全球环境进行监测。第二层含义是环境损害的预防是基于科学确定情况作出的,问题在于这种科学上的确定性并不总是存在,因此在科学上的因果关系不确定时就应该进行环境风险的预防,这便是预防原则的风险预防理念。该理念最早出现在1987年国际北海大会通过的《北海宣言》中,该宣言承认,危险物质的投放与海洋污染之间的因果关系存在的不确定性,"为防止北海遭受危险物质可能造成的损害,预防的方法是必要的,它可以要求采取行动控制这种物质的投放,甚至在绝对清楚的科学证据证实因果关系之前";1992年《里约热内卢宣言》最重要的创新之一便是明确提出了风险预防原则,其第15条规定:"为了保护环境,各国应根据其能力广泛运用预防的方法。在有严重或不可挽回的损害的威胁时,缺乏充分的科学确定性不应被用来作为延迟采取防止环境恶化的有效措施的理由。"从某种程度上来说,《里约热内卢宣言》对风险预防原则的规定是风险预防理念的转折点。[3] 《联合国气候变化公约》(1992年)第3条第3款几乎使用了同样的语言,"各缔约方应当采取预防措施,预测、防止或尽量减少引起气候变化的原因,并缓解其不利影响。当存在造成严重或不可逆转的损害的威胁时,不应当以科学上没有完全的确定性为理由推迟采取这类措施"。在实践中,环境风险预防具体表现为举证责任倒置,即在缺乏科学上的确定性时,由支持者证明活动根本没有风险,否则应对存在健康、安全或环境风险的任何时候都进行管制。环境风险预防是在环境损害预防基础上的更进一步,对环境问题的原因进行管控,从根本上防止环境问题的产生。

环境损害预防与环境风险预防存在较大的差别(见表2-1),但是从本书

---

〔1〕 参见[法]亚历山大·基斯:《国际环境法》,张若思编译,法律出版社2000年版,第91页。

〔2〕 同上。

〔3〕 See Stephanie Joan Mead, "The Precautionary Principle: A Discussion of the Principle's Meaning and Status in an Attempt to Further Define and Understand the Principle", *New Zealand Journal of Environmental Law* 8, 2004, p. 141.

来看,预防的动力机制是相同的,即都是对人类行为引发的风险或损害进行规避,风险预防则是建立在更为谨慎的基础上采取的预防理念。这也正是许多法律将二者同时提到的原因,如早在1988年英国环境政策文件中就提到"预防,风险预防方式";1991年《巴马科公约》除了提到"风险预防原则"外,还提及了"预防,风险预防方式";同样没有作出明显区分的还有《21世纪议程》中的各类条款和1996年《伦敦海洋倾废公约议定书》。[1] 对于环境问题而言,能够预防的原因是环境损害或风险主要是由人类行为造成的,愿意采取预防措施的原因既是出于生态上的不可弥补性,又是出于经济上的成本问题考虑。目前,预防原则不仅停留在立法层面,司法领域的适用促使预防原则成为了具有法律约束力的强制性原则。[2]

表2-1 环境损害预防与环境风险预防差别对比

损害预防	风险预防
确定性:风险可估算	不确定性:风险不可估算
损害	风险
损害发生的概率大	损害发生不确定,且不能明确预测
监管体制界定了大量的标准,如排污	通过一系列程序性要求
可接受风险主要是基于科学	风险考虑社会接受的程度

自然灾害风险,是指在特定时间内由于危险的自然事件与脆弱的社会条件的共同作用引发社区或社会正常功能发生改变的可能性,这些改变将引发对人员、物质、经济或环境的广泛的不利后果,这些后果需要及时紧急应对以满足人类的基本需求,同时需要外援帮助其恢复。灾害风险是由自然危险、灾害暴露和脆弱因素共同作用形成的。随着自然灾害风险增多,受人为干预的

[1] See Arie Trouwborst, "Prevention, Precaution, Logic and Law: The Relationship Between The Precautionary Principle and The Preventative Principle in International Law and Associated Questions", *Erasmus Law Review* 2, 2009, p. 120.

[2] 早在1941年常设仲裁法庭(Permanent Court of Arbitration)的"炼矿厂污染仲裁"(The Trail Smelter Case)以及国际法院1949年的"科孚海峡案"(Corfu Channel)都对国家的跨境环境损害责任作了规定,即任何国家都需要对其境内的活动所造成的跨国环境危害,以及可以预见的环境风险负起防治或预防责任。

影响加深，国际灾害法致力于保障人类“免于灾害威胁的自由”，[1]从而试图转变传统的“事后救助救济”为主的灾害应对理念，明确确立了以预防为主的基本原则，这一原则在灾害法中也经历了一系列的发展。随着国际社会对自然灾害认识深度的增加，预防理念也逐渐拓展为灾害应对策略的有效构成要素之一。早在“国际减少自然灾害十年”活动展开之前，联合国就相继通过了一些决议，这些决议中大多提及了对自然灾害的预防，如1971年联合国2816决议中赋予灾害救助协调专员“促进自然灾害的研究，预防，控制和预测”的职能；1972年2959决议重新宣布“减少灾害影响，援助受灾国家提供预防性措施，灾害综合规划和准备的极端重要性”；1974年3345决议更进一步加强联合灾害救助办公室“相信灾害预防和灾前规划是组成政府间与国际组织的国际发展政策必不可少的一部分……大会要求秘书长继续加强关于灾害预防和灾前规划的联合国机制的可行性措施的调查”等。早期国际自然灾害法领域的预防内涵主要是通过技术手段加强监测预警以规避灾害的影响，因此该阶段的预防大多停留在具体的一些预防性措施上，而没有上升为基本原则。此后，随着科技的发展[2]以及自然灾害数量与成本的持续增加[3]，国际社会决定加强和拓展各国和国际社会的灾害预防能力，由此“国际减少自然灾害十年”(1990～1999年)活动得到开展，预防原则正式成为国际自然灾害防治的基本原则之一。该活动的成果之一的1994年减少自然灾害的世界会议通过《横滨战略及其行动计划》的“基本原则”中明确了“灾害预防和准备在减少灾害援助的需要上至关重要”，这是因为国际社会意识到城市化进程、社会贫困、环境退化等因素与自然条件一起成为形成自然灾害的重要因素。因此，国际社会认为该活动的最大挑战在于建立一种全球预防文化(Global Culture of Prevention)[4]，即明确“灾害预防和准备在减少灾害救助方面至关重要；灾害

[1] See Hans Günter Brauch, “The Model: Global Environment Change, Political Process and Extreme Outcomes”, *Encyclopedia of Life Support System* 1, 2007, p. 3.

[2] 1999年减少自然灾害的国际十年项目论坛召开的同时，国际气象组织和联合国教科文组织关于科学与技术的子论坛由相关组织在独立文件中发布。

[3] See International Decade for Natural Disaster Reduction, Programme Forum 1999, 5－9 July 1999, Geneva, pp. 3, 10.

[4] See United Nations, Report of The World Conference on Natural Disaster Reduction, (Yokohama, 23－27 May 1994), p. 5.

预防和准备应该视为国内、区域、双边、多边与国际层面的发展政策、规划中不可缺少的内容；只有当社会各个层面的主体参与进来，从地区共同体到国内政府再到区域和国际层面的主体，预防措施才能最大程度发挥其作用；环境保护作为可持续发展的一部分，与消除贫困一起成为预防和缓解自然灾害的必要条件"[1]等原则。这一阶段的灾害预防类似于环境法中的损害预防，即预防灾害损失，减少灾害救助。2004年的《横滨战略及其行动计划的评价》审查了《横滨战略及其行动计划》，国际社会逐渐意识和接受依靠可持续发展减少灾害风险的重要性，并明确表达在世界首脑会议约翰内斯堡执行计划中，尤其是关于脆弱性、风险评估和灾害管理方面的规定，从而将降低灾害脆弱性和减少灾害风险的预防措施纳入到可持续发展战略当中。2005年《兵库宣言》进一步指出，"减少灾害风险必须将可持续发展的政策、计划和项目与减少贫困系统地结合起来，并且通过双边、区域和国际合作给予支持"，"可持续发展、减少贫困、良好的治理和减少灾害风险是相互作用的"，由此进一步将自然灾害的预防与可持续发展紧密结合起来。此后，国际社会进一步深入自然灾害的预防原则的内容，包括对脆弱性问题、减少灾害风险以及与可持续发展政策、计划和项目的融合上作出了重大的努力。与此配套的《兵库行动框架》提出战略目标之一"将降低风险措施系统地融合到重建的受灾社区的应急准备、应对和恢复项目的设计和实施过程中"，即将预防原则贯彻与灾前的准备、灾中的应对与灾后的恢复重建各个阶段。这一阶段的预防原则侧重于对灾害风险的预防，且将易导致灾害风险的社会、经济与环境因素统一纳入可持续发展政策、计划和项目中进行考量。因此，自然灾害法中的预防原则实则经历了从规避灾害影响预防灾害损失再到预防灾害风险的转变，而且强调自然和人为风险之间互相作用，采取一种综合风险的方式对待灾害问题。

（二）原则的内容

生态减灾领域法的风险预防原则，是指某过程或某活动可能造成生态系统服务功能的减弱甚至丧失，继而引发或加剧自然灾害对人类健康或环境的威胁时，即使其中的一些因果关系未完全确定，也应当采取相应的预防措施以

---

[1] United Nations, Report of The World Conference on Natural Disaster Reduction, (Yokohama, 23 - 27 May 1994), p. 7.

减少或转换由自然事件、灾害暴露和脆弱性因素共同形成的灾害风险。对灾害的风险预防方式与社会福利方式(social welfare approach)不同,后者主要是通过成本效益分析的方式制定灾害政策和措施。本书之所以反对用成本效益分析方式,是因为成本效益分析存在三个重要局限:(1)货币化问题。成本效益分析的基础是将所有考量因素货币化,然后在付出的成本和可得的效益之间进行衡量。传统经济学对自然的定价需要将自然的"自然性"去除,转化为财产;生态系统服务功能无须转化,其自身便是其价值所在。然而,市场却难以对此定价。[1] 另外也因为环境的公共性质导致几乎没人愿意为其提供的功能付费。(2)折现问题。成本效益分析将折现作为评估规制价值的一种方式,生态系统方式减灾恰恰是一种付出的成本在短期内无法产生效益的方式。(3)不确定性问题。由于对损害的可能性和规模缺乏充分准确的信息,因此,对效益的有效评估就几乎不可能,尤其是对于生态减灾而言,一些灾害系统充满不确定性,风险很难界定,对损害程度和损害概率不能确定。[2]

对于生态减灾领域法而言,贯彻风险预防原则的预防措施需要根据具体情况遵循具体的标准:(1)就私益发展(private development)而言,采取可行性标准。可行性标准,是指在现有可得技术下保护的最大化,除非该保护的成本会危及被规制行业的经济完整性。[3] (2)对大型公共减灾工程而言,则采取开放式平衡标准(open-ended balancing),即考虑影响工程的一系列定性与定量因素,且不将这些因素转化为通行货币,甚至不将这些因素做比较。

(三)原则的适用

风险预防原则的适用主要体现在:(1)开发、利用自然资源和环境活动的规制。自然资源的过度开发利用与向环境过度排放污染物的行为对生态系统服务功能及其容量具有直接的影响,而且容易增加人类在自然灾害面前的脆弱性,降低恢复能力。因此,为了合理规划和控制这些行为,我国不断完善环境规划和防灾减灾规划制度。同时,通过环境影响评价制度对具体的活动进

---

〔1〕 See Keith H. Hirokawa, "Three stories about nature: property, the environment and ecosystem services", *Mercer Law Review* 62, 2011, p. 577.

〔2〕 See Robert R. M. Verchick, *Facing catastrophe: environmental action for a post-Katrina world*, Cambridge, Harvard University Press, 2010, pp. 205 - 208.

〔3〕 Ibid., p. 198.

行风险评估，严格控制灾害风险的聚集，灾害危险性评估制度用以考察灾害对社会—生态系统的影响评估。(2)自然灾害与生态环境之间的相互作用关系得到了确认，因此，保障生态系统的健康是减少灾害风险的重要一步，也是生态减灾的基础。对此，致力于生态系统服务功能保障的生态功能区划和生态功能保护区制度都是对生态减灾领域法风险预防原则的贯彻执行。(3)为了贯彻执行风险预防原则，生态减灾领域法应该增设民法中有关预防性民事责任的规定，如消除危险、排除妨害等的运用，通过私法上的保障措施来实现消除和减轻人为灾害侵害的目的。

二、保障灾害恢复力的生态弹性原则

(一)原则的形成

生态弹性原则的主要目的之一就是要生态减灾领域法律和政策不仅要减少灾害风险，降低灾害损失，更要进一步地通过维护和增强生态系统功能提供社会—生态系统对自然灾害的适应力和抵御力。生态弹性原则的形成受几个方面的影响：生态弹性的概念、人类追求的价值以及国际法的法律原则。

首先，生态弹性，英文为"ecological resilience"，是系统承受干扰并仍然能够保持其基本结构和功能的能力，其包括了三个层次的含义：面对干扰的抵御能力、受到干扰时的适应能力以及干扰之后的恢复能力。[1] 从生态弹性的概念，我们可以看出要想保持生态系统的弹性，就要保持多样化的物种和普遍化的生态保护。因为多样化的物种是维护生态系统正常运转的基础，意味着立法不可限于濒危物种的保护；而普遍化的生态保护意味着法律的保护范围不可限于某些保护区域生态功能的保护或某些脆弱区域生态功能的建设，因为"社会—生态"系统有不确定性和非线性发展的特点。

其次，人类对自然的认知发生了重大转变，所追求的自然理念和价值也跟着发展。生态弹性原则认为人类是生态系统中的组成部分，不是征服者和控制者，人类应该尊重自然、适应自然。对此，该原则反对将生态系统管理界定为生态系统经济功能的管理，以及单纯地依靠政府行政手段或市场手段来达

---

[1] See Tracy-Lynn Humby, "Law and resilience: Mapping the literature", *Seattle Journal of Environmental Law* 4, 2014, p. 94.

到目的的行为。生态弹性原则提倡增强生态系统服务功能,合理平衡生态和经济利益,采取综合的法律机制达到目的。

最后,生态弹性原则并不是凭空而来,其经历了数十年的发展而不断完善并最终成为国际法中的一项基本原则。在现有的国际环境法和国际灾害法中,都有生态弹性原则的体现。例如,在环境法领域内,1972 年联合国人类环境会议通过的《斯德哥尔摩宣言》原则之一为"人类有责任为了当代和后代保护和提高环境";1982 年《世界自然宪章》也多次提道"尊重自然及其自然过程""生态系统应该在以一种不损害其他生态系统和物种的整体性的方式下实现可持续利用""保障自然系统的正常功能""自然过程、生态系统和物种的状况应该得到密切监控以及早发现生态退化或生态威胁"等,这些内容都旨在维持生态系统的整体性功能,提高生态系统在灾变面前的抵御力与适应力,为生态弹性原则提供了重要基础。还有 1992 年《里约热内卢宣言》指出,"人类有权以与自然和谐相处的方式过健康的、创造财富的生活"中"以自然和谐相处"也意味着人类必须尊重自然规律,坚守自然底线,保障生态系统服务功能的健康。在此基础上,人类才有可能过上"健康"的生活。

除了国际环境法中包含生态弹性原则的内容之外,国际灾害法更为明确地提出对"社会—生态"系统恢复力的重视,这一系列的规范发展也对生态弹性原则的形成具有重要意义。国际灾害法对生态弹性原则的规定不仅是为了减少灾害风险,还对保持可持续的生存条件、自然资源和服务功能,以及减少气候变化的脆弱性都是非常重要的。如 1994 年横滨减灾大会便意识到"灾害损失和环境退化之间存在紧密联系"。到了 2005 年国际减灾大会直接将会议主题设定为"增强国家和社区的抗灾能力"(Building the Resilience of Nations and Communities to Disasters),在大会达成的《兵库宣言》中直接提出了"预防和弹性文化……必须从个体到国际的各个层面上建立起来",其中促进灾害弹性的第一步便是对自然风险和灾害的社会、经济和环境脆弱性的认识,增强早期预警。然后运用这些灾害信息,发展减灾科技,加强防灾减灾教育,达到提高人类抗灾能力的目的。[1] 2015 年最新举办的仙台减灾大会通过了《仙台减

〔1〕 See International Strategy for Disaster Reduction, "Hyogo Framework for Action 2005 - 2015: Building the Resilience of Nations and Communities to Disasters", Accessed May 2, 2018. http://www.unisdr.org/wcdr.

灾框架 2015～2030》(以下简称《仙台减灾框架》)，设立了“预防新风险，减少已存风险和增强弹性”的目标，在 2005 年减灾大会的基础上进一步强调增强抗灾能力的重要性。与 2005 年《兵库行动框架》较多关注灾害风险不同，《仙台减灾框架》[1]将可持续发展、气候变化和减灾进一步结合，同时更加重视对生态系统的保护，从而实现增强社会—生态系统弹性的目的。

除了这些一般性的国际灾害法文件之外，还有一些专门性国际灾害法文件，如《联合国防治荒漠化公约》指出“荒漠化的成因是各种自然、生物、政治、社会、文化和经济因素的复杂的相互作用”，为此，为了防止荒漠化和减缓干旱影响，需要“一项长期的综合战略，同时在受影响地区重点提高土地生产力，恢复、保护并以可持续的方式管理土地和水资源”，从而达到改善目的。这些国际法上的内容都是生态弹性原则的内容，为生态弹性原则作为一项具有约束力的原则的形成提供了重要的规范基础。

(二)原则的内容

根据上述论述，生态弹性原则的内容主要包括两个方面。

第一，生态优先是在生态系统功能保护与生态系统要素保护、生态系统功能保护和社会经济发展之间发生冲突时，相应的主体应遵循的基本原则。具体内涵又进一步包括：(1)生态优先，而非人类短期的经济利益优先。实际上，人类福利的基本组成并非单一维度的，而是包括生命、身体健康和完整、感觉、想象、情感等非理性因素、实践理性、社会联系、其他物种、娱乐、对自身环境的控制等，这些多元化的福利几乎都直接或间接地取决于生态系统健康与否，因此，良好的经济条件只是人类福利的必要条件之一。[2] 现有的环境法和灾害法大多给予了经济或社会利益绝对的优先，典型的便是成本—效益分析的决策方式。如防洪大坝的建设与否的主要依据是建设所需的经济成本，以及能够减少的财产损失，而不是以安全或者生态健康为首要考虑。(2)生态系统优先，而非生态要素优先、生态保护区优先。对特定生态要素的重点保护体现在

---

〔1〕 See International Strategy for Disaster Reduction, “Sendai framework for disaster risk reduction 2015－2030”, Accessed May 3, 2018. https://www.unisdr.org/we/inform/publications/43291.

〔2〕 See Matthew D. Adler, “Policy analysis for natural hazards: some cautionary lessons from environmental policy analysis”, *Duke Law Journal* 56, 2006, p. 11.

动植物保护法中，我国也有专门的自然保护区立法，但是这些都不是生态减灾领域法优先考虑的。生态减灾领域法强调对动态的、整体的生态系统服务功能的保护。需要注明的是，生态优先并不是生态在任何时空下都是绝对优先，这对我国国情而言不现实。生态优先是在生态脆弱区、敏感区或重点生态功能保护区等特定区域内实现优先。生态优先也不是生态中心，而是以生态为基础的人类福利的多元化考量。因此，在实施防灾减灾过程中，人类需要在尊重生态系统健康的前提下开展其他活动，以生态系统的自然抵御力、适应力和恢复力为第一位，在此基础上，增强人为抵御自然灾害的能力，规范防灾减灾行为。

第二，生态制约，该部分原则是指在生态与经济、社会发展未出现明显的冲突时，生态减灾仍然要在尊重自然规律、遵守生态底线的前提下进行。因此，其具体内容又进一步包括：(1)生态规律。生态规律的具体方面有生态系统(生态系统结构、物种、遗传)的多样性与整体性相统一的规律，生态演替(变异、进化)规律，生态系统循环和再生规律(能量流动、物质循环、信息传递)，以及生态(结构、功能以及物质和能量输入输出)平衡规律。生态减灾需要在尊重生态规律的基础上开展，这意味着：一方面，生态减灾虽是通过生态系统方式减少灾害风险，但这并不意味着只要采用生态系统方式就能达到减灾目的，而是应该建立在科学合理的生态系统方式上的减灾。例如，我国在防沙治沙、减防洪涝和干旱等灾害上发挥重要作用的防护林体系建设，就存在一系列未尊重生态规律导致减灾功能未充分发挥的问题，如林业结构单一、林业选种与周围环境不相适应、林业密度过密等问题，从而导致林种的存活率低下。另一方面，对生态规律的尊重还意味着其他减灾措施，尤其是大型防灾工程的建设也需要与环境保护相结合，而不是一味地求大求高。否则这些工程不能实现减灾，反而会给人一种错误的安全感，从而加重灾害后果。(2)生态底线。生态底线是指生态承载力，是指在某一具体时空状况下，某地区生态环境所能承受的人类活动作用的阈值。生态底线是衡量人类活动能否对生态系统产生不可逆转的负面影响的重要参照标准。

(三)原则的适用

我国的基本原则不具有直接的法律约束力，因此生态弹性原则需要具体的法律制度予以明确才能有效地贯彻执行。它的适用主要表现在：(1)为执行生态弹性原则,就必须对全国区域生态环境分区管理,为此我国在政策和立法中都明确了生态功能区划制度。该制度在充分认识生态系统结构、过程以及服务功能存在空间差异规律的基础上,以协调人与自然关系、协调生态保护与社会经济发展关系、增强生态系统服务能力、促进可持续发展为目的。[1] 在生态功能区划中,生态调节功能区(包括水土涵养生态功能区、水土保持生态功能区、防风固沙生态功能区、生物多样性保护生态功能区、洪水调蓄生态功能区等)是生态减灾实施的重要基础。(2)生态功能区划只是对不同生态系统服务功能作出了区别对待,生态弹性原则的贯彻还需要生态功能保护区制度的执行,这意味着对不同生态功能区的保护方向不同,如水源涵养区要求:限制或禁止过度放牧、毁林开荒、开垦草地;加强森林、草原、湿地等生态系统的恢复与重建;控制水体污染,禁止污染严重的产业在水源涵养区内发展等。而生物多样性保护区内则要求严格遵守土地用途管制,实施重大功能需作生态影响评价,禁止外来物种入侵。(3)对生态功能区的保护还需依据不同的生态环境保护标准严格控制和减少对功能区的破坏,充分发挥功能区的减灾功能。为此我国执行了生态保护红线制度来划定底线,不断完善生态环境保护标准为行为活动提供合理或合法依据。(4)从弹性原则的内涵来看,其实质是提高人类的抗灾能力,因此经济投入和公众参与有助于人类对灾害的认知、管理和对生态系统服务功能的保护,因此各国立法也不断提高减灾的经济投入,拓宽公众参与灾害管理的路径。

小　　结

本章从理论上提出生态减灾领域法的建构,对生态减灾领域法的范畴、调整对象、特征、基本原则等问题展开论述,认为生态减灾领域法是区别于自然灾害法、环境法的法律部门。生态减灾领域法是指调整人类对生态系统的保护、建设和修复(统称生态系统管理)以实施减少灾害风险行为而形成的社会

---

[1] 参见环境保护部和中国科学院:《全国生态功能区划(修编版)》,载中华人民共和国生态环境部网站:http://www.zhb.gov.cn/gkml/hbb/bgg/201511/W020151126550511267548.pdf,最后访问日期:2018 年 5 月 2 日。

关系的法律规范总称。生态减灾领域法的调整对象是人类使用、保护、建设和修复生态系统服务功能(生态系统管理)以实施减灾的社会关系,具体分为通过生态系统管理实施灾害预防的行为、通过生态系统管理实施的灾害应急行为、通过生态系统管理实施灾后恢复重建的行为。生态减灾领域法的基本特征包括多元化的法律目的、融合性的法律体系和适应性的法律方法。生态减灾领域法的基本原则包括生态弹性原则、风险预防原则和混合责任原则。本章主要对这些问题一一详细论述。生态减灾领域法并不是凭空产生的,而是在生态减灾的实践发展中以及在现有的调整生态减灾的法律规范中总结、提炼和升华来的。

第三章

生态减灾的法律调整现状

灾害风险涉及一系列法律制度，如土地利用制度牵涉人类的居住地和暴露于哪类风险中，基础设施领域的制度直接关系到灾害后果和恢复问题，保险法则影响到人类进行恢复重建时可选择资源，以及国际法对灾害应对的影响，尤其是发展中国家。[1] 就生态减灾而言，本书将主要讨论应对灾害风险的灾害法与应对环境风险的环境法两个部门法及其作用。一般情况下，我们认为灾害法旨在解决自然原因引发的突发性事件问题，而环境法则是应对人为导致的渐发性环境问题，如大气和水污染，物种灭绝等，因此，灾害法和环境法看似毫不相干。然而，事实上自然灾害的产生往往与环境规制的失败密切相关，尤其是针对人类与生态范式共同作用的渐发性自然灾害而言；反之，良好的环境法制能够减少自然灾害发生的可能性和危害程度。同时，灾害法也将帮助环境管理者拓展视角，因为环境法倾向于关注具体的环境问题，而灾害法关注的是更为广阔的社会系统及其所处的环境。[2]

---

〔1〕 See Daniel A. Farber, "Catastrophic risk, climate change, and disaster law", *Asia Pacific Journal of Environmental Law* 16, 2013, p. 40.

〔2〕 See Daniel A. Farber, "Navigating the intersection of environmental law and disaster law", *Brigham Young University Law Review*, 2011, p. 1783.

第一节　生态减灾的灾害法律调整现状

一、侧重"减灾"的灾害法律体系及其内容

目前我国灾害管理领域尚无基本法，对于大多数常见的灾害问题，我国已经制定了相应的法律法规。我国的自然灾害法律体系中，根据具体灾害类型的不同，可以划分为：(1)地质灾害法：如地震防治体系中的《防震减灾法》、《破坏性地震应急条例》(2011年修订)、《地震预报管理条例》(1998年)等；地质灾害防治体系中的《水土保持法》(2010年修订)、《地质灾害防治条例》等。(2)水旱灾害法：如《水法》、《中华人民共和国防洪法》、《防汛条例》(2011年修订)、《河道管理条例》(2018年修订)、《中央财政农业生产救灾及特大防汛抗旱补助资金管理办法》(2017年)、《水库大坝安全管理条例》(2018年修订)、《水利工程质量检测管理规定》(2017年修正)、《水利建设基金筹集和使用管理暂行办法》(1997年)等。(3)海洋灾害法：如《海洋环境预报与海洋灾害预报警报发布管理规定》(1993年)、《海洋观测预报管理条例》(2012年)、《风暴潮、海浪、海啸和海冰灾害应急预案》(2015年修订)等。(4)气象灾害法：如《气象法》(2016年修正)、《气象灾害防御条例》(2017年修正)、《气象设施和气象探测环境保护条例》(2016年修订)等。(5)火灾管理法：如《消防法》(2008年修订)、《森林防火条例》、《草原防火条例》等。

我国现有的立法采取的是"一灾一法""一事一法"的立法模式。"一灾一法"体现为调整洪涝灾害的《防洪法》、调整地震灾害的《防震减灾法》、调整气象灾害的《气象法》、调整地质灾害的《地质灾害防治条例》等。"一灾一法"并不意味着一类自然灾害只有一部单行法调整，还包括其相应的行政法规及其规范性文件，甚至相应的地方法规，综合组成的专门调整单一自然灾害的法律规范体系，通常情况下，该法律由一个部门来执行。"一事一法"的立法模式突出体现在汶川地震后，专门制定的《汶川地震灾后恢复重建条例》(2008年)。

我国自然灾害法，旨在调整对自然灾害的预防、应急、救助与恢复重建活动。从现有的自然灾害立法内容来看，已经基本包括了自然灾害管理的全过程、各阶段，涉及各类法律问题的制度建设。其中，灾害预防阶段主要包括各

类防灾规划制度(如防洪规划、防震减灾规划等),各类灾害监测预警制度,各类灾害影响评估制度(如地震安全性评估、洪水影响评估、地质灾害危险性评估等),以及相应的防灾标准制度(如抗震标准、防洪标准等),还包括共同的群测群防体制。除了这些制度建设外,还有一些具体的减灾措施,如防灾意识教育,防灾工程建设等。2003年"SARS事件"后,以"一案三制"(应急预案和应急体制、机制与法制)为基础的应急管理体系逐步建立,使我国灾害应急制度不断完善。灾害应急阶段主要围绕应急资源的依法配置与协调展开,使政府依法调动紧急权力,保障公民的安全,具体包括应急响应机制、应急指挥机制、应急协调机制等。灾害救助是一个满足灾后需求的阶段,对此我国制定了专门的《自然灾害救助条例》以规范灾害救助行为。具体的制度包括:灾害救助准备(包括救助应急预案、救助物资储备制度、应急避难所建设、救助人员培训等),灾害应急救助(预警响应、应急综合协调机制等)以及灾后救助(过渡性安置、灾后补助资金和物资的发放)。灾后恢复重建阶段的制度主要有:灾后恢复重建规划制度、灾后清理保护制度以及灾后恢复重建所需的财政支持、税收优惠和金融扶持等相关制度和措施。自然灾害管理的各个阶段并不是截然分开的,相反,各个阶段的管理制度相互影响,共同致力于减少灾害对人类造成的威胁。比如,如果我们试图决定在减缓风险阶段投入的多少,答案可能取决于我们对紧急应对阶段的期望值。同样,如果规划者能够在灾害来临时成功撤离受灾居民,那么他们则很可能忽略风险的减缓。

二、自然灾害法调整的"生态"因素

20世纪70年代后,随着环境和生态保护意识的日渐兴起,反对和阻挠防洪大坝建设的声音和行动不断加大,促使了防洪政策上的重要转变,"生态"防灾减灾逐渐在欧美国家成为潮流,由此灾害立法开始兼顾生态保护的要求。例如,美国1977年《地震法》要求采用完善的建筑规范和土地利用准则加以防御,1976年颁布的以减轻沿海自然灾害为目标的《海岸带管理法》提出海岸带管理计划中,要突出防洪、海岸侵蚀、土壤稳定性、气候和气象学等方面的内容。[1] 2004年印尼海啸和2005年美国卡特里娜飓风让人们重新认识到生态保护与防灾减灾之间紧密的联系。国际上推动生态减灾的同时,世界各国也

---

〔1〕 参见李翔:《美国的自然灾害管理体制与政策体系》,载《今日浙江》2008年第3期。

开始加强生态保护与防灾减灾立法间的相互间的配合与完善，对此，我国也不例外。虽然传统上自然灾害法与环境法被视为平行的两个部门法，但是二者都涉及对人与自然关系的调整，因此，调整内容中互有穿插并不奇怪。那么，自然灾害法对环境因素的调整有哪些呢？调整目标是否为保障生态系统功能？其是否能够为生态减灾的实施提供制度保障？要想找到这些问题的答案，就必须对自然灾害法中对生态环境因素的调整现状有一个全面的把握。

（一）调整对自然灾害有影响的环境行为

自然灾害“非自然”的认知使法律也要重新审视自然灾害。自然灾害法对环境驱动因素的调整主要体现为：(1)限制人类对环境的开发和利用行为；(2)实施环境保护行为以减少对自然资源的消耗、减缓生态系统的退化以及气候变化的加剧。对自然资源的消耗将直接或间接破坏生态系统的健康，生态系统功能的减弱又将进一步加剧气候变化，气候变化的加剧反过来影响自然资源的生长环境，这些因素相互影响、相互作用，将共同增加灾害风险的聚集，引发灾害后果的加重。

目前，我国自然灾害法对上述行为的调整主要体现在以下自然灾害防治过程中。

1. 防治气象水文灾害的生态措施

水，具有利与害的两面性，因此对水的利用，最重要的是懂得如何趋利避害，化害为利。随着对自然灾害与生态环境关系的认知加深，灾害法调整中的环境因素逐渐增多。其中以《防洪法》规定最多。[1] 这些规定遵循“兴利与除害相结合的原则”，充分认识到了水是具有多种用途的综合性资源，具有既可为利，也可为害的双重性。因此人类在开发利用和保护水资源的同时也要防治水害，且强调防治水害是第一位的。其内容涵盖从水资源本身的合理开发利用与保护，到水利工程的建设，再到湖泊、土地和岸线的合理利用以及河道内河道旁的林木等资源环境的保护，都旨在减、防洪涝灾害对人类的影响。《防汛条例》规定汛期调度运用计划建立在兴利服从防洪，保证安全的前提下制定的。《抗旱条例》(2009年)第20条规定，“县级以上人民政府应当根据水资源和水环境的承载能力，调整、优化经济结构和产业布局，合理配置水资

[1] 包括《防洪法》第4条、第19条、第20条、第25条和第34条。

源”；第32条第1款规定，“禁止非法引水、截水和侵占、破坏、污染水源”。

2. 防治地质地震灾害的生态措施

我国《防震减灾法》中“防震减灾规划”中提出规划的编制应当充分考虑资源环境保护的需要。同时针对“过渡性安置”提出“应当尽量保护农用地，并避免自然保护区、饮用水水源保护区以及生态脆弱区域造成破坏”，同时“避免对土壤、水环境等造成污染”，这些都是对受自然灾害影响的环境进行防治和保护。该法还规定“地震灾后恢复重建规划应当根据地质条件和地震活动断层分布以及资源环境承载能力，重点对城镇和乡村的布局、基础设施和公共服务设施的建设、防灾减灾和生态环境以及自然资源和历史文化遗产保护等作出安排”等多项多方面的规定，该规定旨在综合防灾减灾，且明确强调以环境承载能力为基础。我国《地质灾害防治条例》要求“编制和实施土地利用总体规划、矿产资源规划以及水利、铁路、交通、能源等重大建设工程项目规划，应当充分考虑地质灾害防治要求，避免和减轻地质灾害造成的损失”。

3. 防治生物灾害的生态措施

我国在《传染病防治法》的“传染病预防”一章中，同样提出了需要“加强环境卫生建设”，“改善饮用水卫生条件，对污水、污物、粪便进行无害化处置”等，这是对生物灾害中的环境问题的应对。除此之外，《森林防火条例》第6条规定，“森林、林木、林地的经营单位和个人，在其经营范围内承担森林防火责任”，强调了开发利用自然资源的权利与减、防自然灾害的责任相结合，以及这一责任如何承担——是单纯地在火灾发生后扑灭，还是灾前备置各种灭火器、报警器等，或是要合理保护森林物种多样性、合理布置林种间距、数量、年轮等。其中，后者即本书的生态减灾措施。此外，还有我国《森林病虫害防治条例》中对“森林病虫害的预防”规定了森林经营单位和个人应当“适地适树，营造混交林，合理搭配树种”，“对幼龄林和中龄林应当及时进行抚育管理，清除已经感染病虫害的林木”，“有计划地实行封山育林，改变纯林生态环境”等，这些旨在通过增强森林生态系统对预防病虫害的调节功能。并规定“各级人民政府林业主管部门应当组织和监督森林经营单位和个人，采取有效措施，保护好林内各种有益生物，并有计划地进行繁殖和培养，发挥生物防治作用”，通过自然规律中的物物相克原理实现减灾目标。

这些对自然灾害中的环境驱动因素的法律规定大多属于预防性法律规定，内容涉及气象水文灾害、地震地质灾害、生物灾害等各个领域；调整方式也多样,限制开发利用资源环境、保护和建设生态环境、以环境承载力为基础的恢复重建等,贯穿整个自然灾害管理过程。但是,可以很明显地发现,自然灾害法对影响自然灾害的环境开发、利用和保护等行为的调整致力于预防、应对环境污染和资源枯竭给自然灾害带来的影响,而忽略各生态系统服务功能的整体性保护。

(二)调整生态减灾工程的保护和建设行为

我国的生态措施其实很多都纳入工程措施,被称为"生态保护工程""生态建设工程""生态修复工程"等,包括天然林保护工程、退耕还林工程、退牧还草工程、荒漠化治理工程、水土流失地区治理工程、泥石流治理工程、荒漠地衣结皮固沙工程,以及生态脆弱地区生态保护等。其内容涵盖了生态系统保育、水土流失防治、荒漠化治理、生物多样性保护等多个方面。生态工程与一般的建设工程相比,有其特殊性,它是"设计系统的过程,这些设计系统能够保存、恢复和建立生态系统服务"[1],发挥其减、防自然灾害,改善生态状况的积极作用。目前,这些生态工程在防沙治沙、防洪抗旱、防治水土流失等地质灾害上发挥着重要作用,而且其区别于分散化的生态保护活动,也区别于其他建坝或筑堤的减灾工程。这些生态工程都明确致力于减灾,但其法律保障机制仍未健全。目前,在法律层面,我国仅有少数立法对此作出了规定,包括《防洪法》第12条规定沿海防护林防御风暴潮的建设。[2] 在法规层面,相应的防灾条例,如我国《地质灾害防治条例》《森林防火条例》《防汛条例》等未包括生态工程建设的规范。对国家重大的生态工程建设,多是由专门的行政法规调整,如《退耕还林条例》;或一些规范性文件加以规范,如2009年国务院办公厅《关于进一步推进三北防护林体系建设的意见》。在部门规章层面,则更多涉及的是生态减灾工程的实施、落实和评估等机制,如2003年林业局《林业标准化管理办法》、2006年财政部《天然林保护工程财政资金管理规定》、2015年《国家沙化土地封禁保护区管理办法》等。

---

[1] [美] Marty D. Matlock, Robert A. Morgan:《生态工程设计:恢复和保护生态系统服务》,吴巍译,电子工业出版社2013年版,第1页。

[2] 《防洪法》第12条规定:受风暴潮威胁的沿海地区的县级以上地方人民政府,应当把防御风暴潮纳入本地区的防洪规划,加强海堤(海塘)、挡潮闸和沿海防护林等防御风暴潮工程体系建设,监督建筑物、构筑物的设计和施工符合防御风暴潮的需要。

这些重要的生态工程对我国生态减灾的实现具有非常的意义。但是,这些生态工程的建设目标并非仅“减灾”一项,还包括其他经济、社会目标。从现有的立法、管理体制和资金保障等各方面来看,这些多元化的目标是未加区分的,法律也未发挥其应有的衡平功能。因此,对于需长期投入且收益公共化的减灾功能而言,很容易被忽略。而且,目前生态减灾工程涉及的权力机制、权利义务关系是由较低位阶的立法加以规制,很难权衡多元目标间的利益冲突。

(三)调整自然灾害引发的次生环境灾害防治行为

自然灾害不仅影响人类的生命健康和财产安全,而且常伴随着严重的污染和破坏,严重影响灾民和其他区域公民的身体健康和财产安全,危及区域生态安全。以往法律多关注灾害对人类社会、经济的影响,现在逐渐增加了对环境影响的重视,其最终目的是“重建更美好的未来”(Build Back Better,BBB),即灾后恢复过程中受灾区在自然、社会和经济各方面恢复到比灾前更有弹性的新状态。[1] 这是灾害管理立法中必要的一部分,尤其是对一些复发性自然灾害的管理而言,更为重要。

次生环境灾害,是指自然灾害发生后引发的环境污染和生态破坏。在我国灾害法律中调整规定的次生环境灾害,更多地集中在环境污染领域,包括水体污染、危险化学品泄漏、核设施因自然灾害而导致的核污染、放射性物质形成的放射性污染等。对此,法律规定的具体防治措施包括:(1)综合性的一般规定,如我国《突发事件应对法》中要求人民政府采取防止发生次生、衍生事件的必然措施。还有各类应急预案中的相关规定,如《国家突发公共事件总体应急预案》《国家地震应急预案》《国家突发环境事件应急预案》中有关防御和应对突发公共事件造成次生、衍生环境灾害事件的规定。一般规定较为笼统地规定政府应当进行次生环境灾害的预防和应对,至于如何作出、未作出有何后果等并无具体规定。(2)对某类自然灾害所致次生环境灾害的规定,较集中在地质地震灾害引发的次生环境灾害防治问题,如我国《防震减灾法》第50条第5项规定:“迅速控制危险源,封锁危险场所,做好次生灾害的排查与监测预警工作,防范地震可能引发的火灾、水灾、爆炸、山体滑坡和崩塌、泥石流、地面塌

---

[1] See Sandeeka Mannakkara and Suzanne Wilkinson, “Post-disaster legislation for building back better”, *Construciton Law Journal* 29, 2013, p. 1.

陷，或者剧毒、强腐蚀性、放射性物质大量泄漏等次生灾害以及传染病疫情的发生。”再如，我国《破坏性地震应急条例》第 31 条第 1 款规定：“石油、化工、水利、电力、建设等部门和单位以及危险品生产、储运等单位，应当按照各自的职责，对可能发生或者已经发生次生灾害的地点和设施采取紧急处置措施，并加强监视、控制，防止灾害扩展。”还有一些部门规范性文件，如环保部发布的《关于防范和应对地震灾害次生环境污染事件的通知》《预防和处置四川汶川地震灾区次生环境灾害实施办法》等。除了上述次生环境问题的防治，在 2008 年环保部颁发了《关于加强防范应对雨雪冰冻灾害次生环境污染事故的紧急通知》，针对性地对气象灾害引发的次生环境问题作出了安排。

这些灾害立法为防治次生环境灾害提供了法律依据，但是，这些措施还存在很多不足，具体体现在：(1)按照防灾经验和研究成果，不同自然灾害引发的次生环境问题会有所不同，但也存在规律性，因此，次生环境灾害问题并不是不能灾前预防，而目前我国立法中的这些防范措施很多都是在发生灾害后，紧急颁布为灾后环境灾害应对提供法律依据，属于紧急救援措施，未重视灾前环境问题带来的影响。(2)自然灾害引发的次生环境问题不局限于环境污染，也容易引起生态破坏等问题，然而目前我国的法律防治对象仍侧重于自然灾害带来的环境污染，而忽略了整体性的生态破坏及其修复，生态保护和修复机构缺位。(3)灾后恢复重建是一个长期的渐进过程，尤其是就生态修复与治理而言，然而在灾害发生后成立的防治机构具有临时性、分散性特征，无法实现环境有效治理。(4)多数的自然灾害都能引发次生灾害，地质地震灾害只是其中的一种，不是全部。而目前我国灾害立法主要集中在地质地震灾害引发的次生环境灾害防治，忽略了其他灾害链的防治。

第二节　生态减灾的环境法调整现状

一、侧重“生态”的环境法律体系及其内容

环境法律体系，是指调整人们开发、利用、保护和改善环境与资源活动的法律规范，按照一定的法律逻辑（如调整对象或法律渊源）所组成的协调统一、相互衔接的整体。学者们对环境法律体系的外延意见不一。如马骧聪教授认

为环境法体系由三部分组成,包括对环境和自然资源综合调整法、自然资源法和环境保护法。[1] 徐祥民教授从研究便利出发将环境法分为事务法系统和手段法系统:事务法系统包含污染防治法、资源保护法、生态保护法和环境退化防治法;手段法系统则包括环境规划法、环境监测法、环境管制与许可法、环境信息法等。[2] 黄锡生教授认为,结合环境立法发展的趋势,从法益分析的角度来看,我国环境法体系涵盖了污染防治法、自然资源保护法、生态保护法、能源与节能减排法、资源循环利用法、防灾减灾法和环境损害责任法等七大子法律部门。[3] 对于环境法律体系的外延的认识,虽是见仁见智,但过窄过宽都不利于环境法的发展,因此本书认为应将环境法律体系含括在污染防治法、自然资源法和生态保护法三大领域。

值得一提的是,上述3位教授对环境法体系界定中,都认为自然灾害法(又称防灾减灾法)属于环境法律体系的一部分。只是学者们支持该观点的理由略有不同,如马骧聪教授是基于“自然灾害的频繁发生,在很大程度上是由人类开发利用环境资源的不当行为造成的”,因此,要对开发利用环境资源的行为进行综合调整,对全面防止和减少自然灾害做出规定。[4] 而黄锡生教授则认为,自然灾害是因自然原因引发的原生环境问题,是人类无法控制的,但是可以采取预防措施尽量减少或避免危害后果的发展。二者一个从原因入手,拓展环境问题的外延;一个则从后果入手,增加环境行为的能量。那么,能否就此认定自然灾害法属于环境法律体系中的一部分呢?笔者认为不妥。无论是从原因入手还是从结果管控来看,环境法都无法涵盖自然灾害全过程管理的相关内容,而更多的是侧重于对自然灾害的灾前预防。虽然越来越多的自然灾害受人类开发利用环境行为的影响,但是仍有一些自然灾害,其成因多属于纯自然演替规律造成,如地震、暴风雨、火山喷发等。同时,自然灾害法涉及自然灾害的预防、应急、救助与恢复重建以及灾害保险和补偿等制度,其已经形成了一类新的复杂的法律领域,涉及众多的传统法律规范,非环境法所能统领规范。

---

[1] 参见马骧聪:《论我国环境资源法体系及健全环境资源立法》,载《现代法学》2002 年第 3 期。

[2] 参见徐祥民:《关于环境法体系问题的几点思考》,载《法学论坛》2009 年第 2 期。

[3] 参见黄锡生、史玉成:《中国环境法律体系的架构与完善》,载《当代法学》2014 年第 1 期。

[4] 马骧聪:《论我国环境资源法体系及健全环境资源立法》,载《现代法学》2002 年第 3 期。

二、环境法调整的“减灾”行为

在自然灾害管理过程中，生态因素一直影响自然灾害及其管理，包括灾前生态因素作为自然防护设施、灾中环境污染和破坏、灾害补偿和保险中人为因素导致的补偿体系有所不同以及灾后重建考虑到生态承载力等问题。因此，自然灾害管理仍是环境法无法回避的问题，尤其是受人类开发利用自然环境行为影响的自然灾害而言，其集合而成的法律规范与环境法律规范具有同构性。那么，我国现有的环境实证法到底如何规范、调整自然灾害呢？

(一)通过污染防治实施的减灾行为

污染，一方面，造成环境因子(水、土、大气等)的质量受损，影响人类的身体健康和财产安全，尤其是在灾时，容易加重灾情；另一方面，污染也对整个生态系统存在影响，一旦污染超过生态系统自身所能调节的程度，污染便会影响生态系统的供给和调节等功能的正常运转。因此，污染本身在大多数情况下并不会直接引发自然灾害，但是会直接增加人类在灾害面前的脆弱性。而且在有些时候，污染会与其他自然因素一起共同引发灾害问题，如雾霾，赤潮等。因此，污染防治法对生态减灾具有重要意义。

目前，污染防治法中明确关于生态减灾措施的规定很少，仅有防治对水域空间的侵占，影响水域的减灾能力的规定。如我国《固体废弃物污染环境防治法》(2016 年修正)第 17 条第 2 款规定，“禁止任何单位或者个人向江河、湖泊、运河、渠道、水库及其最高水位线以下的滩地和岸坡等法律、法规规定禁止倾倒、堆放废弃物的地点倾倒、堆放固体废物”。类似规定更为明确的规定在《水污染防治法》第 38 条规定：“禁止在江河、湖泊、运河、渠道、水库最高水位线以下的滩地和岸坡堆放、存贮固体废弃物和其他污染物。”这两项规定致力于保障江河、湖泊、运河、渠道、水库等区域内的行洪能力，是保障生态系统作为减少洪涝灾害风险的生态空间的体现。

除了此类明确生态减灾的规定外，污染防治法中还有一些具体的旨在保障生态系统功能的制度或规定，如水环境生态保护补偿机制、[1]维护水体生

---

〔1〕《水污染防治法》第 8 条规定：“国家通过财政转移支付等方式，建立健全对位于饮用水水源保护区域和江河、湖泊、水库上游地区的水环境生态保护补偿机制。”

态功能、[1]确立污染防治以保护生态环境为宗旨、[2]大气污染的综合防治、联合防治与协同控制措施[3]等。这些制度或措施在意识到污染对生态系统可能产生影响的前提下,旨在通过科学手段防治污染,保护生态环境。但是,这些污染防治法律制度或措施在保障生态减灾的实施上仍存局限:首先,未直接明确生态系统的减灾功能,如水体生态功能,本应该包含水体的净化功能,灾害调节功能等,但是在这里仅指水体的净化功能。[4] 其次,实施起来存在困难,如“合理水位”标准的缺失使这一规定流于形式。而且,对于污染与自然因素共同造成的灾害问题,如雾霾,在大气污染防治专项立法中未有明确界定和规定,只是规定了“重污染天气”的监测预警、应急管理等应急措施。

污染防治法中灾前污染防治对减灾的意义认知并不充分,较多地关注灾后的环境污染。我国调整减次生环境污染的环境法规定包括:(1)《环境保护法》第 47 条、[5]《海洋环境保护法》(2017 年修正)第 17 条、[6]《放射性污染

[1] 《水污染防治法》第 27 条规定:“国务院有关部门和县级以上地方人民政府开发、利用和调节、调度水资源时,应当统筹兼顾,维持江河的合理流量和湖泊、水库以及地下水体的合理水位,维护水体的生态功能。”

[2] 《大气污染防治法》(2015 年修订)第 8 条规定:“国务院环境保护主管部门或者省、自治区、直辖市人民政府制定大气环境质量标准,应当以保障公众健康和保护生态环境为宗旨,与经济社会发展相适应,做到科学合理。”

[3] 《大气污染防治法》增加旨在保障生态系统的法律规定,第 2 条第 2 款:“防治大气污染,应当加强对燃煤、工业、机动车船、扬尘、农业等大气污染的综合防治,推行区域大气污染联合防治,对颗粒物、二氧化硫、氮氧化物、挥发性有机物、氨等大气污染物和温室气体实施协同控制。”

[4] 《防洪法》释义。

[5] 《环境保护法》第 47 条第 1 款规定:“各级人民政府及其有关部门和企业事业单位,应当依照《突发事件应对法》的规定,做好突发环境事件的风险控制、应急准备、应急处置和事后恢复等工作。”

[6] 《海洋环境保护法》第 17 条第 1 款规定:“因发生事故或者其他突发性事件,造成或者可能造成海洋环境污染事故的单位和个人,必须立即采取有效措施,及时向可能受到危害者通报,并向依照本法规定行使海洋环境监督管理权的部门报告,接受调查处理。”

防治法》第25条[1]和第26条、[2]《大气污染防治法》(2015年修订)第97条、[3]《水污染防治法》第78条、[4]《固体废物污染环境防治法》第63条。[5]这些规定一般性地对突发性事件(包括自然灾害、灾害事故等)引发的环境污染作出规定,明确应急措施、责任主体等相应问题。(2)部门规章与规范性文件的规定,主要是环境保护行政主管部门针对预防和处置灾区某一突发公共事件引发次生环境灾害所发布的紧急通知和具体实施方案。如2008年原国家环境保护总局(现为生态环境部)发布了《关于加强防范应对雨雪冰冻灾害次生环境污染事故的紧急通知》,随后又发布了《关于加强防范应对雨雪冰冻灾害次生环境污染事故监测工作的紧急通知》。又如,为了应对汶川地震可能引发的次生环境灾害,环保部在地震后的第一天(2018年5月13日)即发布了《关于防范和应对地震灾害次生环境污染事件的通知》,并在5月17日印发了《预防和处置四川汶川地震次生环境灾害实施办法》和《四川汶川地震灾区次生环境灾害防治监测方案》,对汶川灾区次生环境灾害的防治工作予以指导。2010年环境保护部办公厅《关于印发〈洪水泥石流灾区淤泥清理环境保护相关要求〉的通知》指出,"洪水、泥石流灾区淤泥中混有大量生活用品、建筑废料、甚至工业废弃物和危险废物,如不及时妥善清理处理,将造成严重二次污染,甚至引发次生环境灾害"。2011年环境保护部办公厅《关于加强汛期饮用水水源环境监管工作的通知》提出"积极防范、主动应对汛期次生环境灾害",

---

[1] 《放射性污染防治法》第25条第2款规定:"核设施营运单位应当按照核设施的规模和性质制定核事故场内应急计划,做好应急准备。"

[2] 《放射性污染防治法》第26条第1款规定:"国家建立健全核事故应急制度。"

[3] 《大气污染防治法》第97条规定:"发生造成大气污染的突发环境事件,人民政府及其有关部门和相关企业事业单位,应当依照《中华人民共和国突发事件应对法》、《中华人民共和国环境保护法》的规定,做好应急处置工作。环境保护主管部门应当及时对突发环境事件产生的大气污染物进行检测,并向社会公布监测信息。"

[4] 《水污染防治法》第78条第1款规定:"企业事业单位发生事故或者其他突发性事件,造成或者可能造成水污染事故的,应当立即启动本单位的应急方案,采取应急措施,并向事故发生地的县级以上地方人民政府或者环境保护主管部门报告。环境保护主管部门接到报告后,应当及时向本级人民政府报告,并抄送有关部门。"

[5] 《固体废物污染环境防治法》第63条规定:"因发生事故或者其他突发性事件,造成危险废物严重污染环境的单位,必须立即采取措施消除或者减轻对环境的污染危害,及时通报可能受到污染危害的单位和居民,并向所在地县级以上地方人民政府环境保护行政主管部门和有关部门报告,接受调查处理。"

防止“饮用水水源污染”等。

(二)通过资源管理实施的减灾行为

生态系统具有多元化的服务功能,包括供给、调节、支持和文化四大类功能,其中供给功能保障了人类从自然环境中获得生存和发展的物质资源。但是绝大多数的自然资源存量有限,过度开发和利用不仅会导致生态系统供给功能的不可持续(表征为资源的消耗甚至枯竭),而且会影响生态系统其他功能(如调节功能、文化功能)的功效,从而使自然反过来威胁人类的生存与发展。因此,如何衡平与规范人类对生态系统所提供的价值的取舍,需要自然资源法做出努力。

事实上,可持续发展原则的提出促使我国自然资源立法得到不断完善,开始从资源型立法向资源—生态兼容型立法转变,[1]其体现便是自然资源法也越来越注重对资源的生态价值的保护,甚至有些立法直接保障生态系统作为自然屏障的减灾功能,且配以相应的制度加以保障。以森林生态系统保护为例,在国家层面,森林的保护体现在一系列立法中。(1)法律法规:《森林法》;行政法规:《森林法实施条例》《退耕还林条例》;(2)部门规章:《林业生态工程建设资金管理办法》《国家级公益林区划界定办法》;(3)规范性文件:《国家林业局推进生态文明建设规划纲要(2013~2020)》、《国家林业局办公室关于印发〈林业应对气候变化“十二五”行动要点〉的通知》、《国务院关于印发国家环境保护“十二五”规划的通知》、1998年《全国生态环境建设规划》等。这些法律法规及规范性文件内容上涵括了森林资源开发、利用和保护的一般性规定、制度保障、资金管理等。其中,《森林法》在立法上明确了森林在蓄水保土、调节气候和改善环境等方面的功能。

森林生态系统在减防洪涝、干旱、泥石流、生物灾害、海洋灾害等多领域内都具有重要的作用。为了保障森林的减灾功能,法律规定了一系列保障制度,包括:(1)森林分类管理制度。其中有一类属于防护林,该类森林对于改善生态环境,防止和减少自然灾害具有十分重要的意义。具体包括:水源涵养林,水土保持林,防风固沙林,农田、牧场防护林,护岸林和护路林。(2)公益林区

---

〔1〕 参见杜群:《生态保护法论——综合生态管理和生态补偿法律研究》,高等教育出版社2012年版,第215页。

划制度，对国家级公益林，即生态区位极为重要或生态状况极为脆弱，对国土生态安全、生物多样性保护和经济社会可持续发展具有重要作用，以发挥森林生态和社会服务功能为主要经营目的的重点防护林和特种用途林进行区划界定，并分为三个等级予以保护。(3)资金保障制度，如生态效益补偿制度，用于对防护林和特种用途林的管护作出牺牲和贡献的单位或个人；专门林业生态工程建设资金。(4)严格限制采伐。防护林只准进行抚育和更新性质的采伐。单看这些制度，既有专门设立的用于减灾的防护林，又明确了如何划定和保护，对于相关主体的权利义务也有明确，似乎森林生态减灾功能的实现得到了有力的保障。但是，深入分析后，我们仍可发现很多问题。首先，森林法明确的立法目的中并不仅是保障森林系统的生态功能，还有提供林产品的作用。但从森林立法的篇幅和比重来看，除去总则和附则章两章，其他五章中仅有一章涉及森林保护，而森林保护的内容又主要规定森林防火、森林公安，这两者都没有强调森林生态系统方面的管理，也没有关于森林、土地和水等相关生态因子之间的协调管理和保护措施。[1] 其他章节中涉及生态功能保障的条款也不多，制度设计也较原则化。反观对森林资源经济价值的规定，条款众多且立意明确，整个森林法被称为一部规范森林资源经济价值利用的法律。[2] 再进一步落实到具体的森林管理中，林业部门作为主管机构既负责森林的经济管理，又负责森林的生态管理。两者属于耦合的、不轻易可见的，但却是性质截然不同的管理形态，[3] 法律无明确的利益衡平机制，几乎完全取决于主管部门的"自觉"。而这种"自觉"受经济规律和市场规律主导和控制，加之生态功能很难直接用货币来衡量，天平自然就倾向于林产品的提供。其次，通过部门规章对森林法的细化，防护林的建设通过分类区划界定，落实到山头地块，并逐一签订协议。2013 年国家林业局发布了《防护林体系生态效益评价规程》，为主管部门对防护林体系建设的监管提供了相应的标准。但是此类环境

---

〔1〕 参见杜群：《生态保护法论——综合生态管理和生态补偿法律研究》，高等教育出版社 2012 年版，第 280 页。

〔2〕 参见高利红、刘先辉：《"森林资源"概念的法律冲突及其解决方案研究》，载《江西社会科学》2012 年第 7 期。

〔3〕 参见杜群：《环境法融合论：环境·资源·生态法律保护一体化》，科学出版社 2003 年版，第 230 页。

监测方法标准只具有指导性,不具有强制性。最后,由于森林具有公共物品属性,[1]会产生明显的正外部性,因此,需要国家给予资金保障森林的生态功能。但是,国家的林业补助资金和建设资金制度都存在较大问题,其中生态补偿制度并非真正的补偿机制,未体现建设和维护生态效益所付出的全部成本,而仅限于"管护成本"。此外,"一刀切"的补偿标准无法体现林种差异、地区差异、造林方式差异等具体情况,无法有效激励人们建设和维护防护林。林业生态工程建设资金,其采取财政资金管理模式,即政府财政拨付资金,政府规定工程管理使用方式,政府监督工程资金使用。然而,建设资金管理仍存在很大的问题,直接影响生态工程的质量,影响生态工程的减灾效果。这些问题包括:一是工程建设的投入总量相对不足,建设资金不能足额到位;二是工程建设资金不能按期到位;三是工程地方配套资金不落实;四是项目资金按部门切块,未按统一规划实施;五是工程建设财务管理较为混乱。[2]

除此之外,自然资源法保障生态减灾的实施更多的是通过调整自然资源的合理开发与利用,为减灾提供必要的生态空间和强有力的自然屏障。以水资源和土地资源的开发利用为例,水资源的过度开发利用将大量挤占生态环境用水,导致河流断流、湖泊萎缩、湿地消失等一系列生态问题,严重影响生态系统在自然灾害的适应和恢复能力。我国《水法》在立法目的中明确了"防治水害"的功能,建立了水资源战略规划制度统筹水资源开发、利用、节约、保护和水害防治,并分别制定专业规划,并多次强调"生态环境用水"(《水法》第4条、第21条),"水资源的综合效益"(《水法》第20条),"维持江河的合理流量和湖泊、水库以及地下水的合理水位"(《水法》第30条)等体现保障水体生态功能的规定。但是,"生态环境用水"适用范畴的模糊;"合理水位"判断标准的缺失等问题使这些保障水体生态功能的措施很难得到贯彻。另外,《水法》还试图通过禁止性规范保障湖泊、河流系统的防洪功能,"禁止围湖造地。已经围垦的,应当按照国家规定的防洪标准有计划地退地还湖"以及"禁止围垦河道。确需围垦的,应当经过科学论证,经省、自治区、直辖市人民政府水行政

---

[1] 由于森林产生的生态效益是一种无形效用,不能移动和储藏,生产者难以对其进行控制,无法迫使受益者偿付了费用后才享用其生态效益,因此,森林属于公共物品。公共物品具有供应上的不排他性和使用者中的非竞争性特点。

[2] 参见陈蓬:《中国林业生态工程管理机制研究》,北京林业大学2005年博士学位论文,第53~54页。

主管部门或者国务院水行政主管部门同意后，报本级人民政府批准”。（《水法》第 40 条）但是，该规定同样遭遇实施难题：首先，按照国家规定的防洪标准退地还湖，而目前我国防洪标准中，未包含流域防洪标准，[1]那就意味着退地还湖缺乏执行标准。其次，河道围垦如何判断“确需”？立法也未给出明确的判断标准，而已明确的法律责任中只追究未经批准围垦河道的行为（《水法》第 66 条），而未进一步追究管理机构及其工作人员未正确履行监管职责的责任。再如，土地资源的不合理开发利用几乎影响到各类自然灾害，尤其是地质灾害，我国土地保护法律制度也已意识到这一联系。2004 年《土地管理法》第 23 条提出，“在江河、湖泊、水库管理和保护范围以及蓄洪滞洪区内，土地利用应当符合江河、湖泊综合治理和开发利用规划，符合河道、湖泊行洪、蓄洪和输水的要求”。但是，该法律规定的前置性条件的范围和界限在哪？现实中常存在管理和保护范围交叉或空白的情况。

我国《土地管理法》对耕地、未利用地的开发利用依次作出规定或限制，如该法第 35 条规定，“各级人民政府应当采取措施，维护排灌工程设施，改良土壤，提高地力，防止土地荒漠化、盐渍化、水土流失和污染土地”。但是，该条规定明确了人民政府对土地保护的多元目标，包括土壤肥力、土地生态系统的健康以及土地质量，并未突出减灾目标的实现。此外，为了保障耕地总量平衡，国家鼓励开发未利用地，并附加了一系列生态和减灾限制。如《土地管理法》第 38 条规定：“国家鼓励单位和个人按照土地利用总体规划，在保护和改善生态环境、防止水土流失和土地荒漠化的前提下，开发未利用的土地。”《土地管理法》第 39 条规定：“开垦未利用的土地，必须经过科学论证和评估，在土地利用总体规划划定的可开垦的区域内，经依法批准后进行。禁止毁坏森林、草原开垦耕地，禁止围湖造田和侵占江河滩地。根据土地利用总体规划，对破坏生态环境开垦、围垦的土地，有计划有步骤地退耕还林、还牧、还湖。”但是，土地的不合理利用不仅可能引发水土流失、土地荒漠化，而且可能造成泥石流、地震、坍塌、地面沉降等地质地震灾害，而后者不在考虑范围之内。而《土地管理法》第 39 条虽作出无条件的禁止性规定以保障森林、草原、湖泊、滩地等，但是却缺乏相应的法律责任。而且，由于我国实行土地用途管制制度，土地分为农

[1] 参见 2015 年中华人民共和国住房和城乡建设部、中华人民共和国国家质量监督检验检疫总局联合发布的《防洪标准》。

用地、建设用地和未利用地,未利用地是指除农用地和建设用地以外的土地。那么也就意味着如沼泽地、滩涂、苇地等对调蓄洪灾、保持生物多样性等具有重要价值的未利用土地未受法律保护。

同样具有减灾功能的还有草原、湿地、海洋等。但是,这些领域的专门性立法,要么缺失,如湿地;要么未明确减灾功能,如草原、海洋。立法中有些具体制度,如基本草原保护制度,虽将"对调节气候、涵养水源、保持水土、防风固沙具有特殊作用的草原"[1]划为基本草原实施严格管理,但国务院至今未制定具体的保护管理办法,导致这一生态减灾制度难以发挥其作用。目前我国环境法中明确保障生态减灾的法律规范基本集中在自然资源法中,如森林法、水法、土地管理法等。

(三)通过生态保护实施的减灾行为

生态保护法的目的在于保护生态环境的整体性、生态功能的完整性以及特殊自然环境的过程和功能。目前,我国的生态保护法包括保护生物多样性的《野生动物保护法》和《野生植物保护条例》;保护自然环境的《自然保护区条例》《水生动植物自然保护区管理工作的通知》《森林公园管理办法》《湿地保护管理规定》,以及国务院办公厅《关于加强湿地保护管理的通知》;保护自然人文遗迹的《风景名胜区条例》《地质遗迹保护管理规定》《国务院关于加强文化遗产保护的通知》等。生态保护法的实质追求便是直接保障生态系统结构和功能,维护生态系统的整体性的法律体系。生态保护法中保护的各类生态系统,如自然保护区,截至2007年其数目已达2531个,其中自然生态系统类就有1717个,占总数的67.84%。自然生态系统类的自然保护区又包括森林类、草原、草甸类、荒漠类、内陆湿地和水域类以及海洋与海岸类,总面积达10,529.18万平方米,占全国国土面积的10.97%。[2] 这些生态系统对于调节各类自然灾害具有非常重要的作用。

因此,就理论而言,生态保护法是保障生态减灾的重要法律依据。然而除

---

[1] 《草原法》(2013年修订)第42条第1款第4项。

[2] 参见杨亮亮、崔国发:《我国自然保护区数量特征分析》,载《林业实用技术》2009年第3期。

了少数法律条文中提及自然灾害对野生动物的威胁这一类与减灾相关的规定外。[1] 我国的生态保护法几乎未明确减灾,仅有《湿地保护管理规定》(2013年修改)第31条规定了"县级以上地方人民政府林业主管部门应当会同同级人民政府有关部门,在同级人民政府的组织下建立湿地生态补水协调机制,保障湿地生态用水需求",但此处"生态用水"并未明指调蓄灾害用水。其余对生态系统服务功能保障具有重要意义的生态保护法律法规则对减灾熟视无睹,严重影响减灾功能的发挥。

第三节　生态减灾的法律调整困境

前面在论述自然灾害法调整环境问题的制度现状中已经对一些存在的问题作了梳理,这些问题急需得到重视,但却不是根本性困境。目前,我国自然灾害法中对环境因素的调整非常零散,未有系统的制度规范。而且,从本质上来说,自然灾害法中的调整并不是真正的贯彻生态减灾,而多是一般意义上的解决灾害管理中的环境问题,即环境减灾。作为调整"生态"手段的环境法,其对生态保护的忽视,对污染防治和自然资源管理理念的落后,也导致了整个环境法体系未致力于"减灾"目标的实现。与此同时,自然灾害法与环境法二者之间缺乏有效的沟通和衔接,也促使已有的法律规范实效大打折扣。下面将对造成这一现状的根本原因,从灾害管理理念落后、生态减灾功能的模糊和部门法建构基础的分割三方面进行详细的阐述。

一、未实施适应性管理理念

(一)应急管理为主的灾害法理念

通过对我国自然灾害法的考察可以发现,其立法理念仍停留在灾害管理阶段,未将灾害风险管理列为优先事项,更未对灾害风险进行动态化管理。在灾害管理各个阶段中,尤为侧重于灾前应急准备和灾后应急救助。无论是立

[1] 《野生动物保护法》未提及减灾,仅提及动物受自然灾害威胁时,当地政府应当及时采取拯救措施。

法趋势，还是立法内容，抑或管理体制，都印证了这一结论。

我国自然灾害领域缺乏基本法，直到2007年颁行了《突发事件应对法》才将“自然灾害”与“公共卫生事件”、“事故灾难”和“社会安全事件”纳入统一管理的法律规范体系。《突发事件应对法》是我国应急法律的“基本法”，也是一部“兜底”性的应急管理法。[1] 因此有学者认为，《突发事件应对法》的出台标志着综合立法形式的出现，但是其毕竟不是自然灾害法的基本法，而且其侧重于灾害应急、应对。从立法趋势来看，2007年《突发事件应对法》的颁布开启了我国统一应急性立法的建设，我国应急性立法的另一重要表现是应急预案规范体系的迅速发展，已基本形成覆盖全国，“横向到边、纵向到底”的应急预案体系。[2] 就自然灾害的管理体制而言，我国自然灾害管理体制由国务院统一领导，在中央层面设立国家减灾委员会、国务院抗震救灾指挥部、国家防汛抗旱总指挥部和全国抗灾救灾综合协调办公室等，这些最高协调机构虽然发挥着协调灾害应对各项事宜的功能，但实质上大多仍是应灾、救灾机构。这反映出我国灾害立法理念仍是以应急和救助为主，即重视的是灾害发生后相关问题的应对，而不是灾害发生之前的预防和减缓。从风险管理的角度来看，这意味着我国灾害法的重点仍在转移或分散风险上，而不是减少或转化灾害风险。因此，可以看出我国自然灾害法仍是灾害管理尤其是应急管理的理念，将自然灾害视为一种危机。所谓“危机是这样一种紧急事件或者紧急状态，它的出现和爆发严重影响社会的正常运作，对生命、财产、环境等造成威胁、损害，超出了政府和社会常态的管理能力”，[3] 从而要求政府采取特殊举措加以应对。虽然目前应急管理理念呈现出整合化的全危机管理方式，但是它仍是一种侧重于“结果”应对的灾害管理模式，在法律上体现为应急法制的特点。

应急法制理念仍是基于自然灾害的突发性和不可预测性基础之上的法律应对，且忽略了其他社会经济因素和生态因素对灾害风险的影响。因此，减少灾害风险相对来说并不是我国灾害法的优先事项和目标，更别提将需要更为

---

〔1〕 参见于安：《〈突发事件应对法〉的实施问题》，载《理论视野》2009年第4期。

〔2〕 参见孟涛：《中国非常法律研究》，清华大学出版社2012年版，第58页。

〔3〕 张成福：《公共危机管理：全面整合的模式与中国的战略选择》，载《中国行政管理》2003年第7期。

长远的规划和更多付出的生态系统及其管理纳入减少灾害风险之中。

(二)缺乏综合生态系统管理的环境法理念

到目前为止,我国环境实体法的立法现状尚未直接运用生态系统方式或者直接反映综合生态系统管理理论,[1]具体表现在污染防治法、自然资源法和生态保护法各个领域内。

1962 年雷切尔·卡逊的《寂静的春天》一书问世,让世人开始意识到污染问题的严重性。人类意识到社会经济在飞速发展的同时,也给我们的生存环境带来了极大的负面影响,继而通过变质的环境影响人类的健康。我国在 1984 年通过了《水污染防治法》,1987 年颁布了首部《大气污染防治法》,1995 年通过了《固体废弃物污染环境防治法》,1996 年制定了《环境噪声污染防治法》,2003 年通过了《放射性污染防治法》。除了这些污染防治法律,还有一些法规、部门规章及相关的规范性文件,这些法律法规文件共同组成了我国污染防治法律体系。目前,我国的污染防治法的体系主要由物质流污染防治法(大气污染防治、水污染防治、海洋污染防治、固体废物污染环境防治)和能量流污染防治法(环境噪声污染防治、放射性污染防治)等方面的法律、行政法规、部门规章以及地方性法规或规章所组成。从 20 世纪 80 年代到现在,我国污染防治法得到了很大的发展:法律体系不断拓展,很多污染问题得到重视;立法目的越来越明确、科学,大部分污染防治法都明确了社会经济可持续发展的目的;基本原则、具体制度以及法律责任等方面都不断地完善。污染防治法的这些转变和发展与生态学的发展息息相关。如对生态环境容量和承载力的认识促使污染物排放从浓度控制到总量控制的逐步转变;对生态环境的整体性的认知促使区域联防联控、流域综合管理等机制的出现。但是,以“末端控制”“点源控制”“行政强制”为核心的基本思想和精神仍贯穿环境污染防治法律之中。我国的污染防治法从本质上说仍是排斥生态系统管理的,具体体现在以下几个方面:

首先,在立法目的上,虽然各污染防治立法目的几乎都涵盖了防治污染、保护和改善环境、保障人体健康(或类似饮用水安全等),以及社会经济可持续

---

〔1〕 参见杜群:《生态保护法论——综合生态管理和生态补偿法律研究》,高等教育出版社 2012 年版,第 267 页。

发展。但是,综观所有的法律条文,我们可以看出,我国的污染防治立法的最终目的只有一个:保障人体健康。这一结论的得出依据便是环境标准制度的设定。目的的实现依赖于手段的使用,到底何为"污染"直接决定了"防治"的内容。目前,我国具有强制力的环境标准制度包括污染物排放标准和环境质量标准,这些标准项目都是化学物质的标准值,且采用列举方式,进行单因子评价。例如,我国现有一些水质标准,如《地表水环境质量标准》(GHZB1—1999)、《饮用净水水质标准》(CJ 94—1999)、《海水水质标准》(GB 3097—1997)、《农田灌溉水质标准》(GB 5084—1992)等。再如,我国最新颁布的《环境空气质量标准》[1]中,仅有二氧化氮、二氧化硫和可吸入颗粒物三种指标。[2] 这些指标符合人体健康标准中比较明确的医学标准和卫生指标。

其次,在管理手段上,无论是最初的以技术为基的命令—控制模式,还是越来越受关注的市场调节模式,抑或是日渐重要的公众参与模式,我国的污染防治法都忽视了生态系统自身的调节、净化等生态修复功能。

最后,在具体的法律制度中,我国污染防治法割裂了环境的社会性与自然性,忽视了生态环境的整体性、流动性和复杂性。如全国大气污染呈现出地区间极端不平衡的复杂性,即在相对落后地区面临的污染和经济发达的地区并不完全相同(前者仍是以煤烟型污染和硫酸盐、二氧化硫为主的污染;后者则细粒子污染日趋严重)。同时,由于大气的流动特性,部分区域的大气污染互相感染,呈现趋同。而目前我国现行的大气污染防治法是以全国的总体情况为基础,按照行政区划管理而制定的,没有对不同地区作不同的安排,这就导致了不同地区面临不同污染类型,却采取了同一类标准和制度。[3] 《水污染防治法》针对的是水污染控制与治理等水质管理问题,而《水法》则侧重于水量管理。由此,水质与水量是分开立法、分开管理。水质管理是环境保护部门,而水量管理则属水利行政主管部门的职权范围。但是,就生态系统的健康而言,水质与水量是两个不可分离的因素,其中任何一个因素的变化都会直接

---

[1] 环境保护部与国家质量监督检验检疫总局联合发布:《环境空气质量标准》(GB 3095—2012)。该标准到2016年1月1日实施生效。

[2] 参见刘超:《〈水污染防治法〉控制手段的反思与重构》,载《中国人口、资源与环境》2010年第11期。

[3] 参见胡苑、郑少华:《从威权管制到社会治理——关于修订〈大气污染防治法〉的几点思考》,载《现代法学》2010年第6期。

影响另一个因素，一旦两部法律与两个管理部门之间协调性不够，水质与水量都不能得到有效保障。[1] 而且，即便两者有效结合，保障了水质与水量，《水污染防治法》仍忽略了水域生态系统（表现为生物群落的质量以及水文特征等）忽略了污染对生态系统整体功能的影响。

综上，我们可以看到，我国的污染防治法并没有综合考虑多元化的污染源的聚合产生的影响，漠视水、大气、土地等要素间的相互联系和相互作用，最终导致社会和生态恢复力的丧失。因此，我国污染防治法本质上排斥生态系统管理，其法律建构的基础是人类健康的需求，通过以可得技术水平为基础的环境质量标准和污染物排放标准来保障生态环境的质量。因此，其只是考虑环境的使用功能，而忽略其生态功能。这些法律都没有更为深入地将污染物视为对生态系统的干扰，并不承认生态系统思维方式，也没有明确地以生态系统为目的。

虽然自然资源立法得到不断完善，开始从资源型立法向资源—生态兼容型立法转变，[2] 但是，总体而言，我国的自然资源立法与生态系统管理理念和方式与发达国家相比还存在很大差距，对生态系统的管理仍呈碎片化形态。具体体现在：

首先，对生态系统上承载的利益保障的碎片化。由于自然资源具有双重属性——经济性和生态性，相应地依附于其上的利益包括经济利益和生态利益，二者是一物两面却又时常存在冲突。我国自然资源立法过于强调自然资源的经济利益，从而导致了对自然资源经济价值的开发利用，忽略了生态价值的保护和管理。“已有的自然资源立法目的表现为以经济利益为主，生态保护目的为辅”，[3] 因此，生态系统功能保护只是自然资源法的一种反射利益。

其次，立法规制模式的碎片化。我国自然资源法采取的是单一要素分别立法模式，各自然资源的立法内容也主要是侧重于自然资源的开发、利用、经营和管理，保护的内容较少，有学者统计了我国森林法立法的主体部分仍然为植树造林、森林经营和森林采伐管理，这种立法对于管制内容的倚重特征表明

---

[1] 参见吕忠梅：《〈水污染防治法〉修改之我见》，载《法学》2007 年第 11 期。

[2] 参见杜群：《生态保护法论——综合生态管理和生态补偿法律研究》，高等教育出版社 2012 年版，第 215 页。

[3] 邓君韬、陈家宏：《自然资源立法体系完善探析——基于资源中心主义立场》，载《西南民族大学学报》（人文社会科学版）2011 年第 8 期。

我们的森林立法仍然是建立在传统的林业理论基础之上,即体现出以木材和其他林产品生产为中心,注重森林显性的经济效益。[1] 同时,在自然资源保护内容中,强调的是要素本身的保护,而忽略了其与其他生态要素之间的联系,忽略了其作为生态系统中的一部分的功能和作用。由于自然资源既是一种经济资源,又是一种生态要素,同时自身就是一类生态系统,因此管理起来非常复杂。这些不同的目标决定了现有的单一要素立法模式和分部门、分区域管理模式存在很大的弊端,无法真正有效平衡经济利益与生态利益的冲突,从而无法保障自然的经济价值和生态价值的持续发挥。如一般意义上的"森林"和法律意义上的"森林"并不相同:前者不仅强调森林的经济价值,亦注重其调节气候、保持水土等生态价值的表达,更注重将其作为一个整体发挥的作用;而法律上的森林更多地界定在"森林资源"概念上,其包括"森林、林木、林地以及依托森林、林木、林地生存的野生动物、植物和微生物"。[2] 森林资源包含的诸要素都被视为法律关系的客体,人为地予以分割,并制定不同的法律(土地管理法、野生动植物保护法等)予以规定,来满足人类对经济利益的追求。这种分割式的立法,不但无法对森林资源诸要素进行穷尽保护,而且忽视了森林资源内部诸要素作为整体所具有的生态价值和其他非经济价值,从而造成了法律冲突。[3]

最后,在具体的法律制度中存在大量人为割裂生态系统完整性的制度。以自然资源用途管制制度为例,目前,我国各自然资源法律制度都建立在自然资源用途管制制度上,同一自然资源根据其不同用途进行不同的开发、利用和保护,以期实现社会、经济和生态的可持续发展。如《土地管理法》第4条第1款的"土地用途管制",《草原法》第35条第1款的"农区、牧区和半农半牧区的区域划分",以及《森林法》第4条的"森林用途划分"。这些用途管制制度旨在保护自然资源的可持续利用,但是,其将自然资源按照人类的需求人为地割裂开来,从长远来看,不尊重各个生态系统的自然性和复杂性,无益于保护系统的多样性和整体性。

---

〔1〕 参见宦盛奎:《森林法立法理念的法理分析》,载《政法论坛》2015年第3期。

〔2〕 《森林法实施条例》第2条。

〔3〕 参见高利红、刘先辉:《"森林资源"概念的法律冲突及其解决方案研究》,载《江西社会科学》2012年第7期。

生态保护法虽然较为重视对生态系统的整体性保护，但是其仍然不是真正意义上的生态系统管理，而是对生态系统管理的机械化理解和运用，具体体现在：首先，生态保护法下的人类与自然关系的机械化认为，只要将自然与人类隔离开来就能保持它的平衡，甚至将人类的互动视为入侵和非自然的。而实际上，人类活动已经与生态系统的运作密不可分了，人类的影响几乎在每个自然系统中都很明显。因此，简单地将生态系统与人类分开的方式已经不再理智了，也不符合综合生态系统管理。例如，我国《自然保护区条例》用了一系列的“禁止”将人类与自然隔离开来，包括规定“禁止在自然保护区内进行砍伐、放牧、狩猎、捕捞、采药、开垦、烧荒、开矿、采石、挖沙等活动”（《自然保护区条例》第26条），“禁止任何人进入自然保护区的核心区”（《自然保护区条例》第27条），“禁止在自然保护区的缓冲区开展旅游和生产经营活动”（《自然保护区条例》第28条）等，这些禁止性规定虽然在短期内可能起到威慑作用。然而，从长远来看，它们严重威胁了祖祖辈辈依赖于自然保护区提供生存资源，与自然保护区息息相关的群体的利益。这些群体虽利用自然，但可能是最能够保护、建设自然的人。因此，“一刀切”地“禁止”反而不利于调动他们保护自然的积极性。其次，经济利益和生态利益保障的机械化。法律保障的价值具有多元性，尤其是环境法领域涉及人与人、人与自然之间的各种关系。很多人认为人类对自然环境拥有的经济利益与生态利益是对立的、冲突的。其实，如果处理得当，两者往往是相互统一的，最为典型的便是生态旅游的出现。因此，对经济利益的过度追求必然影响生态利益的实现，对生态利益的过度保障也将反过来影响人类的社会经济福利，两者脱离了哪一个都会变得不可持续。我国生态保护法中很多的法律规范过于强调对生态环境的保护，而忽略了生态环境上承载的多元价值、多方需求的满足，最终导致了一些群体在法外寻求利益的满足，影响生态环境的保护。最后，经济管理与生态管理统管的机械化。对生态系统生态功能的监督管理职能往往与对生态系统的经济利用的监督管理职能重合在同一政府部门，如林业部门既负责对森林的开发、利用与经营活动的监管，又负责对森林公园等森林生态环境的保护。政府部门很容易受经济规律和市场规律的主导和控制而一味追求经济效能的最大化，从而导致资源枯竭、丧失资源生态恢复或再生能力。因此，要在制度上和管理体制上形成相对独立的经济管理部门和生态监督管理部门，将这两个耦合的、不轻易可见的，但在性质上截然不同的管理形态有机的结合起来，而不是像现在这样机械的、静态的归为一个部门。

二、未确立生态减灾功能

(一)灾害法生态减灾功能未明确

现有的预防制度和措施仍遵循“工程—技术”传统,大多为应对的工程与技术手段,如气象预报技术、防洪大坝、堤坝工程等。尤其是在预防洪涝和干旱领域,以主要解决我国“洪涝灾害、干旱缺水”的水库大坝工程为例,自新中国成立以来便备受重视。至2011年年底,我国共有各类水库大坝98,002座(包括在建的756座水库)总库容9323.12亿立方米。[1] 有学者指出,在我国防洪体系建设中,“防洪工程设施是防洪区防洪投入与建设的重点,也是防洪的基本物质保障,是抵御洪水的阵地和堡垒”。[2] 但是,我国目前大多数水利工程都兼有防洪、发电、航运、渔业与灌溉等多用途的综合工程,因此,它们既有防洪、灌溉等社会效益,也有巨大的经济效益。虽然防洪规划中规定水利工程的建设和使用应当符合防洪规划的总体要求,但是现实中,由于缺乏对规划实施的有效监督,一些地方和单位为了追求经济效益而忽略防洪标准的实现。而且,随着工程技术的迅猛发展,人类改造自然抵抗自然灾害的能力也得到了空前提高,但是大规模防洪工程的建设造成了河流结点化、水流短路化、洪泛区与河流绝缘化、生态系统孤立单一化[3]以及水体生物非生物物种的灭绝等问题。

关于自然环境合理开发利用和保护的法律规定,几乎涉及了所有的现有自然灾害立法,内容上主要包括灾前预防、灾中应急与灾后恢复重建各阶段灾害风险的管理。山水林田湖作为维护和防护人类生命和财产安全的生命共同体,都具有多样化的生态功能。对于减、防自然灾害而言,每一类自然资源的有效管理都能对多类自然灾害进行防护。如森林,既能有效蓄水保土,减防水土流失、土地沙化等自然灾害,又能调节气候,缓解气候变化,减防气象灾害。同时,它还能通过维护生物多样性运用生物相生相克的原理实现减防生物灾

---

[1] 参见孔达主编:《水政概论》,中国水利水电出版社2013年版,第113页。

[2] 邬福肇主编:《中华人民共和国防洪法释义》,载百度文库:http://wenku.baidu.com/view/bec126addd3383c4bb4cd2a2.html,最后访问日期:2017年9月10日。

[3] 参见刘树坤:《流域水循环与生态修复》,北京城市水利建设与发展国际学术研讨会论文集,2004年,第23页。

害的目的。然而,就目前我国的防灾减灾体系而言,生态减灾仍只是一个“小配角”。在大多的自然灾害立法中,自然资源的合理开发、利用和保护的目的都未致力于生态系统服务功能的保障,未保障各类生态系统所具有的减灾功能。还有一些甚至只是规定了减灾与环境保护的关联,而无具体明确如何减灾、减哪类灾以及减灾的实施等问题。

综上,自然灾害法试图将干旱、洪涝、泥石流、野火等作为不可预测的突发性自然灾害,因此优先采用灾害应急和救助的方式应对。现有的积极性减灾措施也多是水渠改道、筑堤、建坝以及大型火灾扑救网络的建设等临时性设施(temporary fixes),而未从根本上解决那些使人类在灾害面前更加脆弱和暴露的结构性动力因素,更未致力于能够提高人类在灾害面前的恢复力的生态系统服务功能的保障。因此,当这些积极性减灾措施失败后,被动性的灾害应急和救助仅起到缓和灾害后果的作用,而无法起到减缓风险和增强恢复力的功能。

(二)环境法的生态减灾功能不明朗

此外,环境法调整生态减灾面临的困境之一,还表现在生态减灾理念的不明朗。生态减灾的前提是健康而完整的生态系统服务功能,然而,环境法是否承认生态系统服务功能呢?是否保障了生态系统服务功能呢?对现有的环境法进行深入分析,我们可以看到这些问题都未作出明确的肯定回答。

总体而言,受环境法未直接反映生态系统管理理念的影响,环境法虽有相关的生态减灾领域法律规范,但是仍未重视生态系统减灾功能。其实,无论是污染防治法、自然资源法还是生态保护法,生态系统的供给功能、调节功能、支持功能甚至文化功能都对减灾至关重要,尤其是供给和调节,对减灾有着最为直接和显著的作用。清洁的水源、肥沃的土地、干净的空气非常有利于降低灾中与灾后人类的脆弱性;更为重要的是,清洁的水源、肥沃的土地、干净的空气后面承载的不仅是人类迫切需要解决的健康问题,而且承载着整个生态系统的良性发展,二者都应该是污染防治法的责任。而目前我国污染防治法仅关注前者的控制和管理,忽略后者,尤其是后者在减灾上的功能。自然资源法中的自然资源本身便能够为减灾提供必要的生活物资和灾后恢复重建的原料,是生态系统供给功能在减灾上的适用。但是,我国自然资源法过于保障生态要素的供给,从而忽略了生态系统整体性功能的健康与完整。因此,目前我国自然资源法在保障生态减灾的实施上同样存在较多的问题,具体体现在:第一，自然资源法仍是以强调自然资源单个的优势和高产出为主线，只不过是更加强调经济产出的“可持续性”。第二，《水法》、《森林法》和《草原法》等法，单独看都是相对封闭的资源管理，忽略了资源因子作为生态因子的平衡制动，因此我国现阶段的自然资源法的保护对象还不能延伸至生境、[1]特殊自然环境以及整体生态功能。法律保护对象的不周延必然会直接影响法律规范的确定性和强制性，这也正是生态减灾的法律规定很难得到真正落实的原因之一。第三，资源监督管理与灾害监督管理二位一体的监管模式直接影响法律的实施效力。立法本身是利益博弈与平衡的过程，所以最后形成的法律规范之上承载着多元利益追求便不足为奇，那么要想在具体实施中不出现偏废，必须对实施机构进行制衡和监管。而现实中，我国相应的行政主管部门常既负责资源监管职能，又负责灾害监管，有时还要会同环境保护主管部门监管生态保护，如水利、草原、国土资源等。资源监管直接关系“政绩”，灾害监管如出现重大过错或失误则属“天灾”，因此，行政主管部门的侧重点放在资源监管上便是合情合理的。目前，我国生态保护立法体系极为不完善。从国家法律来看，缺乏资源保护和生态保护的综合法；从国务院行政法规和规章来看，缺乏生态系统保护的综合性规范。因此，我国生态保护法缺乏明确、统一的生态保护的立法目的和指导思想，作为“弱势”功能的减灾功能，自然容易被忽略。而且，现有的生态保护法对生态系统的管理仍是机械化、静态化的管理，不符合科学上“社会—生态”系统复杂性、动态性与不确定性的现实特性，因此，虽有不少生态保护立法，生态安全却岌岌可危。

因此，具体而言，我国环境法对生态系统减灾功能的不够重视主要体现在两个层面：(1)立法目的层面：在现有的环境法中，除了《森林法》中明确减灾外，其他同森林具有类似减灾功能的草原、湿地等相关的立法都未明确减灾。(2)法律制度层面：现有的环境法律制度，有些明确了减灾功能，但要么仍处试行阶段，如生态监测预警制度；要么仍处半法律状态（政策为主的规范），如生态功能保护区、生态功能保护区划制度等；要么仍缺乏具体的实施细则和要件，如生态保护红线制度。还有很多对生态减灾的实施具有非常重要意义的法律制度，都未明确其功能，如生态补偿制度、环境影响评价制度等。

---

[1] 生境是生态学中的概念，又称栖息地，是由生物和非生物因子综合而成的，物种或物种群体赖以生存的生态环境。

三、自然与人为动力机制的平行

（一）灾害法的自然动力机制

目前我国自然灾害领域仍是“一灾一法”的立法模式，该立法模式无法适应复合型灾害和新型灾害的应对，[1]因为，一方面，容易导致新型灾害问题的出现，造成无法可依的局面；另一方面，自然灾害的“链性”和“复杂性”又易导致过度强调的部门应对、专业分工的管理失灵。

现有的灾害立法表明，我国自然灾害立法范畴仍偏重于突发性自然灾害的调整（如地震），忽略渐发性自然灾害（如干旱）。虽然我国各自然灾害立法中基本上都确立了“预防为主”的基本原则，但是目前灾害法对自然灾害的界定仍主要为“突发事件”，强调应急和救助，而不是灾害发生前的预防和减少灾害风险。事实上，自然灾害的“环境化”和“社会化”，尤其是气候变化的产生和发展，都已表明自然灾害并非单纯的自然因素引发的灾变，因此自然灾害可防可减。这就需要综合性减灾立法来加以规范。然而，目前我国灾害法的建构基础多是建立在单一的自然动力引发的灾变基础上，缺乏对人为动力机制以及综合的自然动力机制的认知。

（二）环境法的人为动力机制

除了综合生态系统管理理念贯彻落实不到位，环境法在调整生态减灾中的困境还取决于环境法的建构基础的局限性。众所周知，环境法建立在人为引发的环境污染和生态破坏等一系列环境问题的基础上，环境法的所有原则和制度都是用来约束人为动力机制、调整人的行为的。因此，环境法调整的是人类开发、利用、保护、修复和建设环境的法律关系，这与自然灾害法中基于纯自然动力机制而调整人类对自然灾害的预防、应急、救助和恢复重建的法律关系几乎处于完全平行关系。对于环境法而言，其假设的自然灾害只是处于人类开发、利用与保护的环境之中的一类自然事件，与环境问题之间更多的是一种耦合关系，而非现实中经常呈现的必然联系；是一种单一维度的线性联系，

---

〔1〕参见应松年：《巨灾冲击与我国灾害法律体系的改革》，国家综合防灾减灾与可持续发展论坛会议论文，北京，2010年，第22页。

而不是一种复杂的非线性关系。在此状况下，环境法对自然灾害的调整多侧重于对具体时空下的灾害管理，而非普遍性的灾害风险管理。由此，对于需要环境法与自然灾害法高度融合的生态减灾问题，环境法更是有心无力。

小　结

生态减灾作为一种防止和减少自然灾害的新型理念和方式，虽然在政策和实践中得到承认、践行，但是急需具有强制约束力的法律加以调整。在我国目前的法律体系中，调整生态减灾的法律主要是专门调整自然灾害的自然灾害法和专门调整生态保护的环境法。以调整自然灾害管理为主的自然灾害法中也有少量对生态环境问题的调整，包括对自然灾害产生影响的环境驱动因素的调整、对生态减灾工程（三北防护林、退耕还林等）的保护和建设问题的调整，以及对自然灾害引发的环境问题的调整等。而在以调整环境管理为主的环境法中，对生态减灾调整的内容比自然灾害法要多，尤其是以生态系统服务功能的保护为主的生态保护法律体系。环境法的理念、原则、制度，甚至责任都或多或少地体现着生态保护与防灾减灾的结合。但是，这些规定仍是零散的、不连续的。

因此，自然灾害法和环境法在调整生态减灾方面都存在种种困境，困境主要体现在三个相同的方面，即立法理念、对生态减灾的态度和建构基础。对自然灾害法而言，应急管理为主的灾害管理理念促使整体灾害法体系无法在横向上将其调整轴拉长至灾前环境的保护和灾后环境的建设，灾害管理应是一个长期的、系统的工程。与此同时，自然灾害法建立在以纯自然动力为基础的自然灾害概念上，忽略人为动力对灾害成因和发展过程的影响，大大地降低了灾害的可减防度。上述面临的困境也促使了自然灾害法对生态减灾的态度始终无法明确，这种态度既受其自身理念和建构基础的限制，也受现实中利益冲突下的“成本—效益之术”的束缚。对于环境法而言，面临一系列的困境，包括未贯彻综合生态系统管理理念、基于人为动力机制的环境问题的建构基础，以及对生态减灾的态度的不明朗。自然灾害法和环境法在这些方面的种种困境约束了二者之间理念、原则与制度的融合，因此，生态减灾中的法律问题未得到有效的调整。

传统上的减灾政策可概括为基本的三类:第一,通过大坝、堤坝、浇灌等控制自然;第二,通过社会补助、补贴、保险项目以转移灾害中的风险;第三,提供灾后救助以降低灾害损失。这些减灾措施的一个共通点便是忽略了人类所处的生态环境对自然灾害的影响,将人类与生态之间的关系断裂开来。实际上,这些减灾政策的形成和实施基础正在发生着改变。首先,控制自然以适应人类发展的前提是自然具有可控性,但是气候变化的产生、生态危机的加重以及日益频繁的自然灾害等因素都说明了自然的复杂性和动态性,单纯的控制显然无法真正消减灾害风险。相反,其自身还很可能对生态产生不利影响。其次,灾害保险政策的前提是实际风险的存在,然而第一点已表明灾害风险的复杂性。因此,保险公司不愿意为此投保,而政府提供的保险则捉襟见肘,很难全覆盖。最后,自然灾害带来的强大民族凝聚力是社会参与灾后救助的基础,而自然灾害的人为化会逐步瓦解人们的同情心,尤其是复发性自然灾害带来的冲击。

第四章 生态减灾法律制度的完善

生态减灾法律制度的完善，意味着一方面须明确灾害形成的构成要件：自然危险事件、灾害暴露程度、灾害脆弱性因素和恢复力因素，另一方面须以环境法律制度为手段。在完善减灾的环境制度时，需要做三件事：第一，保障减灾的生态系统服务功能；第二，鼓励人类在发展中充分考虑这些功能；第三，尊重这些功能的必然限度。[1] 生态减灾的法律制度创新目标，主要是针对生态保护部门、资源管理部门和灾害管理部门分割和对生态减灾监管的缺失，探索能够打破部门管理藩篱，具有跨行业和跨区域功能的法律制度。这些法律制度应具备以下三个功能：首先，能够有效地实现对资源开发、利用活动的生态监督管理、检查及执法；其次，直接以生态系统服务功能或生态系统结构、生态过程为制度目标；最后，明确与减少灾害风险相结合的制度设计。这些制度需要将环境法中的生态系统管理制度与灾害法中的防灾减灾制度相结合。

联合国环境规划署（United Nations Environment Programme）列举了生态因素在减防自然灾害过程中的可能，包括：第一，环境管理者完全参与国家灾害风险管理机制；第二，将减灾标准纳入环境立法框架；第三，将环境变化作为一类风险加以评估；第四，在社区灾害风险管理过程中充分利用当地环境知识；第五，加入科学团体以促进环境研究和创新；第六，保护和评估生态系统服务功能；第七，工程防护措施考虑环境技术和设计；第八，空间规划中综合考虑环境和灾害风险因素；第九，应对环境紧急事件；第十，增强环境恢复能力。这

---

〔1〕 See Robert R. M. Verchick, *Facing Catastrophe: Environmental Action for a Post-Katrina World*, Cambridge, Harvard University Press, 2010, p. 62.

些措施都会在下文论述中提到。

本书将生态减灾制度分为：减少灾害危险的法律制度，包括环境影响评价制度、生态风险评估制度；控制灾害暴露的法律制度，包括生态功能区划和生态功能保护区制度；降低社会脆弱性的法律制度，包括生态减灾税费制度和生态减灾补偿制度；提高灾害恢复力的法律制度，包括生态减灾参与制度和生态减灾标准制度。这些制度虽然分别针对不同的灾害要素，但是这些灾害要素之间相互影响、不可分割。因此，这些制度共同作用于减灾目标的实现。这些制度综合了法律的行政手段、经济手段、社会手段和技术手段，以保障生态减灾的有效实施。

第一节　减少灾害危险的法律制度

一般而言，自然灾害危险事件的发生是受自然界的生态规律作用，不受人为活动的影响。但是，随着人为活动在程度和广度上的扩张，很难说还存在纯自然的危险事件。人为活动主要在两个方面影响灾害危险事件的形成：第一，特定时空下的人为活动直接影响特定自然危险事件的形成，如滥砍滥伐引发的水土流失。对于此类人为活动，一般具有可溯因性。第二，人为活动对整个生态环境产生的影响，从而影响了自然事件形成的整体环境，间接影响自然危险形成的过程，如人为活动引起的气候变化，从而加剧了气象水文灾害的频率和影响。对于此类人为活动，一般具有不可溯因性。

一、环境影响评价制度

环境影响评价制度对减灾内容没有明确的规定，但是作为评估人类活动对生态环境产生影响的最为重要的一项法律制度，这些影响对预防灾害风险因素来说是一个值得重视且待解决的问题。

（一）环境影响评价制度的形成

环境影响评价旨在评估各类政策、立法、规划、项目对环境的影响，同时为决策者提供替代、减缓方案，是一项预防环境污染和生态破坏的重要法律制度，是一项贯彻“预防为主”基本原则的预防性法律制度，是“有关环境影响评价的范围、内容、编报和审批环境影响评价文件的程序等方面所做的规定的总称”，[1]其目的在于“事前采用科学方法预测、判断拟议的开发利用环境方案可能的环境影响及其后果并提出对策措施”。[2] 目前，世界各国相继在环境立法中采纳了这一重要制度。从立法的形式来看，各国（地区）环境影响评价制度的外在表现形式主要有如下三种：一是在环境立法中确立环境影响评价制度，再通过实施办法予以补充，如美国《国家环境政策法》（1969 年）以及我国 2002 年以前的《环境保护法》和其他单项环境法律的规定。二是单独制定《环境影响评价法》，如日本、加拿大。三是没有在立法中明确，而是将环境影响评价作为编制规划或审批许可程序的主要内容之一，或将其作为国家政策、纲要等形式予以实施，如英国。[3] 从立法的内容来看，各国（地区）环境影响评价的适用对象也不尽相同，如美国将国家的政策、立法建议或草案、议案、工程项目、行动方案等都纳入到评价对象之中，日本则将评价对象限定在事业与项目两项，其中事业包括道路、坝区、飞机场、铁路、发电站等 13 项规模较大的港湾事业，项目评价则是 4 个环境要素范围，包括需要保持良好状态的自然环境构成要素范围（大气环境、水环境、土壤环境及其他环境）、确保生物多样性及自然环境体系的保护范围（植物、动物、生态系）、人与自然广泛接触的范围（各类景观、活动场所等）、会给环境造成负担的范围（废弃物、温室效果煤气等）。[4]

我国环境影响评价法律制度经历了一段时间的发展，评价对象逐渐扩展，目前我国环境影响评价包括规划与项目两类。规划环评即对诸如土地利用有关规划，区域、海域的建设与开发利用规划，以及工业、农业、畜牧业、林业、能源、水利、交通、城市建设、旅游、自然资源开发的相关专项规划组织进行环境影响评价。[5] 我国最初的环评对象仅限定于建设项目，相对而言，建设项目的环评法律制度已发展较成熟，我国根据对环境的影响程度，对建设项目实施

---

〔1〕 陆书玉：《环境影响评价》，高等教育出版社 2001 年版，第 19 页。

〔2〕 汪劲：《从中外比较看我国项目环评制度的改革方向》，载《环境保护》2012 年第 22 期。

〔3〕 参见汪劲：《中外环境影响评价制度比较研究：环境与开发决策的正当法律程序》，北京大学出版社 2006 年版，第 35 页。

〔4〕 参见朱桂田等：《日本环境评价制度对我国环境评价的启示》，载《矿产与地质》2002 年第 6 期。

〔5〕 《环境影响评价法》第 7 条、第 8 条。

分类管理,包括:可能造成重大环境影响的,编制环境影响报告书,进行全面评价;可能造成轻度环境影响的,编制环境影响报告表,进行分析或专项评价;对环境影响很小、不需要进行环境影响评价的,填报登记表即可。[1] 虽然我国环境影响评价制度已经建立并日臻成熟,但是现行的法律制度仍存在相当大的缺陷,包括:(1)环境影响评价制度自身的不健全,如战略环评的缺失、评价责任主体缺乏问责制、建设项目与规划环境影响评价关系未理顺、规划环评定位不明确等;(2)环境影响评价制度的执行力度不够,如执行主体的部门化与分割化、先期介入不到位、监督管理分散等。[2]

(二)环境影响评价的减灾功能

环境影响评价制度在灾害管理中的作用,贯穿灾前、灾中与灾后的各个阶段。

一方面,体现在评价"环境影响"对预防自然灾害风险的意义。环境影响评价最初关注对环境质量的影响,预防对自然环境的污染与破坏,但是,随着对"环境"的理解的拓宽,环境影响评价也越来越关注对环境危害给人类健康与社会经济发展的带来的影响,包括对人类的安全与健康的影响、对生物多样性与生态系统的影响、对气候和景观等的影响、对历史文化遗迹保护区域的影响、对非物质文化遗产、旅游娱乐设施的影响,甚至是对人类生活方式的影响,这些恰恰影响着自然灾害的社会与环境脆弱性以及人类在自然灾害面前的暴露程度等。[3]

另一方面,体现在环境影响评价运用于灾害管理全过程中的各类防灾措施的意义。(1)环境影响评价制度实施时对周围环境收集分析的环境信息能够提高自然灾害的早期预警,有助于评估受影响区域的自然灾害状况及脆弱性条件,为风险分布图提供数据,从而更好地作出长期发展规划;(2)在灾害预

---

〔1〕《环境影响评价法》第 16 条。

〔2〕参见付鹏等:《论生态文明目标下环境影响评价制度的发展方向》,载《环境污染与防治》2008 年第 6 期。

〔3〕See Anil Kumar Gupta and Sreeja S. Nair, "Applying environmental impact assessment and strategic environmental assessments in disaster management", in Fabrice G. Renaud, Karen Sudmeier-Rieux and Marisol Estrella, *The role of ecosystem in disaster risk reduction*, Tokyo, United Nations University Press, 2013, p. 419.

防与缓解阶段,应对各类防灾规划、项目等进行环境影响评价,如防洪大坝的修建、应急避难所的设立等都应该进行环境影响评价,保证防灾与环境保护的相互协调;(3)在灾后恢复重建阶段,首先需要考虑灾区人民的基本生产生活的恢复重建,因此环境影响评价制度可以开通绿色通道加以简化。但是,并不意味着灾后恢复重建的环评是走形式、走流程,而是应该切实考虑各项规划与项目带来的潜在环境影响,并在相关法律法规中明确"快速环境影响评价"的定位、程序及意义等法律问题,这是出于满足未来灾区人们对良好环境的需求,也是为避免复发性自然灾害的侵袭做出预测与准备。

(三)环境影响评价制度的完善

环境影响评价制度对生态减灾具有不可替代的功能,要想充分发挥这种功能,需要对环境影响评价制度进行完善,完善的方向包括:

第一,环境影响评价制度自身的完善。环境影响评价制度的效力因不同类别的环境评价而不同。环境影响评价制度包括三大类:第一类是2003年以前便建立的针对建设项目的环境影响评估制度,但是建设项目只处于决策链的末端。之后,我国《环境影响评价法》增加了对综合规划和专项规划的影响评价,在规划阶段预防环境风险,这便是规划环境影响评价。第二类环境影响评价的对象是战略,包括国家政策、立法、标准等,旨在追求可持续发展。第三类是灾后评估环境状况的快速环境影响评估。这三类环评制度对保障生态系统服务功能,减少灾害风险都具有重要作用。其中,项目和规划两类环境影响评价制度在将减少灾害风险纳入环境影响评估过程时需要遵循以下步骤:(1)收集数据:收集自然和人为(技术、工业)灾害及其相关风险的数据,包括气候变化相关风险的数据;收集环境基线数据,包括重要的自然资源和提供自然灾害调节功能的生态系统的确认。(2)分析作为风险的潜在组成部分的环境脆弱性:识别环境因素,如退化的生态资源和功能、地理因素、土壤特性、气候因素等。这些因素可能增加人类及其财产在灾害面前的脆弱性,但是反过来也会对拟制定的政策、规划和项目造成威胁。(3)分析项目、工程或政策的潜在环境影响,以及这些影响对不同灾害风险的影响。(4)评估:基于环境可持续标准和不同情境下,确认和评估替代方案;确认和评估减缓方案以减少潜在环境影响和潜在脆弱性;选择优先方案;决定可行性(如财政和人力是否能够实施减缓方案)。(5)考虑不确定性:由于"社会—生态"系统的不确定性,由此应该考虑评估对象对生态系统造成影响的不确定性。(6)监控。在批准项目、规划或政策之后,还需实施有规律的监控和风险评估。[1] 除此之外,目前我国《环境影响评价法》中的战略环境影响评价制度和灾后环境影响评价制度仍处缺位状态。为此,应当将战略环境影响评价制度明确其中,并完善相应的评价程序。而灾后环境影响评估虽然在程序上常被简化,但是仍不可少,尤其应该对灾区生态系统承载力和恢复力进行评估。

第二,环境影响评价制度与灾害危险性评估制度的结合。危险性是指不利事件发生的可能性。我国法律规范中规定较为完善的属地质灾害的危险性评估,其法律依据是国务院行政法规《地质灾害防治条例》,国土资源部一系列地质灾害评估的"公告""通知"等,以及省(直辖市、自治区)地质灾害管理条例或办法等。地质灾害的危险性,是指自然因素或人为引发的泥石流、滑坡、地面沉降等地质灾害系统中孕灾环境和致灾因子的各种自然属性的特征,可用灾害过程的强度、规模、频率、影响区域,以及影响程度、危害后果等危险度指标来刻画,地质灾害的危险性评估就是从风险诱发因素出发,研究不利事件发生的可能性以及发生频率与强度之间的关系。[2] 评估类型主要有三类:(1)地质灾害危险性现状评估。分析地质灾害形成的地质环境条件、类型、规模、分布、变形活动特征,主要诱发因素与形成机制,对其稳定性进行初步判定,查明评估区已发生的地质灾害的分布,在此基础上对其危险性和对工程危害的范围与程度做出评估。(2)地质灾害危险性预测评估。包括对工程建设中、建成后可能引发或加剧地质灾害的可能性、危险性和危害程度做出预测评估,以及对建设工程自身可能遭受已存在的地质灾害隐患作出预测评估。(3)地质灾害危险性综合评估。依据地质灾害危险性现状评估和预测评估结果,充分考虑评估区域的地质环境条件的差异和潜在的地质灾害隐患点的分布、危险程度,综合评估地质灾害危险程度。依据地质灾害危险性、防治难度和防治效益,对建设场地的适宜性做出评估,提出防治地质灾害的措施和建议。地质灾害危险性评估的主要内容包括:(1)阐明工程建设区和规划区的地

---

[1] See Marisol Estrella and Nina Saalismaa, "The role of ecosystems management for disaster risk reduction", in Anil K. Gupta and Sreeja S. Nair, *Ecosystem approach to disaster risk reduction*, National Institute of Disaster Management, 2012, pp. 16 – 17.

[2] 参见董颖编:《地质灾害风险评估理论与实践》,地质出版社 2009 年版,第 46 页。

质环境条件基本特征;(2)调查分析工程建设区或规划区各种地质灾害的现状;(3)简要分析评估对象在建设或运营过程中与地质环境相互作用的范围、方式、强度与持续时间;(4)分析论证建设工程遭受地质灾害的可能性,工程建设中和运营中加剧或引发地质灾害的可能性;(5)进行地质灾害危险性现状评估、预测评估和综合评估;(6)给出建设场地工程建设地质适宜性的评估结论;(7)针对不同建设阶段,提出防治地质灾害的地质工作意见和防治地质灾害的具体措施建议。[1] 灾害危险性评估实质上是一种灾害风险评估,是降低社会脆弱性,减少对环境的影响,预防自然灾害,以及降低灾害损失的重要方式。因此,除了地质灾害危险性的评估,洪涝、台风、低温雨雪冰冻等其他自然灾害的危险性评估也应该纳入法律加以规范。

环境影响评价制度与灾害危险性评估制度的结合是建立在环境与灾害的相互作用关系基础上的。建设项目、规划与战略对环境的影响将直接影响灾害风险因素的增加,而在易灾地区的项目产生的环境影响也将更为严重。因此,二者的结合非常必要。建议在具体操作上包括:(1)在环境影响评价中增加对灾害风险的评估和考量,避免危险区域的开发建设;(2)易灾地区的环境影响评价应采用更加严格的标准,减少人为因素对灾害的影响,增强对环境的保护。

二、生态风险评估制度

(一)生态风险评估制度的形成

风险评估最早源于16世纪末期的保险制度,最初用于分析有关人群的寿命和死亡率,以便恰当评估人寿保险投保人获得的保险金。后来逐渐扩展用于交通事故、火灾等其他领域的保险。随着环境污染的加重,这种方法又拓展到了大气、水源、土壤和食物等污染对人类健康影响的风险评估,以量化人类健康风险。近年来,风险评估开始适用到对生态系统的影响评估领域。生态风险评估(ecological risk assessment,ERA),是指“用各种方法(包括数学、物理、化学和生物学等)估计人类活动对自然环境的物理破坏,可能产生或正在

---

[1] 参见袁亮主编:《煤矿总工程师技术手册》,煤炭工业出版社2010年版,第279页。

产生的不良生态学效应"[1],主要是用来评估和预测化学物和其他危险物质对生态系统的影响。生态风险评估远比保险评估、人类健康风险评估复杂得多。

生态风险评估一直是作为一种技术手段而存在,直到 1992 年美国环保局(Environment Protection Agency,EPA)首先提出生态风险评估框架,其后又进行了修改和补充。这些框架能够帮助提高生态风险评估的质量,规范生态风险评估的程序。[2] 1994 年欧盟也公开了生态风险评估框架,紧随其后的是加拿大,在 1996 年公开了生态风险评估框架。近年来,我国也开始着手对生态风险评估进行制度化建设,如 2011 年国家质量监督检验检疫总局和国家标准化管理委员会共同发布的《湿地生态风险评估技术规范》;2013 年国务院《关于印发国家级自然保护区调整管理规定的通知》中提出"建设单位应当开展工程建设生态风险评估";2015 年国务院办公厅《关于印发国家标准化体系建设发展规划(2016~2020 年)的通知》中进一步明确提出"加强森林、湿地、荒漠、海洋等自然生态系统与生物多样性保护、修复、检测、评价以及……生态风险评估……领域的标准制定与实施,实现生态资源的可持续开发与利用"。

(二)生态风险评估的减灾功能

生态风险评估的展开需要遵循以下步骤,首先,应明确所要评估的问题,收集相应信息,帮助我们确定什么处在风险之中,什么需要保护。对生态风险评估而言,确定化学物质的来源和暴露的生态系统,使评估目标明确化。其次,是风险分析,决定生态环境的暴露及其暴露程度,以及暴露程度是否可能造成不利的生态后果。风险分析实则评估暴露程度与生态效应之间的关系。最后,是风险表征,包括风险评估和风险描述。风险评估是结合暴露状况和暴露影响,风险描述是为解释风险后果提供重要信息,明确对涉及的生态系统(包括生态要素)的不利后果。[3] 具体步骤和程序如图 4-1 所示。[4]

---

〔1〕 钱光人主编:《高等学校教材:危险废物管理》,化学工业出版社 2004 年版,第 39 页。

〔2〕 See US EPA, "Guidelines for Ecological risk assessment, 1998, Federal Register 63 (93): 26846-26924", Accessed May 4, 2018. https://www.epa.gov/sites/production/files/2014-11/documents/eco_risk_assessment1998.pdf.

〔3〕 See US EPA, Accessed May 4, 2018. https://www.epa.gov/risk/ecological-risk-assessment.

〔4〕 参见史志诚等编:《生态毒理学概论》,高等教育出版社 2005 年版,第 170 页。

生态风险评估是通过对生态系统产生的风险进行管理，从而起到预防生态风险，保障生态系统服务功能的作用，这对减灾而言至关重要。具体而言，生态风险评估制度的减灾效力体现在：(1)生态风险评估增强了对生态系统服务功能的整体性保护，为生态减灾的实施奠定了基础。我国现有的具有法律约束力的环境影响评估主要是对生态要素的影响评估，而生态风险评估对象是整体性的生态系统。(2)从灾害风险源来看，生态风险的风险源之一是自然灾害，[1]因此，生态风险评估不仅评估人为活动对生态系统的影响，而且包含了自然灾害对生态系统产生的风险评估，为灾后生态风险管理和监测提供依据，有效预防复发性自然灾害的再次发生。

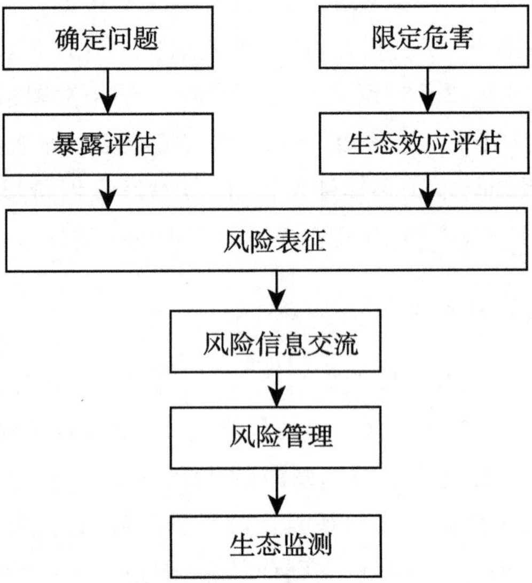

图4-1　生态风险评估流程

(三)生态风险评估制度的完善

生态风险评估制度是风险预防原则的具体体现。目前，我国生态风险评估制度仍不够健全，仅有少数位阶较低的法律规范对此进行了规定，仍未成为一项法律制度。生态风险评估制度的完善应朝着以下方向展开：生态风险评

[1] 参见彭建等：《基于景观格局—过程的城市自然灾害生态风险研究：回顾与展望》，载《地球科学进展》2014年第10期。

估制度法律化的方向应解决以下问题：(1)生态风险评估制度的定性问题。虽然我国生态风险评估的理论研究和技术运用都已经达到了一定的层次，但是缺乏法律的规制使得该制度仍不具有约束力，因此，要想真正发挥生态风险评估的效力，应尽早将其纳入现有的法律制度。那么，生态风险评估制度的定位是应该像环境标准制度那样作为辅助性制度，还是定位于如环境影响评价制度一样能够对行为主体具有实质法律约束力的制度？本书认为，生态风险评估制度应界定为本体性制度，应尽快制定相应的评估程序，规范对生态系统具有影响的人为活动，明确各主体的权利义务关系。(2)生态风险评估制度的适用范围问题。从我国目前的国情来看，在全国范围内开展生态风险评估制度似乎不切实际，应尽快先在生态功能保护区内实施，尤其是重点生态功能区、生态脆弱区、敏感区内。

第二节　控制灾害暴露的法律制度

人类易将自身暴露在灾害风险之中，这种倾向，一方面是基于大环境下的无奈选择，在城镇化快速发展的过程中，人类活动不断挤压生态空间，从而导致人类越来越容易暴露在灾害风险之中。另一方面是一些人基于精神享受的需要主动选择自然资源丰富但风险较大的区域生活、旅游等。这里主要是对第一种暴露原因进行控制。那么，要控制人类在灾害面前的暴露程度，就需要留足生态空间，避免在灾害风险高的区域内进行生产生活。

一、生态功能区划制度

(一)生态功能区划制度的形成

生态功能区划制度作为行政管理型的生态减灾制度中的一项，要真正发挥其生态减灾的作用，就需要弄清以下几个问题：生态功能区划的目的是什么？是否局限于减灾？我们知道，生态功能区划制度的目的不止在于减灾，其更广泛的目的在于试图做到发展与环境相协调。那么，对此存在的减灾功能与其他功能若发生冲突，该如何协调？生态功能区划制度本身做出了回答，即生态优先，生态调节优先。那么，这又意味着什么呢？应该如何从制度上保障这种优先的实现呢?对具体的减灾功能区又有哪些保障措施?

自1998年长江特大洪涝引发社会关注生态安全问题以及2000年北方地区的沙尘暴灾害天气重新拉响生态警报以来,生态保护和建设就成为公共管理的重要目标。一些长期不合理的经济、社会活动和掠夺式的自然资源开发利用行为导致一些地区生态恶化,全国生态环境形势堪忧。在此背景下,国务院于2000年颁布了《全国生态环境保护纲要》要求国务院和省级以上人民政府开展生态功能区划,以此指导自然资源开发和产业合理布局,推动社会经济发展和生态系统保护之间协调发展。2000年8月在国务院西部开发办公室和国家环境保护总局联合领导下,全国性的生态功能区划正式启动。2002年9月国务院西部开发办公室和国家环保总局发布《生态功能区划暂行规程》,并正式实施。2002年10月西部地区各省完成制定区划方案。2003年上半年西部地区各省完成分省的生态功能区划草案。同年,中东部地区生态功能区划启动,各省首先开展生态环境现状调查,随后开展生态功能区划。2008年环境保护部联合中国科学院发布了《全国生态功能区划》。2015年11月13日《全国生态功能区划(修编版)》发布。

生态功能区划需要完成以下过程,依次是生态环境现状评价、生态环境敏感性评价、生态系统服务功能重要性评价、生态功能分区方案和各生态功能区概述。

1. 生态环境现状评价

生态环境现状评价是在区域生态环境调查的基础上,利用遥感数据、地理信息系统技术等先进的方法和技术手段,针对本区域的生态环境特点,分析区域生态环境特征与空间分布规律,评价主要生态环境问题的现状与趋势。评价领域涉及土壤侵蚀、沙漠化、盐渍化、石漠化、水资源和水环境、植被与森林资源、生物多样性、大气环境状况和酸雨问题、滩涂与海岸带、泥石流、沙尘暴、洪涝等自然灾害和污染问题。

2. 生态环境敏感性评价

生态环境敏感性评价的目的是明确区域可能发生的主要生态环境问题类型、可能性大小和形成机制,并通过对特定、多种生态环境问题的敏感性进行综合分析,明确区域生态环境敏感性的分布特征。评价的内容涉及土壤侵蚀敏感性、沙漠化敏感性、盐渍化敏感性、石漠化敏感性和酸雨敏感性。评价的等级分为极敏感、高度敏感、中度敏感、轻度敏感、不敏感。

3. 生态系统服务功能重要性评价

生态系统服务功能重要性评价是为了明确识别区域内各生态系统的服务功能及其对区域可持续发展的作用与重要性而进行的重要性等级判定。生态系统服务功能类型包括：生物多样性保护、水源涵养和水文调蓄、土壤保持、沙漠化控制、营养物质保持和海岸带防护功能。其等级分为极重要、中等重要、较重要、不重要。

4. 生态功能分区

生态功能分区是依据区域生态环境敏感性、生态系统服务功能重要性以及生态环境特征的相似性和差异性而进行的地理空间分区的过程。首先从宏观上以自然气候、地理特点划分自然生态区（生态大区—生态区）；其次根据生态系统类型与生态系统服务功能类型划分生态亚区；最后根据生态系统服务功能重要性、生态环境敏感性与生态环境问题划分为生态功能区（生态功能区—生态功能小区）。

5. 各生态功能分区概述

各生态功能分区概述包括对每个分区的如下区域特征进行描述：自然地理条件和气候特征；典型的生态系统类型；存在的或潜在的主要生态环境问题，引起生态环境问题的驱动力和原因；生态功能区的生态环境敏感性及可能发生的主要生态环境问题；生态功能区的生态系统服务功能类型和重要性；生态功能区的生态环境保护目标，生态环境建设与发展方向。

生态环境现状评价是生态功能区划的基础，也是评估灾害风险的重要手段；生态环境敏感性和生态系统服务功能重要性评价是进行生态功能区划的客观指标；生态功能分区是生态功能区划最重要的步骤；生态功能分区概述是生态功能区划的总结。其中，根据主导生态系统服务功能又进一步将生态调节功能区分为水源涵养功能区、生物多样性保护功能区、土壤保持功能区、防风固沙功能区与洪水调蓄功能区五种类型。根据这一区划制度，我国将充分发挥各生态系统服务功能在调节自然灾害方面的作用。

（二）生态功能区划的减灾功能

生态功能区划制度是保障生态优先、生态调节优先的制度，是贯彻生态弹性原则的重要法律制度。为了保障这一优先，其减灾作用表现在几个方面：（1）能够识别和确认国家级生态功能保护区，并建立保护制度。对生态环境敏感性高和生态系统服务功能重要性高的区域实行特别的管理和保护,禁止或限制在这些区域内的资源开发利用。(2)生态功能区划为资源开发利用项目设定生态保护目标,也就是资源开发不得造成生态功能的改变。对不符合生态功能区划的新建项目,应提倡项目重新选址或重新进行环境影响评价。对不符合生态功能区划的已建项目,要明确采取停工、拆除、迁址或关闭的措施,并提出恢复项目所在区域生态功能的措施。(3)明确区域生态保护管理目标和保护目标,明确生态功能区生态环境监测、检查和考核目标。为将生态保护的任务纳入领导干部任期考核的制度提供技术可行条件。对任期内生态功能严重退化的,尤其是发生自然灾害,造成重大人身和财产损失的,要追究主要负责人的责任;对造成生态系统功能破坏的项目,要追究项目法人的责任。(4)生态功能区划制度本身是一个综合生态管理系统,能够大力促进生态环境行政管理和办事效率。(5)生态功能区划加强生态保护的公众参与和宣传教育,为广大人民群众和民间团体参与资源开发保护和灾害防治的监督、支持和鼓励公众、非政府组织参与生态和灾害管理提供制度和程序。[1]

(三)生态功能区划制度的完善

生态功能区划制度作为一项新的管理制度,其是建立在科学基础上,以实现生态安全为目标,对减灾具有重要作用的制度。但是,生态功能区划制度仍停留在政策层面,其法律性质还需进一步落实。同时,生态功能区划制度的实施还需要更为具体的配套制度加以落实。因此,生态功能区划制度的完善应从以下方面努力。

第一,确立生态功能区划制度的法律地位。目前,我国仅有少量部门性规范文件对生态功能区划制度作了全面规定,无法保障区划制度的落实。其实,早在2004年《西部开发生态环境保护与建设监督条例(草案)》,便肯定了生态功能区划作为生态环境保护和建设的基本制度地位。但是,该草案最终夭折。即便该草案通过,生态功能区划制度也仅适用于“西部开发”区域内,而非适用于全国范围内。而我国生态保护立法虚位,既有的立法处于一种割裂状态,因此有必要在制定综合性生态保护法的基础上,整合现有的单行法,并且

[1] 参见杜群:《生态保护法论——综合生态管理和生态补偿法律研究》,高等教育出版社2012年版,第228~229页。

在此基础上，将生态功能区划以及后文的生态功能保护区制度等都列为基本制度。

第二，完善生态功能区划制度的配套制度。依据生态功能区划，对各功能区内存在的各类生态问题，各管理机关应当做出相应的应对措施，为此，环境影响评价制度、“三同时”制度、环境监测预警制度、生态补偿制度等都是落实区划制度的重要配套。这些制度存在的问题应尽快得到解决，保障其法律效力。

二、生态减灾功能保护区制度

生态功能保护区是在生态功能区划的基础上，特别加以保护的区域。生态功能保护区制度建立的目的是什么呢？生态功能保护区制度又是如何通过权利义务的创设实现防止和减轻自然灾害目的的呢？

（一）生态功能保护区制度的形成

“生态功能保护区是指在保持流域、区域生态平衡，防止和减轻自然灾害，确保国家和地区生态安全方面具有重要作用的江河源头区、重要水源涵养区、水土保持的重点预防保护区和重点监督区、江河洪水调蓄区、防风固沙区、重要渔业水域以及其他重要生态功能的区域，依照规定程序划定一定面积予以重要保护、建设和管理的区域。”[1]生态功能保护区自下而上分为地（市）级、省级和国家级，且依据不同的相应法定程序建立。生态功能保护区的管理以地方政府为主，国家级生态功能保护区可由省级政府委派的机构管理，其中跨省域的由国家统一规划批建后，分省按属地管理；各级政府对生态功能保护区的建设应给予积极扶持；农、林、水利、环保、国土资源等有关部门要按照各自的职责加强对生态功能保护区管理、保护与建设的监督。生态功能保护区的管理制度有别于我国现行的自然保护区体制。我国的自然保护区制度是封闭圈地管理的模式。按《自然保护区条例》的要求，除实验区外，缓冲区、核心区均实施严格的禁止人为活动的管理。而生态功能保护区的宗旨是针对主导性生态功能进行保护，不必对其所在地的一切活动和开发都实行全面限制和禁

---

〔1〕 2013 年环境保护部《生态功能保护区评审管理办法》第 3 条。

止,这也是符合适应性管理理念的管理方式。[1]

(二)生态功能保护区的减灾功能

目前,全国生态功能区划包括生态功能区242个,其中具有生态调节功能的就有148个,如何保障这些生态功能区对生态减灾具有至关重要的作用。根据主导生态系统服务功能又进一步将生态调节功能区分为水源涵养功能区、生物多样性保护功能区、土壤保持功能区、防风固沙功能区与洪水调蓄功能区五种类型。其中,不同的生态功能区存在不同的生态问题,分别为:(1)水源涵养功能区内的人类活动对生态系统的干扰强度大;生态系统质量低且结构单一;水源涵养功能出现衰退;森林、草原过度开发、放牧等引发土壤质量和功能退化等;湿地面积减少、萎缩;冰川融化,雪线上升等问题严重。水源涵养功能区内的一系列生态问题容易引发或加剧干旱、沙化等自然灾害。(2)生物多样性功能区的主要问题包括人口增多以及城镇化扩张、矿产资源过度开发、水利水电设施建设及资源的过度利用、外来物种入侵等造成生物资源的破坏,以及草原、森林、湿地等生物栖息地的破坏严重,生物多样性受到威胁,甚至濒临灭绝。生物多样性功能区内的这些生态问题则易引发或加剧生物灾害、森林火灾等自然灾害。(3)土壤保持功能区内主要存在的生态问题有:土地的不合理利用,包括森林破坏、农业开垦、草原放牧的不合理;矿产开发、交通建设等活动,导致植被破坏、水土流失严重。这些生态问题与沙漠化、荒漠化等自然灾害问题密切相关。(4)防风固沙功能区则主要是过度开垦、放牧和水资源的过度利用导致土地沙化、沙尘暴等灾害风险。(5)洪水调蓄功能区也是一类典型的生态减灾功能区,其存在的主要生态问题是江河湖泊淤积严重,迅速萎缩,再加上工业、生活、农业、养殖业等各类水污染加剧湖泊污染,降低湖泊湿地的调蓄能力。这些生态环境问题是造成或加剧洪涝、干旱等自然灾害的重要因素。

生态功能保护区制度便是为了应对上述各类生态问题而制定的法律对策。目前,我国在环境政策上明确将各类国家级生态功能保护区归为限制开发区域,即限制进行大规模、高强度的工业化和城镇化开发。在具体的行政管

---

[1] 参见杜群:《生态保护法论——综合生态管理和生态补偿法律研究》,高等教育出版社2012年版,第234~238页。

理中，针对各生态功能区内存在的不同生态问题采取了相应的措施。为此，法律对各生态功能保护区的减灾功能都有相应的规定，如《森林法》对森林资源的保护，发挥森林的蓄水保土等方面的生态系统服务功能；《水土保持法》对各级人民政府、生产建设单位的保护水土资源，防治水土流失的责任的规定；《防沙治沙法》《草原法》等对沙化土地封禁保护区内的行为的规范，对各级人民政府主管部门职责的规定，以及对土地过度利用、草地过度放牧等活动的限制甚至禁止等；《土地管理法》等相关法律对洪水调蓄生态功能保护区内活动的规范。2010 年财政部制定了《国家重点生态功能区转移支付办法》以确保由中央主管部门制订规划确定对生态功能保护区以及生态保护较好、对生态影响较大的省区，国务院给予资金保障。这些法律规定为生态功能保护区制度的实施提供了切实的保障。未来针对生态功能保护区的实际，既要进一步加强综合生态系统管理，以维护流域、区域和国家生态安全为重点，又要强化分类，在具体分析各类生态功能保护区的管理目标和重点的基础上，针对不同区域、不同类型的主要生态功能、生态问题和灾害问题制定具体办法，兼有多样性和主导性。

（三）生态功能保护区制度的完善

生态功能保护区制度是维护我国生态安全、防治自然灾害的基础性制度。该制度对我国政府、各主管部门具有较强的约束力，是指导、约束和评估环境行政管理是否合理、合法的重要依据。但是，生态功能保护区制度仍存在一系列的问题需要完善。

第一，生态功能保护区与自然保护区以及生态功能保护区中的重点保护区与重要保护区等在空间上的交叉、叠合。[1] 由于管理上和历史上的关系，我国各类生态功能保护区的划定时间不尽相同，而且管护目的、政策和方式等也存在差异。空间上的交叉重合必然会引发管理上的冲突，权责上的混乱，从而难以达到预设目标。而且，我国的环境管理体制是部门分割、条块结合的特

〔1〕 以国家级为例，国家级自然保护区与国家重点生态功能区的重叠面积比例最大，超过 75%。国家生物多样性保护优先区与国家重点生态功能区、国家重要生态功能区的重叠面积也较大，均超过 50%，而国家重点生态功能区和国家重要生态功能区的保护区域也存在很好的对应关系，其重叠面积分别占到各自所属类型总面积的 64% 和 39%。

殊体制，导致不同生态功能保护区的管理和建设存在多头管理、重复建设等问题。因此，为避免这诸多弊端，应建立条块对接、统分结合、跨部门、跨区域的生态功能保护区建设管理机制。

第二，如何真正实现限制开发，还需具体的配套制度加以保障。这些具体的制度应结合生态功能保护区内的情况，对生态功能保护区外的情况作一些调整。如环境影响评价制度的环境影响评估，不仅是环境质量的影响或环境要素的破坏，更应该增强对生态系统服务功能的评估；环境标准制度应对生态功能保护区内的生态环境保护标准纳入强制性标准中，以更有力地约束人类的各种环境行为。

第三，生态功能保护区是为了保障全国的生态功能健康和完整，为了维护整体性的生态安全，而作出的必要限制甚至禁止。为此，无论是就社会公平而言，还是就生态功能保护区的保护而言，完善生态补偿制度都是必然选择。其中，区域生态补偿和生态防灾工程补偿制度对减灾来说尤为重要。

第三节　降低社会脆弱性的法律制度

我国灾害脆弱性因素主要是贫困，“我国的贫困地区是自然灾害多发地区”。[1] 因为越是贫困地区，与生态环境的冲突愈显著，引发的灾害风险越增加，而自然灾害也更容易致贫、返贫。除此之外，灾害脆弱性因素还包括脆弱的生态因素。因此，克服脆弱性不仅需要国家提供雄厚的经济支持，缓解自然灾害与生态环境的紧张关系，更重要的是如何让这些经济措施更有效地实现公平公正，保障生态系统服务功能。

我国的自然资源绝大多数属于国有，因此无论是自然环境设施还是人造生态工程都是公共管理的对象。而这些公共生态设施的受益者非常广泛、分散，向使用者收费的想法显得不切实际。另外，有些对生态系统服务功能的利用是人类的基本福利，是基本人权所保障的，更无须付费。由此，这些生态设施不断退化，从而削弱或丧失了对自然灾害的防护功能。针对这一情况，就需要政府在为了公共利益而将生态系统服务功能保护作为其管理目标的同时，

---

〔1〕 张云飞：《生态减灾：我国贫困地区可持续发展的方向》，载《唐都学刊》2004 年第 1 期。

通过财税政策降低与生态系统服务功能密切相关的群体的脆弱性，而非单纯地规制对资源的经济性进行开发和利用的行为。

一、生态减灾税费制度

目前，我国防灾减灾的资金投入体系具有以下特点：第一，政府财政重救灾、轻防灾的投入体系。目前，我国财政支出中无列支专门的防灾资金，具有防灾性质的投入主要分散在城乡社区事务、环境保护、农林水事务等项目中；而救灾资金的绝对数额却持续上升，处于我国防灾减灾体系中的核心位置。第二，资金投入总数大，人均救灾款少。虽然我国救灾支出已突破百亿元，但是平均下来我国的救灾标准仍严重偏低，在 2007 年受灾人员平均每人只有 12.7 元的救助。第三，重政府投入，轻市场刺激。目前我国防灾减灾资金大多是来自政府投入，慈善捐助也往往转化为政府统一支配资金用于救灾，而本应形式多元的防灾减灾资本市场则发展得不够健全。第四，重工程防灾设施建设和管理，轻生态防灾设施的投入。无论是政府财政，还是市场资本，都倾向于见效快、周期短、经济效益高的工程设施，而忽略需长期投资、维护和生态效益高的生态设施。综上所述，本节将侧重矫正我国防灾减灾资金投入体系中存在的一些问题，尤其是忽略对生态防灾设施资金投入问题，以求完善相应的法律制度。

生态税费制度（又称环境税费）是我国环境领域内的经济刺激型制度的重要组成部分，其包括通过免税促进绿色投资的制度和通过征税增加环保资金的制度。前者是通过税收优惠，降低投资者的成本，增加其利润；后者是通过税收增加环境污染者和资源使用者的成本，增加环境建设和修复的资金。

（一）减免税费制度

我国在《国家综合防灾减灾规划（2011～2015 年）》中明确指出，要拓宽防灾减灾资金的投入渠道，建立健全各行业协助和支持防灾减灾工作的长效投入机制，其中减免税费制度是吸引人们投资环境保护项目的重要手段之一。目前我国的生态防灾工程多是中央政府和地方政府按照一定的比例投资建设和管理的，而政府资金有限，因此非常有必要吸引民间资本投资生态防灾工程。但是，生态防灾工程具有投入大、周期长等特性，导致民间市场的投资意愿低。由此，资金的短缺和使用效用的低下已经成为我国生态防灾工程发展处于“瓶颈”时期的重要原因。因此,通过减免税费降低投资成本以吸引更多的建设资金,非常有必要。目前我国民间资本投资生态防灾工程,一般能得到基础设施、用水用电优惠、无偿划拨土地等政策优惠。除此之外,还有一些其他的财政政策加以配合,如低息贷款、补助资金等。但是,这些政策优惠并未有固定的制度保障。

对此,荷兰的绿色投资基金及其免税制度值得我国借鉴。为此,荷兰在所得税法的基础上,专门制定了绿色投资基金的法律——《绿色项目条例》,规范了投资项目的类型和绿色项目类型。其中,绿色投资基金支持的绿色项目多达七大类,内容含括自然保护、植树造林、景观改造和有机农业方面的绿色项目,可持续能源方面的绿色项目,住房建设方面的绿色项目,农业方面的绿色项目,土质净化方面的绿色项目,自行车道建设方面的绿色项目,以及其他方面可申请基金的绿色项目。[1] 在这七大类项目中,就有两类与减灾相关,分别是生态保护方面的绿色项目和可持续能源方面的项目。前者直接保障了防护自然灾害的生态设施,后者则对缓解气候变化,降低气象灾害有着重要作用。因此,我国也可以学习荷兰的免税制度,明确绿色投资基金对生态减灾方面的绿色项目的支持重点应该是减灾方面的税收制度。

(二)征收税费制度

征收生态税费是促进生态问题外部成本内部化的手段之一。我国越来越重视要将税费作为生态环境管理的重要经济手段加以运用,逐渐建立了涵盖环境相关领域、较为完善的环境税费制度,主要内容包括排污费和资源税两大类。那么,生态税费应如何征收?如何使用?能否用于减灾?用于何种减灾方式?

目前,我国的排污收费标准远远低于企业治理污染的成本,其使用范围局限于“重点污染源防治;区域性污染防治;污染防治新技术、新工艺的开发、示范和应用;以及国务院规定的其他污染防治项目”。[2] 而我国污染防治的方

[1] 参见杜群:《生态保护法论——综合生态管理和生态补偿法律研究》,高等教育出版社2012年版,第166~168页。

[2] 2003年的《排污费征收使用管理条例》第5条规定:“排污费应当全部专项用于环境污染防治,任何单位和个人不得截留、挤占或者挪作他用”。其具体使用范围(第18条)包括2012年财政部、环境保护部对中央集中排污费资金的使用范围做了进一步确定。

式还未充分重视生态系统的净化功能,排污费的专项使用也无法致力于保障生态系统的服务功能。而我国资源税创立之初便以调节资源级差收入为宗旨,1994 年进行的大规模、结构性财税制度改革进一步增强了资源税的聚财功能。[1] 2011 年国务院修订颁布了《资源税暂行条例》,规定应纳税的税目达七类:原油、天然气、煤炭、其他非金属矿原矿、黑色金属矿原矿、有色金属矿原矿和盐。其中,原油和天然气的征税方式是从价定率,海洋石油和天然气开采所征的资源税归中央;其他资源的征税方式是从量定额,归地方政府支配。我国生态税费制度在生态减灾方面的作用几乎可忽略不计,排污费和资源税费的使用都未明确致力于保障生态系统服务功能。如排污费的使用是全额专款专用,范围较明确,但是这些确定中都未明确包含自然灾害引发的次生环境污染防治。而在相关灾害法律法规中,虽笼统地提及对灾害的恢复重建提供财政支持,却未对次生环境污染防治资金问题作更为具体的规定。除此之外,作为生态税费主要来源之一的资源税费的使用并不是专款专用,也就无谓是否明确用于生态减灾。

在 2005 年卡特里娜飓风之后,美国路易斯安那州便修改了相应法律规定,要求州的矿产收入应该用于"防护飓风灾害",包括对沿海岸生态系统服务功能的修复和人工防灾设施的维护。2006 年美国又通过《墨西哥湾能源安全法案》,允许墨西哥湾的 4 个州(田纳西、路易斯安那、阿拉巴马和密西西比)可申请联邦财政中从新的石油和天然气生产中获得的 37.5% 用于外大陆架,包括海岸保护、飓风防护和其他的环境减缓措施。

因此,我国生态税费制度应该加以完善,完善方向包括:(1)将生态成本纳入生态税费率确立标准,真正实现企业的外部环境成本内部化;(2)将生态税费,尤其是资源税费的部分专项用于生态保护和防灾减灾措施上,增强生态税费的生态保护功能。

二、生态减灾补偿制度

湿地、森林、草原等重要的生态系统既是自然资源的提供者,为人类提供丰富的生产生活资料,也是生态系统服务功能的制造者,能够有效帮助人类防御自然灾害的侵袭。然而,市场机制往往只能有效配置前者,而忽略或贬低后

---

[1] 参见刘植才:《我国资源税制度改革发展的回顾与展望》,载《税务研究》2014 年第 2 期。

者的价值。这是因为:其一,公众和技术的无知,即公众在消费时往往不会想到消费所需付出的生态代价,而且在技术上很难准确界定生态系统服务功能在何种程度上受损或丧失。[1] 其二,传统经济学的狭隘。传统经济学对自然的定价需要将自然的"自然性"去除,转化为财产后才有价值;生态系统服务功能无须转化,其自身便是其价值所在。然而,市场却难以对此定价。[2] 另外,也是因为环境的公共性质导致了几乎没人愿意为其提供的服务功能付费。其三,是生态系统服务功能市场的缺失。即便前面两点都能够规避,最终市场调节还需建立功能受益者和功能提供者的竞争性存在。现实中的生态系统服务功能却是"提供者不需负责,消费者无须付价,负责者又不一定消费"的混乱局面。[3] 因此,就需要通过运用价格、税收、收费、补偿等经济手段,调节或影响主体的行为,以实现对生态系统服务功能的保障,达到减灾的目的。补贴、税费制度是建立在经济刺激之上以实现优化外部性行为的效果。

(一)生态补偿制度的内涵

目前,我国的生态补偿是"指国家依法或社会主体之间按照约定,针对损害或增益资源环境的行为,由资源环境开发利用者或其他受益者缴纳税费,或支付费用或提供其他补偿性措施,使保护和建设资源环境主体或因此而利益受损的主体得到合理补偿,实现保护资源、恢复和修复生态系统服务功能的生态目标和实现公平的社会目标"。因此,现有的生态补偿具有以下特征:第一,通过对人类的补偿实现对生态系统的补偿;第二,具有强烈的经济属性,通过收费或费用转移的方式实现补偿;第三,补偿方式多样,包括资金、技术援助、就业机会、政策优惠等;第四,目标是实现社会公平。[4] 生态补偿制度能够对生态系统服务功能发挥重要作用。目前我国生态补偿制度的适用领域较为广

---

[1] See James Salzman, "Creating markets for ecosystem services: notes from the field", *New York University Law Review* 80, 2005, pp. 879 – 881.

[2] See Keith H. Hirokawa, "Three stories about nature: property, the environment and ecosystem services", *Mercer Law Review* 62, 2011, p. 577.

[3] See Robert R. M. Verchick, *Facing catastrophe: environmental action for a post-Katrina world*, Cambridge, Harvard University Press, 2010, pp. 52 – 54.

[4] 参见杜群:《生态保护法论——综合生态管理和生态补偿法律研究》,高等教育出版社 2012 年版,第 322 页。

泛，包括林业、农业、水利、牧业、矿产资源和环境保护等。

（二）生态补偿的减灾功能

生态补偿制度的功能有三大类：第一类致力于生态治理和生态修复；第二类致力于生态保护和建设；第三类明确用于防灾减灾。

1. 致力于生态治理和修复的典型有：(1)水土保持生态效益补偿制度。在2010年新修订的《水土保持法》第32条规定，专项用于水土流失预防和治理。全国水土保持重点工作之一是对能源开发、有色金属、水电、铁路及高速公路等开发建设项目造成的水土流失的计划建立水土保持生态补偿机制。(2)矿产资源生态补偿制度。最初确立在1997年《矿产资源补偿费征收管理规定》，其第11条规定，"矿产资源补偿费纳入国家预算，实行专项管理"，但主要用于矿产资源勘查。2007年《关于开展生态补偿试点工作的指导意见》则进一步完善了矿产资源开发生态补偿机制，致力于矿山环境治理和生态恢复。

2. 致力于生态保护和建设，如森林生态效益补偿，主要用于国家级公益林的保护和管理。2004年财政部和国家林业局出台了《中央森林生态效益补偿基金管理办法》（已失效），2007年对此修订形成了《中央财政森林生态效益补偿基金管理办法》（已失效），至此，我国森林生态效益补偿法律制度正式建立。2014年印发《中央财政林业补助资金管理办法》（已失效），进一步完善了森林生态补偿制度。还有三北防护林建设、退耕还林还草生态工程建设补偿。

3. 明确用于防灾减灾，包括：(1)在林业领域，有林业防灾减灾补贴，致力于森林防火、林业有害生物防治和林业生产救灾补贴。(2)蓄滞洪区生态补偿。2000年国务院便颁布了《蓄滞洪区运用补偿暂行办法》，2006年财政部修订《国家蓄滞洪区运用财政补偿资金管理规定》，2014年《关于全面深化农村改革 加快推进农业现代化的若干意见》和《水利部关于深化水利改革的指导意见》均明确指出要"建立蓄滞洪区生态补偿机制"。现有的蓄滞洪区生态补偿主要是针对蓄滞洪区承担着分蓄洪水而经济社会发展机会受限给予的特殊补助和优惠，而未对保护湿地滩涂等具有重要调蓄功能的行为作出补偿。(3)特大防汛抗旱补助费。2011年财政部、水利部印发《特大防汛抗旱补助费管理办法》[1]，规定了用于防汛抗洪抢险、修复水毁水利设施以及抗旱的专项补助资金。该类补助费在适用时间上多适用于灾中或灾后救助，而非灾前预防；在适用范围上仅对水利工程设施维修进行补偿，而未提及自然生态设施的灾害调节功能的维护。

（三）生态补偿制度的完善

这三类生态补偿制度对于生态减灾起着重要的激励作用，但是，它们还有较多需要完善的地方。

1. 需要将生态保护和防灾减灾相结合。生态退化最终往往是以灾变的形态体现出来，因此，生态治理、修复、保护和建设的最终目标是生态系统具有弹性，以应对自然突变或人为干扰。而防灾减灾的补偿，也需要明确对保护生态系统服务功能的牺牲行为作出补偿，认识到生态系统对自然灾害的调节功能，并对此作出利益确认。

2. 补偿的主体和方式过于单一，不符合生态系统管理中多元主体参与原则。在各类生态补偿中，仍以国家为唯一补偿主体的不在少数，尤其是防灾减灾的补偿。而补偿方式则基本是以政府财政转移支付为主要的手段，其中纵向转移支付又占绝对主导地位；作为更为灵活和自觉的市场手段还很不发达，如何建立生态服务功能交易市场，建立多元化的补偿方式也应该是完善的重点内容。对此，美国湿地银行的补偿方式或许能够给予我们两点可借鉴之处：首先，以市场化的方式提供补偿；其次，以湿地“零净损”为原则，保持湿地的总量平衡。[2]

3. 补偿的对象仍侧重于社会客体，而对自然客体的补偿较为忽略。我国生态补偿资金绝大多数用于劳务费、技术研发和设备配置等社会经济方面的补偿，由于缺乏对生态系统服务功能价值的评估技术和标准，而未对生态系统服务功能价值作出有效补偿。

---

[1] 本办法所称水旱灾害包括：江河洪水、渍涝、山洪（指由降雨引发的山洪、泥石流、滑坡灾害）、风暴潮、冰凌、台风、地震等造成的洪涝灾害以及严重旱灾。（《特大防汛抗旱补助费管理办法》第2条第2款）

[2] J. B. Ruhl and R. Juge Gregg, “Integrating ecosystem services into environmental law: a case study of wetlands mitigation banking”, *Stanford Environmental Law Journal* 20, 2001, p. 389.

第四节　提高灾害恢复力的法律制度

灾害恢复力的提高需要两方面的努力：一方面是社会系统的恢复力，2005年世界减灾会议的主题便是“构建国家和社区的灾害恢复力”，其中的重点行动之一便是“利用知识、创新和教育构建安全和恢复力文化”，[1]这需要社会参与到生态减灾中来。另一方面是生态系统的恢复力，是生态系统功能在灾害发生过程中的抵御力、吸收力和恢复力。

一、生态减灾参与制度

我国实行举国救灾与群测群防，自然灾害的立法也鼓励单位和公众积极参与到防灾救灾过程中，但是公众参与大多集中在自然灾害应急阶段，通过各种方式参与救灾过程中。而在布置防灾设备、实施防灾工程以及防灾教育等灾前预防方面，则较为缺乏。由于自然灾害发生具有地理特殊性以及影响的广泛性，因此受灾区和公众的参与至关重要。自然灾害预防阶段的公众参与属于一种常态的公众参与，其具有直接性、公开性、自主性、独立性、合法性等，而应急阶段的公众参与属于具有临时性、应急性、超理性和随机性的非常态公众参与，一般而言常态公众参与是非常态公众参与的基础。[2] 因此，事实上在预防阶段的公众参与制度更为重要，而我国灾前预防的公众参与却被忽略。参与的前提是知情，因此应在相关法律法规中明确公众对灾害风险的知情权和信息获取途径；继而规定或完善公众参与制定预防性政策、措施的范围、方式和途径等。

（一）灾害知情权保障制度的发展

新中国成立后的很长一段时间，为了社会、政治稳定，重大自然灾害灾情

---

[1] International Strategy for Disaster Reduction, “Hyogo Framework for Action 2005 - 2015: Building the Resilience of Nations and Communities to Disasters”, Accessed May 2, 2018. http://www.unisdr.org/wcdr.

[2] 参见侯保龙：《公民参与重大自然灾害性公共危机治理问题研究——以我国政府与公民互动为视角》，苏州大学政治学2011年博士学位论文，第138页。

属于国家机密。媒体的报道需要经过国家批准才能进行，且报道内容有着严格的限制。2003 年在应对“SARS 事件”过程中的官员“说谎”所引起的公民愤怒和国际形象受损，可能为政府开始正视公民的灾害知情权形成了一种外在无形压力。此后，地方政府相继颁布了相应的立法，仅 2004 年就有上海市、湖北省、杭州市等地人民政府及交通部等国家部委颁布实施了“政府信息公开办法”。2008 年国家颁布《政府信息公开条例》为公民的知情权提供了法律依据。同年，汶川地震发生后，公民可通过各种渠道对灾区的人员伤亡、灾区环境、灾民数量和生存条件、灾害救助情况等进行及时的了解和跟踪，公民的灾害知情权获得了较为充分的尊重。

当今全球范围内政府信息公开立法的基本原则是“以公开为原则，限制为例外”。在这一基本原则的基础上，知情权可以表述为“公民有权知道政府持有、保存的，与其权力行使有关的一切信息，除非法律有例外的规定”。[1] 因此，灾害知情权，是指公民有权知道政府持有、保存的，与其权力行使有关的灾害信息，除非法律有例外的规定。依照 2008 年国务院颁发的《政府信息公开条例》规定，各级政府及其部门需要主动公开的与灾害信息相关的内容有：(1)县级以上各级人民政府及其部门职责范围内需要重点公开“突发公共事件的应急预案、预警信息及应对情况”和“环境保护……的监督检查情况”。(2)设区的市级人民政府、县级人民政府及其部门重点公开的“抢险救灾……款物的管理、使用和分配情况”。(3)乡(镇)人民政府及其部门重点公开“抢险救灾……的发放情况”。除主动公开的信息之外，公民、法人或者其他组织还可以根据自身生产、生活和科研等需要，向相关政府部门申请获取政府信息。除了灾情灾况和救助信息的公布，对公民灾害知情权的保障还体现在政府及其部门职责的拓展上，如地质灾害预报制度、洪涝灾害预报、气象灾害预报制度等都是要求相关部门对灾害可能发生的时间、地点、成灾范围和影响程度等进行发布，让公众充分了解，做好防灾减灾准备。提高人类在灾害面前的弹性的一个重要条件便是提高大家对周围环境的认知。

就生态减灾而言，对灾害知情权的保障还是比较单一，且现有的信息公开侧重于对灾害应急和救助阶段的信息公开，无法满足综合防灾减灾的需求。

---

[1] 章剑生：《知情权及其保障——以〈政府信息公开条例〉为例》，载《中国法学》2008 年第 4 期。

通过对法律明确的应公开和可公开的环境信息进行分析，可以发现，应公开的政府环境信息多达17类，但仍局限于环境污染等破坏环境质量信息的公开；[1]企业自愿公开的环境信息也集中于污染物排放和资源消耗，[2]二者都忽略破坏生态系统服务功能情况的公开。由此，在现实中我们可以看到当各类自然灾害发生时，政府发布的信息多是灾害应急与救援信息，至于灾害成因往往被"忽略"或"遗忘"抑或"扭曲"。如此，一方面不利于公众对自然灾害的认识和预防，另一方面也经常导致民意与官方之间出现分歧。对此，笔者认为，灾害知情权还需进一步拓宽政府和企业在环境与自然灾害防治中的信息公开。其中，在《政府信息公开条例》第10条县级以上人民政府确定主动公开的政府信息的第11项应增加"灾害防治"的监督检查情况。[3] 应在《企事业单位 环境信息公开办法》中的应公开的政府环境信息中增加"生态系统服务功能状况"。

(二)生态减灾参与制度的问题

知情权的目的是参与，参与权的基础是知情，二者互不可缺。公众参与实则公众参与行政，是"公众以权利主体身份参加公共行政，通过发表行政意见，表达利益诉求，甚至参与行政决定的作成和实施等方式，形成与行政机关的互动、博弈与合作，实现智识的荟萃、民意的汇集和利益的均衡分配等，从而促成民主行政、科学行政、正当行政和效率行政的行政目标的活动"。[4] 目前我国在环境保护领域内的公众参与规则最为完善，出台了一系列的制度规范加以保障。而我国灾害管理的公众参与却呈义务化、空洞化和单一化的特征。

首先，公众参与的义务化体现在法律将防灾减灾定性为公民的一种法定义务，如2008年《防震减灾法》第8条第1款规定"任何单位和个人都有依法参加防震减灾活动的义务"，《防洪法》第6条同样规定"任何单位和个人都有保护防洪工程设施和依法参加防汛抗洪的义务"。如果将公民参与灾害管理

---

[1] 国家环境保护总局令第35号：《环境信息公开办法(试行)》，2008年。

[2] 环境保护部办公厅文件：《关于印发〈2011年国家重点监控企业名单〉的通知》，2011年。

[3] 《政府信息公开条例》第10条规定，"县级以上各级人民政府及其部门应当……在各自职责范围内确定主动公开的政府信息的具体内容，并重点公开下列政府信息"中第11项规定"环境保护、公共卫生、安全生产、食品药品、产品质量的监督检查情况"。

[4] 邓佑文：《行政参与的权利化：内涵、困境及其突破》，载《政治与法律》2014年第11期。

视为法定义务,那么能否参与、以何种方式参与、参与程度等基本取决于行政部门甚至行政官员的喜好和开明度。然这与公众参与的权利化本质相冲突,公众参与不仅是一种行政手段或公民义务,更应是一种法定权利。

其次,公众参与的空洞化是指法律虽有规定公众参与,却未有相应的参与程序和制度保障。如《突发事件应对法》中的“社会动员机制”、《防震减灾法》中的“群测群防制度”都未有效实施,即便实施,也多是一种义务性质的履行。这与我国将灾害公众参与视为一种义务密切相关,基于此,若公众未能按照意愿参与灾害管理,也无法通过法律实现救济。

最后,公众参与的单一化则是指公众参与灾害管理大多限于灾后救援,“一方有难,八方支援”是我国灾害发生时较为常见的情形。灾前的参与多是被动参与,如获取灾害预报、预警信息、应急预案信息等。对于生态减灾而言,这远远不够。生态减灾需要公民、企业、各事业单位等主体对周围环境保护主动地、积极地参与,需要尽早地在灾害预防阶段便介入,积极表达或贡献自身的智识、能力来促进防灾减灾事务的有效进行。

(三)生态减灾参与制度的完善

事实上,公众参与体现了一种全新的公民权利、责任与治理的理念。现有自然灾害治理中的公众参与呈现出一种“非常态”形式。因此,如何将这种“非常态”形式转换为常态化的参与,需要正确处理政府与公民之间的关系。与其他公共事务管理不同之处在于,灾害往往具有突发性和紧急性,因此,需要权力行使者迅速作出决策以减少伤亡和损失,在此情境下,常态化的公民参与很难得到尊重。但是,更多的时候,灾害的产生并不是一蹴而就的,且往往带着规律性,这也是法律可以调整自然灾害的重要现实基础。而且,当代的灾害管理已经意识到灾害与社会因素的关联,它指向的不仅是将灾害管理作为一种危害控制技术和程序,而是进一步关照到社会中的权力关系对于不同人在灾害管理过程中的影响。[1] 因此,灾害政策和法律到底该如何制定,灾害管理过程中如何最低程度地减损公民权利,灾后救助如何最大限度地调动公众积极性以及灾后恢复重建如何做出科学规划等一系列问题,都需要在公民

---

〔1〕 参见官大伟:《原住民生态知识与当代灾害管理——以石门水库上游集水区之泰雅族部落为例》,载《地理学报》2015 年第 76 期。

参与的基础上才能制定合理的政策和法律加以解决。

二、生态减灾标准制度

生态减灾标准制度有两大类：一类是维持生态系统的阈值，防止生态系统服务功能被过度损害以致引发灾变，为避免该后果，我国建立了生态保护红线制度。另一类是充分发挥生态系统服务的灾害调节功能，增强各领域、各区域生态系统对灾害的调节能力，减轻其他设施在防灾减灾中的压力，为实现该目的，我国需要完善防灾标准的设计。

（一）生态减灾标准制度的完善

目前，我国已制定的与防灾减灾密切关联的国家标准和行业标准共350余项，其中，国家标准135项，行业标准占多数，达218项。这些标准按专业领域可划分为若干类，分别为：民政减灾救灾领域、气象防灾减灾领域、地震防灾领域、水利防洪抗旱领域、地质灾害防治领域、林业灾害领域、海洋防灾领域和工程防灾领域等。上述防灾减灾标准体系的建设分别主要由民政、气象、地震、水利、国土、林业、海洋、住建等部门主管。其中，在民政减灾救灾领域，基本建立了由自然灾害灾情管理、灾害综合评估、灾害救援救助、救灾物资和装备等构成的标准体系框架；在气象领域，建立了由天气预报、气象预报、气象灾害预警和公共气象服务构成的气象防灾减灾标准体系框架；在地震领域，建立了地震监测、预报、预防、应急与救援、地震仪器与装备、地震数据等构成的地震行业标准体系；在水利防洪抗旱领域，建立由综合规划、勘测、设计、施工安装、运行维护、安全评估、监测预警、材料试验和设备等组成的标准体系框架；在地质灾害防治方面，由地质灾害调查、监测预警、群测群防和应急处理等方面组成的标准体系建设；在林业灾害方面，建立由基础综合、监测预报、植物检疫、有害生物防治、防控药剂和装备构成的林业有害生物防治标准体系；海洋防灾领域，建立由海洋监测与观测、预警与预报、海洋风险评估、应急响应、应对气候变化、观测预报及防灾减灾设施等方面组成的标准体系；在工程防灾领域，基本建成了以工程建设标准体系（城镇建设、城乡规划、房屋建筑部分）城镇与工程防灾专业标准体系为主，城镇公共交通、城镇给水排水等标准中防灾内容为辅的工程防灾标准体系框架。[1] 这些防灾减灾标准具有以下特点:(1)重工程建设防灾标准体系,轻生态防灾标准体系。目前我国建立了工程防灾减灾体系的框架,而现有的各类标准中,其设定方法是等级划分法,而防护等级的划分则主要受社会经济因素的影响,忽略了生态因素的作用,且标准设定未考虑生态系统承载力和恢复力。(2)以单灾种标准为主,缺乏综合防灾标准的制定。我国防灾减灾标准的制定分散在各个灾害管理部门,行业划分较细,部门之间分工不够明确,缺乏沟通协调,造成标准体系缺乏统一的规划,由此导致标准不能适应综合防灾减灾的需要。

生态减灾标准的设定不仅能够充分发挥自然生态系统本身对灾害的调节作用,也能够促进综合防灾减灾标准体系的形成。事实上,为了有效地实现生态系统保护,环保部已制定了一系列生态环境保护的国家标准,包括《自然保护区类型与级别划分原则》(1994 年)、《海洋自然保护区类型与级别划分原则》(1998 年)、《区域生物多样性评价标准》(2012 年)、《外来物种环境风险评估技术导则》(2012 年)、《生态环境状况评价技术规范》(2015 年)等。这些生态环境保护标准为综合生态系统管理提供了可行性依据和标准。但是,我国具有强制性的标准仍集中在污染防治领域,包括环境质量标准和污染物排放标准。这些生态环境保护标准大多属指导性标准,不具有法律约束力。而且,这些生态环境保护标准未考量灾害风险的评估。

从目前状况来看,我国生态减灾标准处于缺位状态,那么这是否意味着不需要或者不能建立生态减灾标准呢?答案无疑是否定的。要想实施生态减灾并取得成效,就必须建立相应的标准。事实上,虽然在管理和法律领域未明确生态减灾标准制度,但是在生态科学领域,在某些生态系统领域已有研究生态系统服务功能的量化成果,如我国第八次全国森林资源清查结果显示,我国森林植被总碳储量达 84.27 亿吨;年涵养水源量 5807.09 亿立方米;年固土量 81.91亿吨;年保肥量 4.30 亿吨。[2] 这对应对气候变化、防治洪涝干旱灾害、地质灾害以及防治土地沙化、荒漠化等自然灾害具有重要价值。但是,还有其

---

〔1〕 参见胡俊锋等:《中国综合防灾减灾标准化现状与发展思路》,载《生态学杂志》2014 年第 1 期。

〔2〕 参见国家林业局:《第八次全国森林资源清查主要结果(2009 ~ 2013 年)》,载《林业资源管理》2014 年第 1 期。

他生态系统服务功能未被准确规范计量，如湿地、草原等。因此，对于生态减灾标准制度的确立，首先要在科学上完成对各类各区域生态系统服务功能评估，准确计量各生态系统服务功能中的灾害调节功能。其次，结合其他防灾减灾标准，针对具体自然灾害制定相应的防灾标准。

（二）生态保护红线制度的落实

目前我国生态系统退化严重，自然灾害日益频繁，生态环境呈整体恶化趋势。如何防止生态环境的整体性恶化、保障生态安全、减防自然灾害已成为重点问题。2011年国务院《关于加强环境保护重点工作的意见》中首次提出“生态红线”概念，认为“在重要生态功能区、陆地和海洋生态环境敏感区、脆弱区等区域划定生态红线”。2013年在《中共中央关于全面深化改革若干重大问题的决定》中用了专章阐明“划定生态保护红线”，将生态保护红线从单纯的生态空间保护向自然资源和生态环境领域延伸，使生态保护红线成为一个综合概念。2014年环保部印发了《国家生态保护红线——生态功能基线划定技术指南（试行）》，标志着全国范围内的生态保护红线划定工作全面展开，以省级行政区为单位加以落实。2014年修订的《环境保护法》中明确规定了“国家在重点生态功能区、生态环境敏感区和脆弱区等区域划定生态保护红线，实行严格保护”，至此，生态保护红线制度得到了法律确认，成为生态保护的一项基本制度。生态保护红线涉及的内容包括生态功能红线（生态功能保障基线）、环境质量红线（环境质量安全底线）、资源利用红线（自然资源利用上线）。[1]其中，生态功能红线对维护生态系统服务、保障区域和国家生态安全具有关键性作用，在重要生态功能区、生态敏感区、生态脆弱区、禁止开发区等区域划定的最小生态保护空间，主要目标可归结为保障生态系统服务、减轻自然生态灾害和维持生物多样性。环境质量红线是为了维护人体健康和人居环境的基本需要，必须执行的最低环境管理限制。而资源利用红线则是为了促进资源能源节约，保障能源、土地、水等资源安全、高效利用的最高或最低要求。[2]三条红线虽是侧重于生态系统的不同方面，分别为生态系统服务功能、环境质量

---

〔1〕参见李干杰：《生态保护红线——确保国家生态安全的生命线》，载《求是》2014年第2期。

〔2〕参见《红线是实线，关键在执行——解读〈国家生态保护红线——生态功能基线划定技术指南（试行）〉》，载《中国环境报》2014年1月28日，第6版。

和资源存量三方面,但是三者之间是相互影响、相互转化的关系。

生态保护红线中明确减灾功能的是生态功能红线,其所涉领域为:国土生态空间保护,主要包括重要生态功能区;禁止开发区和生态敏感区、脆弱区三类区域。2014 年《国家生态保护红线——生态功能基线划定技术指南(试行)》中将生态功能红线分为三类:第一类是提供生态调节、文化服务,支撑社会经济发展的必要生态区域,即生态服务保障红线;第二类是保护生态敏感区、脆弱区,维护人居生态安全的基本生态屏障,即生态脆弱区保护红线;第三类是指保护生物多样性,维持关键生态系统、物种与种质资源生存的最小面积,即生物多样性保护红线。生态功能红线是国家生态安全的底线,要想通过生态功能红线实现调节自然灾害的目标,需满足以下保护要求:一是保护性质不变。即生态功能红线的用地性质和保护主体应相对固定,不可随意改变。在生态功能区、敏感区或脆弱区内的用地若被用于农业或城镇发展,无疑会增加社会经济在自然灾害面前的暴露程度。二是生态功能不降低。生态功能良好的要维护,生态脆弱区、敏感区内的生态功能应逐步改善,生态系统服务功能的健全与完整是调节自然灾害的前提,一方面作为防护人类社会经济的自然屏障,另一方面也是为灾民灾区提供必要的生产生活资料的基础。三是空间面积不减少。生态系统服务功能的发挥必须保证生态系统的一定规模,如湖泊对洪涝的调蓄功能,森林对山洪、泥石流的防护功能等。

除了明确生态减灾功能的生态功能红线外,环境质量红线和资源利用红线对减灾也有直接或间接的作用。环境质量和资源存量是生态功能的基础:环境要素的质量直接影响生态系统服务功能的健康,也直接关系人们在灾害中脆弱性;资源存量直接影响生态系统服务功能的完整性,更直接关系人们在灾后的恢复力。二者为生态系统服务功能的正常运行的基础,因此,环境质量红线和资源存量红线也是生态减灾标准制度中的重要组成部分。

生态保护红线已成为我国环境保护法中的一项基本法律制度,但其具体的实施机制仍未健全,因此需要建立健全相应的法律保障制度。对此,有学者提出针对不同的生态红线类别及其实施现状,建立相应的路径和完善目标。具体而言,对生态功能红线的实施,针对目前自然保护区域管理“碎片化”“部门化”,发展与保护相矛盾的状况,提出要完备相应制度,在整体性视角下,对管理模式和保障制度进行系统性完善,为生态空间安全提供基础的保障。对环境质量红线,在已经建立的较完善的环境标准体系和污染物总量控制制度之下，进一步优化，强化改善环境质量，弥补制度中的缺陷和不足。对资源利用红线，根据节能与土地领域的“目标责任制”缺乏可持续性，水资源管理体制存缺陷的现实，需要进行制度创新，转变治理理念，建立综合性、系统性、整体性的能源利用和土地利用制度体系，强化“最严格水资源管理制度”的法律效力。[1]

小　结

本章对生态减灾制度进行了详细而系统的论述，将生态减灾制度分为减少灾害危险的法律制度、控制灾害暴露的法律制度、降低社会脆弱性的法律制度与提高灾害恢复力的法律制度，以减灾为目标，以环境法律制度为手段。通过具体制度的设计，明确生态减灾的主体、权利、义务和责任，指引和规范生态减灾的行为，真正保障生态减灾的有效、有序实施。在这些生态减灾制度中，绝大多数是已有的环境法和灾害法中的制度。但是，这些制度要么仍处于政策层面，法律性质不强；要么未直接致力于减少灾害风险，未有效结合灾害法制度；要么仍偏重于灾害管理的某一个阶段，未贯穿灾害全过程。因此，本书在既有制度的基础上，通过解读、拓展或融合的方式，将可持续发展、生态保护与减少灾害风险等问题综合衡量，结合环境法与灾害法制度，完善生态减灾制度，并对各制度的具体内涵、外延和适用等问题作了详细的论述。

---

〔1〕 参见陈海嵩：《“生态红线”制度体系建设的路线图》，载《中国人口·资源与环境》2015年第9期。

第五章 生态减灾的法律责任

法律在灾害管理中的作用不仅是社会关系的规范化,而且致力于创造一个更具灾害弹性的社会。此时的灾害法便与以往灾害法中将自然灾害视为"非常"事件不同,而生态减灾领域法更多的是将自然灾害视为正常的社会现象,视为人为因素与自然因素共同作用形成的问题,因此灾害关系中原有的权利与义务必须得到重新设置。正因为越来越多的自然灾害有人为的诱导或促成,以及人为阻止自然现象产生灾害存在过失等,才需要对法律责任制度进行重新探讨。生态减灾的法律责任,是指相关主体违反法定的生态减灾义务而需承担的不利后果。责任的追究是遵循"全民负担为主,功能破坏者为辅"的原则实施的。

第一节 减灾责任的共同体

过去我们谈到灾害,便是"一方有难,八方支援",灾害的发生往往能够极大地增强民族凝聚力,形成"灾害共同体"。然而,现在的自然灾害直接或间接地体现为人为的自然灾害,其对人类社会经济和环境的危害,再也不能视为单纯的"不幸"。因此,我们应当从人类自身的行为模式入手,反思人类的问题,追究各类主体对灾害造成的损害所应承担的法律责任,促使"从灾害共同体走向责任共同体”[1]。

一、政府的减灾责任

（一）不断扩张的政府减灾职权

自古以来，自然灾害与人类的生存、发展息息相关，也与国家职权发展密切相关。自然灾害的发生能够为人类生存和发展提供有利的自然条件，如火山喷发能够为当地提供肥沃的土壤。但是，自然灾害同时具有负面性甚至毁灭性的后果，正是这种后果促使人类不断推动自然灾害管理的发展。不过，人类对自然灾害的管理并不是一开始就由国家来承担。1755 年里斯本地震被称为“第一次现代灾害”，[2]因为这次灾害改变了人们对命运的模糊认识，在灾害应对和恢复阶段，民众开始要求政府更多地作为。而政府在为了保障其政权的正当性和合法性，也逐渐增强灾害应对能力。随着人类对自然灾害“是自然与社会相互作用的结果”且“灾害的社会属性超越自然属性”[3]的最新认识，公民也不断要求国家通过各种手段规范人类活动以减少灾害的损失和影响。再加上人为引发气候变化的趋势逐渐显现，导致自然灾害尤其是气象水文灾害日益频繁，生态系统日益脆弱，人为风险因素不断增加。因此，传统单一的国家灾后救助已无法全面有效地保障人类的生存与发展，国家只有不断地拓展灾害管理职能的范围——从最初的灾后救助为主到现在的灾前规划、预测预警、灾中应急以及灾后救助重建的全过程的综合管理，[4]才能更大程度地增进公民福利。[5] 这一发展也是现代行政法发展的体现——已超越

---

〔1〕 刘雪松：《有效防灾减灾体系新构建——从灾害共同体走向责任共同体和伦理共同体》，载《自然灾害学报》2007 年第 1 期。

〔2〕 Daniel A. Farber et al. , *Disaster Law and Policy*. 2nd edition, New York, Aspen Publishers, 2010, p. 1.

〔3〕 童星、张海波：《基于中国问题的灾害管理分析框架》，载《中国社会科学》2010 年第 1 期。

〔4〕 灾前规划，如我国《防震减灾法》《防洪法》都有规定防灾规划，其主要内容包括提前布局各类监测、应急救援、技术、信息、资金、物资等保障措施；预防预警包括对潜在灾害风险的评估、预报监测设施的布局、防灾标准的设定、人员训练以及防灾意识的培养等；应急救援则包括应急预案的制定、启动以及采取相应的紧急措施；灾后救助与恢复重建则包括灾后对灾害损失进行评估调查、安置受灾群众、恢复灾民生产生活等措施。

〔5〕 参见曹沛霖：《政府与市场》，浙江人民出版社 1998 年版，第 61 ~ 63 页。

了单一的防御功能阶段,而更多地要求国家在授益功能、保护功能等方面有所作为。换言之,公民对国家管理自然灾害的要求也随着国家行政管理权的进步而提高:由夜警国家转为福利行政,由消极退出转为积极介入,由传统不作为转为现代作为。[1] 由此,依据权责对应原则,国家也应承担更多的灾害责任。

(二)业已形成的国家减灾责任

随着国家自然灾害管理职权的加强,国际社会和各主权国家也在不断拓展国家在自然灾害管理领域内的义务和责任。国家防灾减灾的义务源于国家保护责任(responsibility to protect)。在国际法层面,国家保护责任条款可溯源人权和环境领域的国际公约和多边协定、联合国国际法院判决以及国际习惯法。在国际法上,传统主权观念认为国家享有绝对主权,可以自主决定本国国内事务和对外政策,不受他国干预。第二次世界大战之后,主权观念发生了变化。[2] 国际法认为,现代主权的核心是"主权在民"[3],即国家主权的前提是建立在国家履行对本国公民保护责任的基础上。[4] 国家保护责任原则的法律约束力形成于联合国国际法院在 1949 年的科孚海峡案(Corfu Channel Case)的审判。[5] 在国际人权法中,国家保护责任意味着"当主权国家不能履行其保护国民免于'种族灭绝、战争罪、种族清洗以及反人类罪'的主要责

[1] 参见胡建淼、杜仪方:《依职权行政不作为赔偿的违法判断标准》,载《中国法学》2010 年第 1 期。

[2] See Michael J. S., "The transformation of state sovereign rights and responsibilities under the Rome Statute for the international criminal court", *Chapman Law Review* 8, 2005, p. 175.

[3] See Mithi M., "Justice, war, and the imperium: India and Britain in Edmund Burke's prosecutorial speeches in the impeachment trial of warren hastings", *Law and History Review* 23, 2005, p. 589.

[4] See Tyra R. S., "Natural disasters and the responsibility to protect: from chaos to clarity", *Brooklyn Journal of International Law* 32, 2007, p. 669.

[5] U. K. v. Alb., I. CJ. 4, 4(1949 April 9). 在该案中,两艘英国巡洋舰和两艘驱逐舰行驶在北科孚岛海峡(North Corfu Strait),该海峡为阿尔巴尼亚水域。其中一艘驱逐舰(Saumarez)撞到了水雷,另一艘驱逐舰(Volage)前来救援,在试图拉它的时候撞到了另一颗水雷。这一事故最后导致了两艘驱逐舰的损坏、45 名英国官员和船员的死亡以及 32 名人员的受伤。最后联合国国际法院认为阿尔吉尼亚应该对此负责,因为其没有提醒其所在区域内水雷的存在。

任”[1]时,国际社会应该承担该保护责任。在国际环境法中,国家保护责任表示着“各国有义务使其管辖范围内或控制下的活动不对其他国家的环境和任何国家管辖范围以外的地区造成损害”。[2] 越来越多的学者[3]将这一保护责任拓展至自然灾害管理(包括预防、应急、救助与恢复重建)领域,要求所有国家、受灾国和其他国际组织在自然灾害发生时都有责任履行如下义务:(1)提醒公民和该国受灾害影响的潜在可能;(2)无条件地为受灾国提供救助,受灾国在需要时应该接受;(3)保障受灾地区的可持续重建和恢复。[4] 国际社会普遍认为在自然灾害发生时,“国家在其领土范围内具有保护公民人身和财产的主要责任”。[5] 在国内法层面,很多国家在宪法或其他法律中明确了国家对公民的“保护义务”(a duty to protect)。如美国《宪法》序言中明示的“保障国内的安宁,建立共同的国防,增进全民福利”;[6]日本《灾害对策基本法》第1条规定了国家、地方公共团体及其他公共机关的防灾责任,以“保护国土及国民的生命、人身、财产免遭灾害的破坏”。[7]

除了国家在国际上和国内上不同的责任体系外,各国还不断明确中央与地方、灾害管理部门与其他部门在灾害管理上的权责,通过制度化和责任化的方式形成明确的权责关系。也就是说,国家明确减灾义务只是第一步,一旦国家及其机构没有履行相应的义务,就应当承受对应的法律责任。目前,各国的

[1] 2005 World Summit Outcome, G. A. Res. 60/1, 1, U. N. Doc. A/RES/60/1 (Sept. 16, 2005).

[2] United Nations Conference on Environment and Development, Rio de Janiero, Braz., June 3 – 14, 1992, Rio Declaration on Environment and Development, at 10, U. N. Doc. A/CONE 151/26/Rev. I (Vol. I), Annex I (Aug. 12, 1992).

[3] See Stuart F., “Is the failure to respond appropriately to a natural disaster a crime against humanity? The responsibility to protect and individual criminal responsibility in the aftermath of cyclone Nargis”, *Denver Journal of International Law and Policy* 38, 2009, pp. 227 – 276.

[4] See Tyra R. S., “Natural disasters and the responsibility to protect: from chaos to clarity”, *Brooklyn Journal of International Law* 32, 2007, p. 678.

[5] ISDR, “Hyogo Declaration, World Conference on Disaster Reduction”, Accessed May 4, 2018. http://www. unisdr. org/2005/wcdr/intergover/official-doc/L-docs/Hyogo-declaration-english. pdf.

[6] “U. S. Constitution”, Accessed May 4, 2018. http://www. archives. gov/exhibits/charters/constitution_transcript. html.

[7] 莫纪宏、林青译:《日本灾害对策基本法》,载中国法学网:http://www. iolaw. org. cn/showNews. asp? id = 26075,最后访问日期:2018年5月2日。

国家减灾责任都不同程度地纳入法律责任机制。如我国刑法、行政法[1]对国家灾害管理的有关法律责任作了规定:刑法中规定的渎职罪(滥用职权罪、玩忽职守罪、传染病防治失职罪等),挪用公款罪中的从重情形(挪用用于救灾、抢险、防汛、救济款物等归个人使用的)等,反映了国家对公职机关和个人在行使灾害管理职权时的限制。行政法律规范中关于国家灾害管理法律责任的规定更多,主要体现在灾害专门法律规范中,这些法律规范中对法律责任的规定大多侧重于应当履行职权却未履行有关部门或机构的"责令改正"以及直接负责的主管人员和其他直接责任人员的行政处分或刑事责任,其实质仍是国家责任的具体形态。再如,欧洲法院直接判定俄罗斯应当承担自然灾害管理不作为的国家侵权责任,[2]进一步将国家灾害责任拓展到民事领域。

二、社会的减灾责任

(一)不断增强的社会互助义务

虽然各国在防灾减灾中都是以国家为主导,通过政府职能的拓展加强对自然灾害的管理。但是,一方面,"有限政府"在面临日益频繁的自然灾害,尤其是重大自然灾害时,其权力、财力、信息等必将受限,国家和政府也无法包揽所有的灾害治理行为;另一方面,即便如我国一般的"举国救灾"体制,在灾害发生后可以通过自上而下的动员机制,短时间内大量调度全国的财力、物力和人力,也很难避免"政府失灵"的发生。

古代的氏族部落和近代的乡土社会,都是自给自足的小社群,社群成员之间都是互帮互助。事实上,人类历史上的绝大多数阶段,都是以社会互助或自救为应对灾害的主要方式。[3] 在现代社会,各类社会组织、社区、家庭、个人在面临日益频繁的灾害风险时,都显得很脆弱。如果孤身作战,个体遭遇风险及其损害的可能性也会大大增加,因此,越来越多的国家从政策上引导和支持社会互助,社会互助也逐渐形成一种普遍性的道德义务。

---

[1] 行政法则以强化国家的行政管理为常见手段,或者把减灾职责赋予某一机构,或者具体规定某机构的权限,或者明文规定相应的行政责任。

[2] 参见杜群、黄智宇:《论自然灾害管理不作为的国家侵权责任》,载《中国地质大学学报》2015年第11期。

[3] 参见李砚忠:《政治学视角下的国家建构与灾害治理分析》,载《前沿》2015年第2期。

社会互助,是指社会组织或社会成员之间的互帮互助,主要体现为社会组织和公众对社会弱势群体的帮助和扶持。[1] 灾害中的社会互助,便是对灾民、灾区的帮助和扶持。现实中的社会互助,既有政府主导的,也有政府与民间合作的,还有民间自发的等多种形式。灾害中的社会互助是对政府减灾的强有力补充:首先,社会减灾极大地调动了社会资源,减轻了政府减灾的压力;其次,弥补了政府减灾救灾中的人力与物力的不足,满足了灾民的多元化需求;最后,社会减灾是自下而上的减灾方式,激发了公众的爱心,增强了民族凝聚力。[2]

(二)亟须规范的社会减灾责任

虽然社会减灾具有一系列好处和优势,但是,我国社会减灾亟须规范化和制度化。目前,我国社会减灾存在一系列的问题和挑战:(1)社会减灾仍集中在灾害发生后的应急救助阶段,忽略了灾前预防和减缓阶段的功能发挥。(2)现行的社会减灾仍以政府主导为主,甚至很多的社会减灾行为往往被转化为政府行为,并未形成真正的政府与社会共治局面。(3)社会减灾的制度保障缺失。《突发事件应对法》规定了公民、法人和社会组织参与灾害应对的义务,但是,社会参与减灾缺乏制度保障,体现在社会与政府沟通协调机制上的缺乏;社会在灾害信息分享、减灾权责甚至减灾志愿者基本权利保障等方面都未得到配套性制度的支持。

2015 年民政部颁布了《关于支持引导社会力量参与救灾工作的指导意见》,意见将社会减灾的范畴拓展至"常态减灾阶段"、"紧急救援阶段"、"过渡安置阶段"和"恢复重建阶段"的灾害全过程管理之中。但是,该指导意见仅是位阶较低的规范性文件,要想实现社会减灾的法制化,还需在各灾害法律规范中增加或完善相应的保障机制。

三、个体的减灾责任

在将自然灾害视为纯自然规律引发的灾变形态的时代,减灾的个体责任

[1] 参见李迎生:《转型时期的社会政策:问题与选择》,中国人民大学出版社 2007 年版,第 425 页。

[2] 参见许飞琼、华颖:《举国救灾体制下的社会参与机制重建》,载《财政研究》2012 年第 6 期。

往往通过政府行为或社会组织汇集起来,转化为共同体的行为。但是,随着自然灾害人为驱动因素的增加,尤其是人类在过度开发利用环境与资源的过程中,忽略生态系统服务功能退化引发的灾害风险,减灾的个体责任开始具体化。

(一)自然灾害的人为驱动因素

就由生态破坏引发的自然灾害而言,其存在三大类人为驱动因素:第一类驱动因素可称为"别无选择",常表现为那些与人口增长以及与之相伴的贫困问题密切相关。如为了从资源较为丰富但风险较高的区域获得生存资源,不得不以牺牲安全为代价,增加了在灾害风险中的暴露程度。第二类驱动因素"明知故犯",即在能够作出选择却未选择或者说允许甚至有意造成资源耗竭的情况下,对短期经济效益的贪婪和对生态对未来利益的漠不关心。第三类驱动因素"不明就里",无知和误解也是导致自然设施日益衰退的重要原因。[1]

多元化驱动因素导致的自然灾害,损害的利益包括私益和公益。过去受自然灾害认知的局限,灾害导致的损害主要由国家统一通过补助的方式消化,另外一些小型自然灾害则多由个人自我消化。然而,对灾害驱动因素的认知促使灾害责任突破了现有的责任体系。

(二)个体减灾责任的多样形态

个体减灾责任包括民事、行政和刑事责任,这一点在各国都已得到不同程度的确认。例如,我国《地质灾害防治条例》第5条第2款、第3款规定"因自然因素造成的地质灾害的防治经费,在划分中央和地方事权和财权的基础上,分别列入中央和地方有关人民政府的财政预算……因工程建设等人为活动引发的地质灾害的治理费用,按照谁引发、谁治理的原则由责任单位承担"的责任原则。私主体的防灾减灾责任还体现在刑事责任的追究上,这一情况出现在意大利,六位科学家和一名政府官员在地震后因为宣布了"不完整、不精确

[1] 参见彭少麟:《发展的生态观:弹性思维》,载《生态学报》2011年第19期。

和自相矛盾的信息”而导致了人员伤亡被刑事起诉并最终获刑。[1] 而事实上，目前我国对灾害责任规定最多的是行政责任，认为灾害侵犯的是公益，需要通过行政手段追究其责任。

第二节　减灾责任抗辩事由的限制适用

一、国家豁免原则的限制适用

(一)国家豁免原则的含义

国家责任豁免并不是从来就有的，而是在主权理论基础上派生出来的基本原则。这一原则有两个层面的意义：一是在国际法语境下，国与国之间的管辖豁免权；二是在国内法中，国家主权行使者对本国公民的侵权责任豁免权。[2] 国家侵权责任豁免包含了两层含义：(1)指在理论上国家行为可以被视为已构成侵权，而现有的国家赔偿法律也承认侵权并以明示或漠视的形式豁免了国家本来应该承担的赔偿责任；(2)指在理论上国家行为可以被视为已构成侵权，但现有的国家赔偿法律并不承认，因而使国家无须为此承担赔偿责任。[3] 前者是承认侵权且豁免责任，后者是不承认侵权而无须承担责任。国家侵权责任豁免原则的存在具有其合理性，其最初的豁免范围包括具有普遍法律意义的立法行为、具有权威法律意义的司法行为，以及行政机关的抽象行政行为和行政裁量行为等。

因此，要确立自然灾害管理国家侵权责任，国家责任豁免原则仍是一个需要逾越的关口。首先，仍然有许多灾害管理行为是属于国家责任豁免范畴之内的，如灾害立法，而这些行为往往具有统筹规划性；若其不合理，则造成的负面影响更广更长远。其次，绝大多数时候，行政机关实施的自然灾害管理行为属于行政裁量权范围内的行为，往往享有相应的豁免权。如 2005 年美国卡特

---

〔1〕 See Jessica Lucia Frattaroli, “A state ' s duty to prepare, warn, and mitigate natural disaster damages”, *Boston College International and Comparative Law Review* 37, 2014, p. 173.

〔2〕 参见姬亚平：《论国家赔偿法的演变》，载《求索》2006 年第 6 期。

〔3〕 参见季涛：《论国家侵权责任豁免的理论基础》，载《杭州大学学报》1998 年第 4 期。

里娜飓风发生后,灾民们在灾后努力寻求司法援助,出现最多的便是针对美国政府未能合理地对防洪和航行做好准预案而提出的民事侵权诉讼。[1] 这些诉讼中的被告美国政府就以国家责任豁免为由要求免责,而且相当一部分法院支持了被告的意见。[2] 最后,国家灾害侵权责任不仅存在于作为侵权之中,很多时候往往是不作为(包括作为不充分的情况)造成或加剧自然灾害后果,而不作为侵权责任的认定在行政行为违法性、损害事实及其相关问题和因果关系的判断等方面更为复杂,[3] 因此,即便无豁免也很难认定灾害侵权的成立。

(二)国家豁免范畴的收缩

但是,随着人权观念的加强,国家责任豁免原则被不断地修正,并向着平等和平权方向发展:平等(equality)要求国家责任必须通过某种方式融入普通的民事法律制度;而平权(parity)则要求国家及其官员都要服从民事责任中的普通原则。[4] 因此,国家豁免的范畴从绝对豁免逐渐地转变为相对豁免。一般而言,相对豁免的范畴包括国家行使其天然具有的功能(如立法、税收等功能,这些功能是立国之本)以及针对具体事务的裁量行为或决定,一般涉及的是政策选择事务、公共利益的平衡等问题。后者的事务裁量则是依据一定标准在不同方案中作出是否采取行为、实施何种行为、何时实施行为以及怎样实施相应行为所作的选择,[5] 在绝大多数情况下法律会给行政机关留有选择、

---

[1] See Jessica L. F., "State's duty to prepare, warn, and mitigate natural disaster damages", *Boston College International & Comparative Law Review* 37, 2014, pp. 173 - 208.

[2] See Freeman v. United States, 556 F. 3d 326 (5th Cir. 2009); St. Tammany Parish v. Federal Emergency Management Agency, United States Court of Appeals, Fifth Circuit, No. 08 - 30070, January 22, 2009. in Jessica L. F., "State's duty to prepare, warn, and mitigate natural disaster manages", *Boston College International & Comparative Law Review* 37, 2014, pp. 173 - 208.

[3] 参见杜群、黄智宇:《论自然灾害管理不作为的国家侵权责任》,载《中国地质大学学报》2015年第11期。

[4] 参见[英]卡罗尔·哈洛:《国家责任:以侵权法为中心展开》,涂永前、马佳昌译,北京大学出版社2009年版,第17页。

[5] See Ken Lerner, "Governmental Negligence Liability Exposure in Disaster Management", *The Urban Lawyer* 23, 1991, p. 333.

自由裁量的广泛空间。[1]

那么，私人因行政裁量所引起的一定事实状态或法律状态而受自然灾害侵害的，国家是否一律可以得到豁免？一般来说，自然灾害管理属于行政机关能够自由裁量的范围，行政机关具有选择权，不可完全以灾害发生的后果论行政行为是否恰当。这种情况要认定其是否违法，应该判断其是否履行了“合理注意义务”。[2] 但是，在出现行政收缩[3]的情形时，行政作为的不充分则可能直接被认定为“不作为”，从而构成行政行为违法，须承担相应的责任。

二、不可抗力规则的现实挑战

（一）不可抗力规则的形成

除了国家豁免原则对国家责任成立的抗辩事由外，自然灾害责任确立的更为普遍的抗辩事由是不可抗力规则的适用。不可抗力事由源于《法国民法典》，后在德国、英国、美国等国家得到发展，各国将不可抗力当作解除合同或者免责的法定事由。[4] 不可抗力规则的制定是出于公平原则，即被告无须为自己无法预测或预防的事件承担后果，其“在侵权法中具有影响侵权构成和作为免责事由的双重功用”，[5]即影响着侵权责任的有无和侵权责任的承担与否。

---

〔1〕 参见姜明安：《论行政裁量权及其法律规制》，载《湖南社会科学》2009 年第 5 期。

〔2〕 判断是否履行“合理注意义务”的标准包括：第一，政府在过去是否实施了类似行为；第二，理性谨慎的行政人员在同等或类似状况下的表现。See Tarak A.，“The perfect storm, an imperfect response, and a sovereign shield: can hurricane Katrina victims bring negligence claims against the government?” *Pepperdine Law Review* 35, 2008, pp. 317 – 322.

〔3〕 行政裁量收缩论，简称行政收缩，是分析行政不作为乃至作为违法的重要理论，它既承认行政裁量的价值，又在一定情况下将行政裁量压缩甚至压缩至零。这种情况一般是个人的生命、健康和财产等重大法益遭受迫切而具体的危险，而行政主体能够预见到危险，又拥有职权和义务能采取措施回避危险的出现，这是行政裁量必须收缩，否则即构成违法。参见王贵松：《行政裁量权收缩之要件分析——以危险防止型行政为中心》，载《法学评论》2009 年第 3 期。

〔4〕 参见叶林：《论不可抗力制度》，载《北方法学》2007 年第 5 期。

〔5〕 袁文全：《不可抗力作为侵权免责事由规定的理解与适用——兼释〈中华人民共和国侵权责任法〉第 29 条》，载《法商研究》2015 年第 1 期。

我国《民法总则》[1]和《合同法》[2]对不可抗力也有相应的规定,明确不可抗力是指不能预见、不可避免和不能克服的客观现象。该客观现象既包括洪水、地震等自然现象,也包括罢工、战争等社会现象。即自然灾害,尤其是特大自然灾害,通常会被视为不可抗力的法律事由。根据我国《侵权责任法》的规定:侵权责任构成要件为侵权行为、过错、因果关系和损害后果。首先,自然灾害对侵权行为有影响,当灾害后果被视为自然所为时,灾害本身便不可能是侵权行为,也就无所谓侵权责任。其次,对责任承担有影响。我国法律中不乏在自然灾害发生后,对行为人侵权责任或合同责任的减免责任的规定。因此,不可抗力规则是灾害侵权责任成立的重大抗辩事由。在司法实践领域,不可抗力规则也成为控辩双方对灾害侵权责任成立与否的争议焦点,如2013年审结的谭某与湖北某建设股份有限公司等财产损害赔偿纠纷案,对由台风"黑格比"产生的风暴潮造成的涉案事故,其中风暴潮是否属于不可抗力就存在重大分歧,最后,法院认为该次灾害完全是由不可抗力所致,被告不应承担赔偿责任。[3]

(二)不可抗力规则的限制

随着"自然—人为"二分法之间界限的模糊,人为导致的气候变化影响加剧等多重原因,灾害法律责任的免责事由不断被挑战。为了更有效地保障公民权利,国家责任豁免范围不断被收缩,不可抗力规则也逐渐被限制适用。国家、企业,甚至个人都开始需要为灾害管理行为或者破坏环境引发自然灾害的行为埋单。因此,作为不可抗力事由的自然灾害被限制为一种"不可预测的严重的自然灾害或其他异常的、不可避免的、不可阻挡的自然现象,人类在合理注意或意识中无法预防或避免其后果",[4]包括洪涝、地震、飓风等。该定义

---

〔1〕《民法总则》第180条规定:"因不可抗力不能履行民事义务的,不承担民事责任。法律另有规定的,依照其规定。"

〔2〕《合同法》第117条第1款规定:"因不可抗力不能履行合同的,根据不可抗力的影响,部分或者全部免除责任。"

〔3〕广东省高级人民法院"谭某与湖北某建设股份有限公司等财产损害赔偿纠纷再审案",粤高法审监民提字第169号(2013)。

〔4〕Oil Pollution Act, 33 U.S.C. § 2701(1) (2006); Comprehensive Environmental Response, Compensation, and Liability Act, 42 U.S.C. § 9601(1) (2006).

包含了多个要素:(1)“自然”原因;(2)不可预见;(3)“自然”须是唯一的或单独的原因;(4)被告在合理的、一般注意或预见下无法预防灾害后果。[1] 2008年布达耶娃(Budayeva)等人在欧洲人权法院起诉俄罗斯政府并胜诉一案[2]充分表明了自然灾害作为不可抗力事由的限制适用。

其实,随着人为活动的拓展,自然灾害早已很难说是纯粹自然的结果了,再加上人为引发气候变化的趋势逐渐显现,导致自然灾害尤其是气象水文灾害日益频繁,生态系统日益脆弱,人为风险因素不断增加。因此,自然灾害不能一概适用于不可抗力事由,而是取决于自然灾害中“风险的性质和风险减缓的可能”。[3] 风险的性质是指自然与人为、突发与渐发、偶发与复发等因素之间的差别;风险减缓的可能则需要根据具体时空下的科技发展状况、灾害具体情况等综合因素加以判断。

第三节 生态减灾侵权责任的探讨

对自然灾害的重新认识,以及公民灾害权利的拓展,亟须完善灾害法律责任以弥补损失、矫正不公,从而保障公民的灾害基本权利。而通过生态系统方式的减灾,既是国家的责任,也是社会、企业和个人的责任。三者如未有效履行各自的义务或职能,引发或扩大自然灾害,从而造成或加剧灾害损失和后果时,就应该承担相应的法律责任。笔者将通过三个案例来呈现生态减灾责任

---

〔1〕 See Jill M. F., “Re-examining acts of god”, *Pace Environmental Law Review* 27(3), 2010, p. 673.

〔2〕 Budayeva & others v. Russia(Application Nos. 15339/02, 21166/02, 20058/02, 11673/02 and 15343/02),资料来源:http://hudoc.echr.coe.int/eng? i = 001 - 85436,最后访问日期:2015年8月7日。当地处在易受泥石流侵袭之地,泥石流灾害虽为“自然”原因所致,但是在当地属于复发性、季节性灾害,因此监测预警是可行的,并非不可预见。同时,政府在此前也建造了挡泥大坝工程,且从原告提供的证据资料中也看出当局已意识到大坝需要维护;更何况此前有科研机构不断提醒当地管理机构风险的存在,这说明灾害风险是可管理、可规避的,政府完全能够选择某些管理措施以减轻自然灾害后果。而且,已年久失修的挡泥大坝最后与泥石流一起加重了灾害造成的破坏,因此泥石流并非唯一致害原因。

〔3〕 Mark S., “Human rights challenges and adequacy of state response to natural disaster”, *Environmental Law Review* 11, 2009, p. 129.

追究将面临的不同问题和需突破的障碍,分别是针对国家的侵权之诉(Robinson,et al. v. United States)、针对企业的侵权之诉(Barasich v. Columbia Gulf Transmission)和针对特定个体的侵权之诉(Cook v. Sullivan)。

一、案例的引入

(一)针对国家的侵权之诉:罗伯森等诉美国案(Robinson et al. v. United States)

自1943年开始论证密西西比河河湾出口水道是否可行,在美国国会要求作了一系列论证后,1956年该工程被允许开工。水道的设计和建设是分阶段和分线段实施的,并最终在1968年全部完工。与此同时,陆军工程兵团(以下简称军工团)也几乎在同一时间开始着手庞恰特雷恩湖(lake Pontchartrain)的建设和周围飓风防御计划(Vicinity Hurricane Protection Plan)。在1955年经历了一系列飓风侵袭后,国会授权军工团研究沿东部和南部海岸区域防御风暴的计划,计划中就包括新奥尔良市周围区域。在贝琪飓风(Hurricane Betsy)后,1968年军工团决定所有项目结构的高度都增加1英尺到2英尺。这项工程面临着大量的调整和变动,且直到2005年卡特里娜飓风袭击也未全部完工。2005年卡特里娜飓风袭击美国,引发了新奥尔良市的洪涝灾害,造成了该市重大的人员伤亡和财产损失。新奥尔良市的一些居民遂对美国政府提起诉讼,认为他们在卡特里娜飓风期间造成的损失都是因为防洪堤坝的失败造成的,而防洪堤坝的失败是因为陆军工程兵团在建造和维护密西西比河湾出口水道上存在过错。因为军工团的过错,造成了在卡特里娜飓风过程中水道中的水速增加、水道拓宽、护堤侵蚀、堤坝下降等环境问题,从而导致了防洪大坝的破坏,继而对原告的财产造成损害。因此,原告提起金钱赔偿之诉。

为此,被告军工团提出异议,认为被告不应该承担赔偿责任。具体而言,双方的争议焦点主要在以下几方面:第一,被告是否存在过错?原告认为,陆军工程兵团在建造和维护密西西比河湾出口水道上存在过错,该水道连接新奥尔良市和墨西哥湾。原告主张军工团的工程,不仅在于建造和维护密西西比州河湾出口(Mississippi River – Gulf Out let,MRGO),而且在于其未建造一个海浪防御屏障以阻止不断增加的海浪速度和流量,这些也是影响新奥尔良东部堤坝系统并最终引发洪涝的重要因素。而被告则认为自己并无过错,因为水道的建设是通过立法和国会授权的。第二,被告的行为是否与原告的损害结果有直接的因果关系?原告认为,因为军工团的过错,造成了在卡特里娜飓风过程中水道中的水速增加,从而导致了防洪大坝的破坏,继而对原告的财产造成损害。原告主张军工团已经意识到当大型轮船航行在水道中引起的"波浪冲刷"会拓宽水道、侵蚀护堤,有一些堤坝会因为侧边的土壤位移而逐渐下降,但是却没有采取预防措施。原告同时主张军工团在水道内的疏浚造成了海水的入侵,从而破坏了湿地并增加了水道中波浪冲击力。这些影响最终导致了大坝的倒塌,造成了对原告财产的损害。而被告则认为自己没有过错,防洪大坝之所以被冲垮是因为卡特里娜飓风的力量及其带来的风暴潮造成的,这些都与水道的建设和维护无关。第三,被告是否应当承担责任?原告认为,根据《防洪法》和《路易斯安那民法》第667条、第2315条、第2317条的规定,被告应该承担赔偿责任。而被告则认为,根据《防洪法》的"合理注意"例外和"裁量权限例外"规则,被告无须对洪涝造成的灾害负责。

法院根据事实和法律,认为军工团在建设和维护MRGO上存在过错,该过错是导致堤坝被冲毁与新奥尔良地区洪涝灾害的关键原因。同时,法院认为,被告没有对工程造成的环境影响给予足够的重视,并采取及时的海滩保护措施以预防灾害后果。这些也是导致洪涝灾害最终发生的重要因素。而对于被告认为依据《防洪法》中的相关规定可免责的情况,法院未予以支持。其中,对于"合理注意"例外规则,[1]被告主张其在设计、运行、修复和维持MRGO过程中都履行了合理注意义务;而原告则认为被告在海滩保护、海水防御和修复湿地等方面都未履行合理注意义务。最终法院认为,虽然水道工程建设是合法的,但是并不意味着被告可以忽略水道带来的环境影响。而被告虽然意识到了一系列的环境影响,却没有采取积极措施,显然在维护和运行过程中没有履行合理注意义务。对于裁量权限例外规则,[2]法院认为:其一,军工团未提供海滩保护和解决海水入侵问题,这些问题是与安全直接相关的技术、工程和专业判断,而非政策性决定;其二,军工团违反了美国国家环保局的各项环

---

〔1〕 合理注意例外,是指基于立法或执法和请求而履行职责时尽到合理注意义务时,政府免受追诉。

〔2〕 裁量权限例外规则,是指基于裁量权限的行为,无须履行合理注意义务。

境影响评价的强制性义务,自由裁量不可用。最后,法院根据各原告的损害情况,判决被告给予不同的赔偿金额。

(二)针对企业的侵权之诉:巴拉西奇诉哥伦比亚海湾运输公司案(Barasich v. Columbia Gulf Transmission)

2005年秋,卡特里娜和丽塔飓风袭击路易斯安那州沿岸,造成了数十亿美元的经济损失,巨大的财产损失和人员伤亡。原告是来自杰斐逊市、奥尔良市和圣伯纳德教区三个地方的9位居民。他们认为被告的石油和天然气生产、运输公司在过去数十年过程中的开发、运输活动破坏了在路易斯安那州可居住区域与墨西哥湾之间的湿地,从而削弱了甚至完全毁灭了湿地对飓风的防御屏障功能,以及将路易斯安那州的居民暴露在飓风带来的更大威胁之下。因此,原告要求被告对他们破坏路易斯安那州湿地的行为负责,且要求弥补原告为此遭受的个人伤亡、财产损失与湿地作为防御风暴的价值损失。为此,原告一开始提出了两个集体诉讼,分别是巴拉西奇诉哥伦比亚海湾运输公司案(Barasich et al. v. Columbia Gulf Transmission Co.)和维拉诉哥伦比亚海湾运输公司案(Villa et al. v. Columbia Gulf Transmission Co.),后来当地法院鉴于法律问题和案件事实的同一而合并了案件。[1]

在该案中,双方对以下法律问题存在争议:(1)是否具有可诉性存争议。被告认为法院应不予审理,因为该案是一个不可裁决的政治问题。[2] (2)是

---

〔1〕 George Barasich, et al. v. Columbia Gulf Transmission CO., et al., Civil Action Nos. 05 - 4161, 05 - 4569(United States District Court. 2006).

〔2〕 美国司法审查制度可分为"违宪审查"和"违法审查"。前者是指法院对立法机关、行政机关的行为是否合宪所进行的审查,后者是法院对行政行为是否合宪、合法所进行的审查。在司法过程中,会面临涉及各类政治问题的可能性,政治问题不裁决原则便是法院在这种情况下该如何取舍的问题。

否有权获得赔偿存争议。原告坚称他们有权根据《路易斯安那民法》第667条、[1]第2315条[2]和第2317条[3]获得赔偿。根据第667条,原告认为原告与被告之间属相邻关系,可适用该条规则;被告则认为二者相距甚远,不属于相邻关系。根据第2315条,要求证明侵权者存在过错。因此,原告需要证明:(1)被告有遵守特定标准以规范自身行为的义务;(2)被告未遵守适当标准;(3)被告的不合格行为是原告损失的事实原因;(4)被告的不合格行为是原告损失的法律原因;(5)实际损失的存在。对此,原被告存在争议:第一,被告是否有义务?法院认为,原告未能证明被告有义务或被告的行为是其损失的事实原因。对此,被告认为根据法律,原告无法证明被告承担防御飓风带来损害的义务。原告则认为由于义务的法律范围是一个敏感问题,要求法院裁判被告是否有保护原告免受特定灾害威胁的义务是不恰当的。但是原告列举了一系列案例旨在为法院在民法中找到相应的义务。第二,是否有因果关系?被告认为,原告不能证明他们的行为与原告的损害存在法律上的因果关系;原告则认为他们的所有损失都是被告的行为造成的。根据第2317条,被告作为监护者,对其监护人或事物造成的损害承担严格责任,但是该条经过修改后变为对监管物造成的损失承担过错责任。

法院认为,该案不属于不可裁决的政治问题,故受理此案。但是法院根据原被告提供的证据和理由,最终判决驳回原告的诉讼请求。其判决依据依次如下:(1)根据《路易斯安那民法》第667条的规定,除了极其危险的活动适用严格责任外,其他活动适用过错责任。因此,本案应适用过错责任。同时,原告需要证明自身遭受的损失与被告的行为之间存在因果关系。该条为相邻的

---

[1] 《路易斯安那民法》第667条规定:尽管所有人可以在自己的不动产上做自己想做的事,但是不能从事那些剥夺其邻居享有财产自由的工作,或者那些对邻居财产造成损害的工作。但是,如果他从事了上述工作,造成了对邻居的损害,他也仅需在其知道或应该知道其活动可能造成损害,且损害在合理注意下能够预防,但他却未尽合理注意义务时承担责任。然而,如果损害是由极其危险的活动造成的,不考虑其是否已知或是否履行合理注意,都应该承担责任。这里,极其危险的活动严格限制在打桩(pile driving)和爆破活动(blasting with explosives)。

[2] 《路易斯安那民法》第2315条规定:任何人的行为由于自身过错造成他人的损失都需承担赔偿责任。该立法为过错责任提供了法律依据。

[3] 《路易斯安娜民法》第2317条规定:我们不仅需要对我们的行为造成的损害负责,而且需要为我们监护的人的行为或事物造成的损害负责。

财产使用限制责任提供的依据，仅适用于相邻关系造成的损害。而本案中的原告和被告地理位置并不相邻，相距甚远。因此，法院认为，原被告关系不属于“邻居”，且原告未证明被告的行为与原告的损失之间存在因果关系。(2)原告未能证明自身损害与被告行为之间存在直接的因果关系。

但是，法院承认在南路易斯安那州，海岸侵蚀在一个严重的问题。如果海岸侵蚀真的是被告导致的，那么原告应该提出一个双方在时空上相邻的、因果关系更为紧密的诉讼以证明自己的诉求正当。

(三)针对特定个体的侵权之诉：库克诉苏里文案(Cook v. Sullivan)

从1946年起，原告库克等人就拥有温尼珀索基湖(Lake Winnipesaukee)的财产权，在过去的几十年里，他们在湖上建造了各种建筑物，包括一栋房子、一个车库和一个宾馆。1996年被告买下了毗邻湖泊的一些财产，在购买时，被告就计划建造一个四间房的房屋。1996年年末，被告在未获得原告和湿地管理局许可的情况下，在其财产上建造了一个三室规模的房子。在房子的建造过程中，被告用了大量的填埋物打地基。1997年原告开始遭受越来越多的洪涝，其持续时间加长。除此之外，在他们的车库和宾馆下面的水位也越来越高，由此对他们使用财产造成了干扰。1998年该湖泊达到了近百年来的最高水位，加重了洪涝对原告财产的影响。因此，原告认为被告在湿地上建造房子，改变了该区域的水文，增加了洪涝对原告财产的侵袭，故对被告提起诉讼，要求被告停止侵害，恢复原状。[1]

该案存在以下争议焦点：(1)环境服务湿地管理局的执法行为是否构成已决案件，不可再次提到法院审理？(2)被告的建筑活动是否构成妨碍(nuisance)，从而对原告的财产造成损害？原告列举了一系列证据证明被告的活动对其造成的影响和损失；而被告则认为，证据不足以证明原告的损失是被告的建筑活动导致的，因为在被告建筑活动之前，原告的财产就存在受潮问题。(3)禁令救济是否恰当。被告认为禁令救济没有恰当地平衡双方的困难，被告向初审法院提出移除原告边界20英尺内的填埋物，再建造一条沟渠以排水。但是被告并未提供专家证言以支持他们的替代救济措施可行。而原告则希望将湿地恢复原状。

初审法院判决同意原告的禁令救济，被告遂上诉，最后，新罕布什尔州最

---

〔1〕 Cook v. Sullivan, 829 A. 2d 1059 (N. H. 2003).

高法院(Supreme Court of New Hampshire)维持原判,认为:(1)环境服务湿地管理局的执法行动没有构成先决案件,因而本院有权对该案作出裁决。(2)证据显示构成私人妨碍(private nuisance)。当一项活动对他人使用和享有财产构成了实质性的、不合理的干扰时,私人妨碍便存在。本案中,要构成妨碍,被告的活动造成的损害必须超过社会中的一般干扰,同时对财产利益的干扰是可评估的、有形的。(3)禁令救济要求被告从湿地上移除填埋物和房子。法院支持原告的禁令救济的诉求,因为证据显示对原告唯一的救济方式就是移除房屋和填埋物,只有这样才能完全缓解洪涝带来的损害。

二、生态减灾侵权责任的构成要件

上述三个案件虽然针对的侵权主体不同,分别是国家、企业和个人,法院的审理结果也不尽相同,二胜一负。但是,三个案件却都表明了生态减灾不仅是一种理念和方式,更是一种义务和责任,如果违法了生态减灾的责任,则很可能需要承担相应的不利后果,受到法律追究。从上述案件的审理和判决中,我们可以看到,违反生态减灾义务而构成的灾害侵权责任要件包括。

第一,客观上有侵权行为。上述三个案件中,被告的行为分别是导致湿地破坏的个人建筑行为,导致湿地破坏的石油和天然气企业的开发、运输的行为以及导致湿地破坏的水道修建的行政行为。而判断该些行为是否构成侵权行为,还需看其侵犯的“权”有何依据。其中,在库克诉苏里文案中,原告认为湿地破坏行为侵犯了其“财产权”;在罗伯森诉美国中,原告认为被告不仅侵犯了其财产权,还侵犯了其人身权;而在巴拉西奇诉哥伦比亚海湾运输公司案中,原告认为被告不仅侵犯了传统上的人身、财产民事权利,还侵犯了湿地生态系统服务功能能够防御自然灾害的生态性权利。虽然,法院对生态性权利并未承认,但是随着生态系统服务功能的重要性逐渐被意识到,越来越多的学者认为应尽快将生态系统服务功能纳入财产权,这一问题值得深究。

第二,主观上存在过错,包括故意和过失。在库克诉苏里文案和罗伯森诉美国案中,被告主观上都存在过失,前者的建筑行为未经原告和湿地管理局的许可,后者的建筑行为虽经授权,却未有效维护水道,积极减缓水道建设带来的环境影响,未尽合理注意义务。判断是否存在过错的标准越来越客观化,其中,是否履行合理注意义务则是个关键要件。而合理注意义务对个人和国家而言,标准也略有不同,后者考量起来更为严格。

第三,损害事实的发生。损害事实是指侵权行为对相对人的人身或财产权益造成的实际损害,通常包括人身损害、财产损害和精神损害。除此之外,在巴拉西奇诉哥伦比亚海湾运输公司案中,原告还明确提出了湿地作为生态利益的损失,应为此提出修复湿地的要求。

第四,被告的行为与原告的损害之间有因果关系。生态减灾侵权责任中的因果关系认定极为复杂,掺杂着自然因素与人为因素的影响、直接原因与间接原因的作用以及作为与不作为后果的界定。裁判人必须考虑:哪些自然灾害本身无法通过人类行为预防、规避、减缓以及应对的;哪些是因为人类活动而加剧的损害等。这些因素综合起来加剧了因果关系认定的复杂性。在巴拉西奇诉哥伦比亚海湾运输公司案中,法院认为,由于原被告之间相距甚远,因果关系难以认定,而未支持原告的诉讼请求;而其他两个案件中,原被告由于地理位置上处于相邻关系,因果关系较为容易判定,因而因果关系被承认。

总体而言,上述三个案件表明了,生态减灾不再仅仅是一种理念、一种减灾方式;更应该是一种义务和责任,一种每个人都应该遵守和履行的责任。上述案件的成功(虽然企业责任案中未得到支持,但是法院承认湿地被严重破坏的现实,同时指出了原告如何才更可能获得支持的路径)为我国生态减灾的侵权责任认定提供了可借鉴的理论和条件。但是,生态系统服务功能作为一种私益仍不得法律承认,生态系统服务功能的破坏而引发或加剧灾害后果的因果关系也难以认定,这些问题还有待进一步地完善。

第四节　我国生态减灾法律责任的完善

一、我国灾害法律责任制度的现状

在现代社会,自然灾害问题日益频繁而严重,损失重大,其应面对的问题有两个:第一,如何防止和减少自然灾害;第二,如何合理填补所产生的损害。灾害责任制度便具有这两项功能:预防损害和填补损害。

(一)国家灾害管理权责关系的不对等

虽然国家作为防灾减灾的义务主体地位基本确立,但是却还没有形成相应的国家责任体系，有学者将这种权责关系的不平衡性称为错位。[1] 对于我国自然灾害管理权责关系来说，主要体现在灾害管理权力的扩张与责任的狭隘化错位。综观我国自然灾害立法，就立法体例而言，政府职权型条款占法律条文的绝大多数。理论上而言，任何国家都负有自然灾害管理以保障人们生存与发展的职能，但这种职能能否转化成法律责任而为司法体系所威慑支持还需要立法加以明确。然而，我国立法对国家法律责任的规定较为狭隘。我国刑法、行政法[2]对国家灾害管理的有关法律责任作了规定：刑法中规定的渎职罪（滥用职权罪、玩忽职守罪、传染病防治失职罪等），挪用公款罪中的从重情形（挪用用于救灾、抢险、防汛、救济款物等归个人使用的）等反映了国家对公职机关和个人在行使灾害管理职权时的限制；行政法律规范中关于国家灾害管理法律责任的规定则更多了，主要体现在灾害专门法律规范中。这些法律规范中对法律责任的规定大多侧重于对应当履行职权却未履行有关部门或机构的"责令改正"以及对直接负责的主管人员和其他直接责任人员的行政处分或刑事责任。关于国家对管理相对人的灾害管理的义务和责任的规定并不多，数量和分量上都远比不上对自身职权的规定。对于国家自然灾害管理的侵权法律责任，往往因不可抗力规则和国家豁免原则而变得微乎其微。总体而言，国家自然灾害管理过程中的法律责任呈现出重个人化轻部门化、重内部化轻外部化、重公法化轻私法化的特点。[3]

（二）私主体灾害法律责任承担的有限性

在我国，自然灾害仍被视为一种突发性的、超出人类控制范围能力的自然现象，由此认为个人或企业的单独行为很难引发自然灾害。在这种观念指导下，我国法律对私主体的灾害义务和责任多是原则性规定，如《防洪法》第 6 条规定："任何单位和个人都有保护防洪工程设施和依法参加防汛抗洪的义务"；《防震减灾法》第 8 条规定："任何单位和个人都有依法参加防震减灾活动的义务"等。在此基础上，具体的私主体灾害法律责任则多是灾害行政责任，如

〔1〕 参见关保英：《行政法的私权文化与潜能》，山东大学出版社 2011 年版，第 404 页。

〔2〕 行政法则以强化国家的行政管理为常见，或者把减灾职责赋予某一机构，或者具体规定某机构的权限；或者明文规定相应的行政责任等。

〔3〕 参见杜群、黄智宇：《论自然灾害管理不作为的国家侵权责任》，载《中国地质大学学报》（社会科学版）2015 年第 6 期。

"责令停止违法行为""排除阻碍或者采取其他补救措施""罚款"等。这些责任实质上并不是对灾害后果担负的法律责任,而是对破坏、阻碍防灾设施的正常运转或防灾工作的顺利进行等行为的惩罚。而相应的导致灾害损害的民事责任规定极少,明确的仅在《地质灾害防治条例》中有规定:"因工程建设等人为活动引发的地质灾害的治理费用,按照谁引发、谁治理的原则由责任单位承担",此处的民事责任也仅限于"治理费用"。而在该法"法律责任"一章中第42条规定"对工程建设等人为活动引发的地质灾害不予治理的……给他人造成损失的,依法承担赔偿责任",也就是说只有在对人为引发的地质灾害不予治理给他人造成损失时,才需依法承担赔偿责任。

由此,我们可以看出,我国私主体的灾害法律责任非常有限,较多的责任也是基于对防灾设施,包括生态设施的保护义务,而不是对灾害造成的人身、财产损失承担责任。

(三)缺失的生态减灾侵权法律责任

环境污染责任与生态破坏责任虽各自表现形态多样,但是不能截然分开,甚至经常是互为因果,发生转化——严重的环境污染可以导致物种死亡甚至灭绝,严重影响生态系统功能的正常运转,导致生态质量与功能严重下降;生态破坏又反过来降低了环境的调节与适应能力,加剧污染的程度。因此,要想真正保障生态系统功能,必须全方位考量环境法律责任制度的设计。然而,环境法律责任的"原因—行为"二分法导致了:一方面环境污染责任的日益完善,生态环境的利益[1]与损害[2]也相继纳入责任范畴之内;另一方面生态破坏引发的法律责任却几乎处于缺失状态。虽然《环境保护法》第64条规定:"因污染环境和破坏生态造成损害的,应当依照《中华人民共和国侵权责任法》的有关规定承担侵权责任",但是其在司法实践中的适用仍有待相关立法或司法

---

〔1〕 2011年《刑法修正案(八)》将《刑法》第338条"重大环境污染事故罪"修改为"污染环境罪":"违反国家规定,排放、倾倒或者处置有放射性的废物、含传染病病原体的废物、有毒物质或者其他有害物质,严重污染环境的,处三年以下有期徒刑或者拘役,并处或者单处罚金;后果特别严重的,处三年以上七年以下有期徒刑,并处罚金。"

〔2〕 近年来,为实现全面追究污染者的环境责任的目的,在司法实践中也是将生态破坏修复与生态恢复费用纳入环境损害范围之内,参见环境保护部《关于开展环境污染损害鉴定评估工作的若干意见》及《环境污染损害数额计算推荐方法》(第1版)。

解释的明确和完善。

生态侵权与环境污染侵权不同,其是指行为人在开发、利用环境的过程中造成生态损害而需承担的民事责任的行为,其中生态损害表现为生态系统服务功能的严重退化甚至丧失。因此,生态侵权侵害的是生态系统服务功能,而非人类的人身财产安全。生态侵权责任的不完善直接影响到生态减灾侵权责任的确立,前者的侵权行为、侵权客体都与生态减灾的侵权责任相同,分别是生态破坏行为和生态系统服务功能的健康、完整。但是,二者也有不同,主要体现在:(1)生态侵权的损害事实是“生态损害”,而生态减灾侵权责任的损害事实除了生态损害之外,还包括自然灾害造成的人身、财产损失。(2)生态减灾侵权责任的因果关系较生态侵权的因果关系而言,更为复杂。前者是“生态破坏行为—生态破坏事实”之间的因果关系,后者是“生态破坏行为—自然灾害—损害事实”之间的因果关系。但是,生态侵权责任是生态减灾侵权责任的基础,因为生态侵权责任一旦完善,生态系统服务功能作为一种独立的法益便具有法律依据,而且因果关系的判断也就有了相关的标准。

无论是对国家、单位还是个人,生态减灾的侵权责任都未得到确立。目前,我国虽未明确生态减灾的法律义务,但是,仍有许多法律责任可以理解为生态减灾责任。这些责任的承担大多是因为行为人未在对自然资源开发利用的同时,履行保护或合理注意义务。如我国《防洪法》对破坏江河、湖泊等调蓄洪水的生态系统的行为规定了一系列的行政责任。但是,生态减灾的侵权责任仍是空白的。目前我国灾害法中的侵权责任仅适用于人为引发的自然灾害,对于自然与人为共同作用引发的自然灾害责任则并不明确。同样,生态侵权责任也不完善。鉴于此,由于人为导致的生态破坏而引发或加剧自然灾害造成的损害责任更是难以界定和追究。而在灾害法中,生态减灾甚至不算一种义务,它只是国家在减灾政策和方式上的选择。而且,由于生态系统服务功能未被法律确认,对功能的破坏将影响灾害的产生或加剧这一因果关系也未得到承认,因此,生态减灾的法律责任仍处于空白状态。

二、我国生态减灾法律责任制度的完善

(一)完善生态减灾的民事责任

本书认为,应从以下几个方面完善生态减灾的民事法律责任。

1. 完善国家生态减灾侵权责任

国家生态减灾侵权责任,是指国家违反保护公民的义务,未恰当地、积极地保障生态系统服务功能而引发或加剧自然灾害的发生,从而造成公民人身、财产和生态权益损害时,国家应当承担相应的民事责任,对相对人受损权益进行合理的恢复和补救。该责任还适用于其他防灾措施未履行环境影响评价义务而造成的生态破坏,继而引发或加剧自然灾害后果的情形。

目前,我国《民法总则》《国家赔偿法》中为国家侵权责任提供了法律依据,但都未明确国家的生态减灾侵权责任。国家生态减灾侵权责任的构成要件包括:(1)政府及其行政机构的生态减灾行为违法。行为违法的判定需要符合以下几个要件,包括政府具有生态减灾的义务,政府能够履行生态减灾的义务,政府未履行生态减灾的义务。(2)损害事实。一般国家侵权损害事实,是指国家机关及其工作人员、被授权人或被委托人在行使国家职能过程中实施的行为使行政相对人的人身或财产权益受到实际损害,包括人身损害、财产损害以及精神损害。[1] 其中,人身损害是指对人身权的侵害而导致的损失,包括对生命健康权、姓名权、名誉权等;财产损害包括直接财产损失和间接财产损失(又称可得利益的损失);精神损害属于一种非财产损害,其衡量标准具有强烈的主观性。而生态减灾侵权损害事实应拓展至生态系统服务功能的损害,是生态利益的体现。此外,对于国家生态减灾侵权损害事实的程度应如何认定呢?笔者认为,对此不应该遵循“全部赔偿”原则,而应该“适当赔偿”,即一般情况下赔偿灾民人身损害中的生命健康权损害、财产损害中的直接财产损失和因生态破坏危及生存权的补偿,而不包括间接财产损失以及精神损害等。此主张理由有三:其一,灾害管理是一把“双刃剑”——灾害管理不作为会导致大量人员伤亡和财产损失;过度实施灾害管理也可能对公民权利限制过多,同时产生巨大的经济成本,引发公权对私权的过多限制。其二,国家财政

---

[1] 参见姜明安:《论国家侵权责任的构成》,载《中外法学》1991 年第 4 期。

是有限的,如果对自然灾害损害范围认定过于宽泛,就会限制国家在其他公共职能上的履职。其三,国家赔偿的本质是全民赔偿,是利用纳税人的资金为政府失职行为埋单。而且,在灾害管理中政府是否失职、失职的程度都与自然灾害的不可抗力属性有着必然的关联,这就使灾害管理侵权赔偿更有可能泛化为灾害管理无过失补偿而不是严格的侵权赔偿。(3)因果关系的认定。该点已在上文中提到,不再累述。从国外生态减灾侵权责任对因果关系的认定来看,相关专业人士,尤其是科学家的观点在认定因果关系中的作用值得重视。

2. 完善私主体生态减灾侵权责任

前面在对三个案子的分析中,提出生态减灾侵权责任的构成要件。对于我国私人(包括单位和个人)生态减灾侵权责任的完善,笔者认为有必要注意一个关键的问题,即生态系统服务功能的破坏,往往不是单个主体的单个行为造成的,其成因往往是某行业或者某区域内多数人具有累积性的活动,继而导致的生态功能损害甚至丧失,削弱了对自然灾害的防御功能,这也正是生态减灾侵权责任难以认定的关键问题之一。笔者认为,非常有必要确立特定人的特定行为引发自然灾害的侵权责任。特定人不仅是指特定个体或特定企业,而且还延伸至特定行业的特定责任。即能够确定特定侵权主体的,应该就特定主体提起诉讼;不能够确定特定主体的,可以考虑以行业为诉讼对象。

(二)完善生态减灾的行政责任

生态减灾的行政责任包括行政主体自身的行政责任和行政相对人的行政责任,因此,应从行政主体和行政相对人两方面的行政责任出发,加以完善。

第一,目前我国各灾害单行法中对行政主体行政责任的规定集中在行政处分上,即对直接负责人员和其他直接责任人员违反管理职责的违法行为作出处分。应受处分的行为中未明确未履行生态保护或防灾设施对环境产生重大影响未采取减缓措施等行政行为。2015 年中共中央办公厅、国务院办公厅发布了《党政领导干部生态环境损害责任追究办法(试行)》中,列举了应当追究相关地方党委和政府领导干部责任的情形,如“违反主体功能区定位”“突破资源环境生态红线”“决策严重违反……生态环境保护等规划的”以及“发生……严重环境污染和生态破坏事件”或者“对严重环境污染和生态破坏(灾害)事件处置不力的”等。鉴于该办法更多的是党内责任,非常有必要将这些责任进一步纳入现有的行政法和灾害法律规范,明确为具有法律普遍约束力的行政责任。

第二,从现有的法律责任来看,行政相对人的行政责任形式较为多样化,有罚款、恢复原状或其他补救措施、责令停止违法行为、限期改正等。但是,各灾害单行法中对行政相对人的行政责任的设置存在两个严重问题:(1)行政相对人的灾害行政责任太过宽松。以我国《防洪法》为例,该法第53条规定:“未经水行政主管部门签署规划同意书,擅自在江河、湖泊上建设防洪工程和其他水工程、水电站的,责令停止违法行为,补办规划同意书手续;违反规划同意书的要求,严重影响防洪的,责令限期拆除;违反规划同意书的要求,影响防洪但尚可采取补救措施的,责令限期采取补救措施,可以处一万元以上十万元以下的罚款。”该款规定的责任意味着在江河、湖泊上建设防洪工程和其他水电工程的行为可以“先上车后补票”,不仅如此,对影响防洪的行为“一再退让”,给人一种不到万不得已不处罚的感觉。该责任的规定势必严重影响对灾害的预防,甚至加剧对湿地、湖泊等的破坏。(2)行政相对人的行政责任缺乏对生态破坏行为的追究。如《防洪法》中的行政责任虽致力于保障河道、湖泊的行洪,但是未对森林、湿地等调蓄洪水能力的生态破坏行为予以追究。再如,在《地质灾害防治条例》中,对建设单位追究行政责任的行为包括“未按照规定对地质灾害易发区内的建设工程进行地质灾害危险性评估的”和“配套的地质灾害治理工程未经验收或经验收不合格,主体工程即将投入生产或者使用的”(《地质灾害防治条例》第41条)。众所周知,地质灾害常常是因建设单位对周边生态环境造成的严重破坏而引发或加剧的,为此,建设单位应该在开发的同时负有生态保护的义务和责任。因此,该行政责任不仅包括对破坏工程(大坝、堤坝)防灾设施的责任,更包括对破坏湿地、森林、草原等自然设施的责任。

(三)完善生态减灾的刑事责任

目前我国刑法关于环境法律责任的规定集中在《刑法》第六章第六节“破坏环境资源保护罪”之中,包括污染环境罪(第338条);非法处置进口的固体废物罪、擅自进口固体废物罪、走私固体废物罪(第339条);非法捕捞水产品罪(第340条);非法捕猎、杀害珍贵、濒危野生动物罪,非法收购、运输、出售珍贵濒危野生动物、珍贵、濒危野生动物制品罪(第341条);非法占用耕地罪(第342条);非法采矿罪,破坏性采矿罪(第343条);非法采伐、毁坏珍贵树木罪(第344条);盗伐林木罪,滥伐林木罪,非法收购盗伐、滥伐的林木罪(第345

条）。从具体罪名可以看出，我国环境刑事责任可分为污染环境类和破坏资源类，缺乏危害生态安全类的法律责任。防灾减灾的刑事责任一般包括在渎职罪、玩忽职守罪、危害公共秩序罪或危害公共安全罪之中。对于危害生态安全继而引发自然灾害造成的人员伤亡和财产损失，或者对于未有效实施生态系统方式防灾减灾，而加重自然灾害造成的人员伤亡和财产损失的情况，从目前情况来看，很难单独入刑。笔者建议，应将自然灾害的发生及其后果作为现有刑责中的加重情形，如在自然灾害发生后，未受灾害影响的单位或个人严重污染环境的，在具体量刑上应从重。

小　结

对责任的追究具有两方面的意义：预防损害和填补损害。随着人类对自然灾害的影响范围和深度的加深，自然灾害“非自然”的认知逐渐成为共识，减灾伦理共同体逐渐向减灾责任共同体转变。因而，“需求”不再能够满足人们对正义和公平的渴望，减灾不仅是一种需求，更是一种权利，这便是减灾的权利路径。根据减灾的权利路径，政府、社会、企业和个体承担着相应的减灾义务。当主体未履行减灾义务时便可能需要承担相应的法律责任。通过对国外案例的分析和探讨，结合我国减灾法律责任的现状，提出我国减灾法律责任的完善对策，尤其是生态减灾法律责任的完善。

参考文献

一、中文著作类

1. 韩德培主编:《环境保护法教程》,法律出版社 2012 年版。

2. 蔡守秋主编:《环境资源法教程》,高等教育出版社 2010 年版。

3. 杜群:《环境法融合论:环境 · 资源 · 生态法律保护一体化》,科学出版社 2003 年版。

4. 杜群:《生态保护法论——综合生态管理和生态补偿法律研究》,高等教育出版社 2012 年版。

5. 王树义:《俄罗斯生态法》,武汉大学出版社 2001 年版。

6. 秦天宝:《生物多样性国际法导论》,台北,元照出版公司 2010 年版。

7. 柯坚:《环境法的生态实践理性原理》,中国社会科学出版社 2012 年版。

8. 汪劲:《中外环境影响评价制度比较研究:环境与开发决策的正当法律程序》,北京大学出版社 2006 年版。

9. 马怀德主编:《应急管理法治化研究》,法律出版社 2010 年版。

10. 韩大元、莫于川主编:《应急法制论——突发事件应对机制的法律问题研究》,法律出版社 2005 年版。

11. 郭春明:《紧急状态法律制度研究》,中国检察出版社 2004 年版。

12. 孟涛:《中国非常法律研究》,清华大学出版社 2012 年版。

13. 王建平:《减轻自然灾害的法律问题研究》,法律出版社 2008 年版。

14. 杨立新主编:《意外灾害应急民法救济》,人民法院出版社 2008 年版。

15. 蔡运龙编著:《自然资源学原理》(第 2 版),科学出版社 2007 年版。

16. 赵绘宇:《生态系统管理法律研究》,上海交通大学出版社 2006 年版。

17. 万宗成、李高协、殷悦贤编著:《综合生态系统管理法律制度研究》(上、下册),甘肃人民出版社 2008 年版。

18. 张才琴:《森林生态系统法制化管理模式研究》,中国书籍出版社 2012 年版。

19. 吴必康:《权力与知识:英美科技政策史》,福建人民出版社 1998 年版。

20. 张子程:《自然生态美论》,中国社会科学出版社 2012 年版。

21. 曲格平主编,科学发展观丛书编委会编:《统筹人与自然和谐发展》,党建读物出版社 2012 年版。

22. 刘会平、潘安定编著:《自然灾害学导论》,广东科技出版社 2007 年版。

23. 黄承伟、何晓军、王国良编:《自然灾害与贫困:国际经验及案例》,华中师范大学出版社 2013 年版。

24. 何方:《应用生态学》,科学出版社 2003 年版。

25. 张涛、项永琴、檀晶:《中国传统救灾思想研究》,社会科学出版社 2009 年版。

26. 邓云特:《中国救荒史》,商务印书馆 2011 年版。

27. 孙绍骋:《中国救灾制度研究》,商务印书馆 2004 年版。

28. 李文华主编:《中国当代生态学研究——生态系统恢复卷》,科学出版社 2013 年版。

29. 孔达主编:《水政概论》,中国水利水电出版社 2013 年版。

30. 曹沛霖:《政府与市场》,浙江人民出版社 1998 年版。

31. 陆书玉:《环境影响评价》,高等教育出版社 2001 年版。

32. 董颖编:《地质灾害风险评估理论与实践》,地质出版社 2009 年版。

33. 关保英:《行政法的私权文化与潜能》,山东大学出版社 2011 年版。

34. [法]亚历山大 · 基斯:《国际环境法》,张若思编译,法律出版社 2000 年版。

35. [英]卡罗尔 · 哈洛:《国家责任:以侵权法为中心展开》,涂永前、马佳昌译,北京大学出版社 2009 年版。

36. [美]兰西 · 佩尔斯、查理士 · 撒士顿:《科学的灵魂:500 年科学与信仰、哲学的互动史》,潘柏涛译,江西人民出版社 2006 年版。

37. [美] Marty D. Matlock、Robert A. Morgan:《生态工程设计:恢复和保护生态系统服务》,吴巍译,工业出版社 2013 年版。

38. [英] E. 马尔特比等编著:《生态系统管理:科学与社会问题》,康乐、韩兴国等译,科学出版社2003年版。

39. [英]克莱夫·庞廷:《绿色世界史:环境与伟大文明的衰落》,王毅、张学广译,上海人民出版社2002年版。

40. [印度]阿马蒂亚·森:《贫困与饥荒》,王宇、王文玉译,商务印书馆2014年版。

41. [美]罗伯特·V. 珀西瓦尔:《美国环境法——联邦最高法院法官教程》,赵绘宇译,法律出版社2014年版。

42. [美]詹姆斯·奥托、克雷格·安德鲁斯等:《矿业特许税费——关于其对投资者、政府和市民社会影响的国际研究》,胡德胜、魏铁军、王涛等译,北京大学出版社2013年版。

43. [美]赫尔曼·E. 达利、小约翰·B. 柯布:《21世纪生态经济学》,王俊、韩冬筠译,中央编译出版社2015年版。

44. [法]吕西安·费弗尔:《大地与人类演进:地理学视野下的史学引论》,高福进、任玉雪、侯洪颖译,上海三联书店2012年版。

45. [英]克莱夫·庞廷:《绿色世界史:环境与伟大文明的衰落》,王毅译,中国政法大学出版社2015年版。

二、中文论文类

1. 应松年:《巨灾冲击与我国灾害法律体系的改革》,载《中国应急管理》2010年第9期。

2. 金磊:《中国综合减灾立法体系研究——兼论编研国家〈综合减灾法〉的几个重要问题》,载《北京联合大学学报》(人文社会科学版)2004年12月。

3. 崔永东:《预防灾害法制的基本理论及相关立法问题研究》,载《法治研究》2013年第9期。

4. 黄兴乔:《比较法视野下的中国自然灾害防治法律制度探析》,载《法制与经济》2010年1月。

5. 李翔:《美国的自然灾害管理体制、政策与立法》,载《上海保险》1996年6月。

6. 杨东:《日本的灾害对策体制及其对我国的启示》,载《中州学刊》2008年第1期。

7. 杨东:《论灾害对策立法:以日本经验为借鉴》,载《法律适用》2008 年第 12 期。

8. 梁昊然:《论我国巨灾保险制度的法律建构》,吉林大学 2013 年博士学位论文。

9. 吴保生、丘丽红:《论我国自然灾害预警机制的建立与完善》,载《兰州学刊》2009 年第 3 期。

10. 郝斌:《应急预案行政法律问题研究》,中国政法大学 2010 年硕士学位论文。

11. 郭建平、邵国栋:《完善我国自然灾害救助体系的对策探究——兼论日本自然灾害救助体系对我国的启示》,载《科技管理研究》2009 年第 9 期。

12. 罗登亮:《汶川地震灾后住房恢复重建的法律选择——以"政府—市场"关系为视角》,西南财经大学 2009 年博士学位论文。

13. 何少斌等:《我国防洪法的理性分析》,载《中国防汛抗旱》2007 年第 4 期。

14.《防洪法》立法后评估课题组:《〈防洪法〉立法后评估》,载《水利发展研究》2012 年第 9 期。

15. 魏国忠:《谈谈〈防洪法〉的特点》,载《河北水利》1998 年第 1 期。

16. 姜喆:《我国地质灾害防治立法研究》,中国地质大学 2012 年硕士学位论文。

17. 苏靖缘:《气候变化视角下森林灾害防治法律制度研究》,东北林业大学 2014 年硕士学位论文。

18. 赵黎:《气象灾害应急管理机制的完善研究——以伊犁巩留县气象局为例》,新疆农业大学 2012 年硕士学位论文。

19. 刘小冰:《汶川地震的法律追问——国家紧急权力的法律与法学建构》,载《江苏警官学院学报》2008 年第 4 期。

20. 马丽琼、陶信平:《浅析我国灾害防治法制问题——以探究"舟曲泥石流"为例》,2012 年全国环境资源法学研究会年会论文。

21. 张鹏等:《近 30 年中国灾害法律法规文件颁布数量与时间演变研究》,载《灾害学》2011 年第 3 期。

22. 杜群:《可持续发展与中国环境法创新——环境法律体系的重塑》,载《北京师范大学学报》(人文社会科学版)2001 年第 5 期。

23. 黄锡生、史玉成：《中国环境法律体系的架构与完善》，载《当代法学》2014 年第 1 期。

24. 王权典：《论环境安全视角下的我国灾害防治法制建设》，载《自然灾害学报》2003 年第 3 期。

25. 汪劲：《对构筑我国环境法律体系框架若干问题的思考》，载《环境保护》1995 年第 2 期。

26. 陈海嵩：《自然灾害防治中的环境法律问题》，载《时代法学》2008 年第 4 期。

27. 蔡守秋：《论综合生态系统管理》，载《甘肃政法学院学报》2006 年第 3 期。

28. 蔡守秋：《综合生态系统管理法的发展概况》，载《政法论丛》2006 年第 3 期。

29. 杜群：《评估法律体系实施综合生态系统管理能力的研究方法——以全球环境基金—中国防治土地退化伙伴关系项目法律评估活动为例》，载《中山大学法律评论》2010 年第 8 卷第 1 辑。

30. 李爱年：《生态保护立法体系存在的问题及完善的建议》，载《中国人口·资源与环境》2002 年第 3 期。

31. 梅宏：《论我国生态保护立法及其完善》，载《中国海洋大学学报》（社会科学版）2008 年第 5 期。

32. 吕忠梅、刘超：《从沙尘暴防治看立法理念的转变》，载《河北法学》2007 年第 7 期。

33. 杜群：《建构预防自然灾害的生态保护法研究视角》，2012 年中国法学会灾害法征文。

34. 张红侠：《环境法制完善与自然灾害预防研究》，载《法制与社会》2008 年第 6 期。

35. 李挚萍、彭本利：《气候变化背景下气候灾害防治的法律应对》，2012 年全国环境资源法学研究会（年会）论文集。

36. 谢伟：《论风险预防原则在灾害防治法领域的运用》，2012 年全国环境资源法学研究会（年会）论文集。

37. 李艳岩、康婉莹：《生态保护与我国防灾减灾法律体系研究》，2012 年全国环境资源法学研究会（年会）论文集。

38. 曲劲松:《论灾害防治视角下的环境保险制度》,2012 年全国环境资源法学研究会(年会)论文集。

39. 孙磊:《防灾减灾背景下我国环境警察制度建构思考》,2012 年全国环境资源法学研究会(年会)论文集。

40. 刘梦实:《自然灾害背景下环境侵权责任分担及救济》,载《中国环境法治》(2011 年卷)。

41. 王克林、章春华、易爱军:《洞庭湖区洪涝灾害形成机理与生态减灾和流域管理对策》,载《应用生态学报》1998 年第 6 期。

42. 孟涛:《中国非常法律的形成、现状与未来》,载《中国社会科学》2011 年第 2 期。

43. 马国泉:《注重环境保护,防范自然灾害——评 Facing Catastrophe: Environmental Action for A Post-Katrina World》,载《公共行政评论》2013 年第 5 期。

44. 余新忠等:《自然灾难史:思考与启示》,载《史学理论研究》2003 年第 4 期。

45. 陶鹏、童星:《灾害概念的再认识——兼论灾害社会科学研究流派及整合趋势》,载《浙江大学学报》(人文社会科学版)2012 年第 2 期。

46. 罗祖德、廖佳敏:《人类对灾害的认识》,载《自然杂志》1990 年第 3 期。

47. 易立新、车用太、王广才:《水库诱发地震研究的历史、现状与发展趋势》,载《华南地震》2003 年第 1 期。

48. 左书华、李蓓:《近 20 年中国海洋灾害特征、危害及防治对策》,载《气象与减灾研究》2008 年第 4 期。

49. 赵飞等:《2000 ~ 2012 年我国自然灾害人口损失情况特征分析》,载《灾害学》2013 年第 4 期。

50. 葛怡等:《恢复力研究的新进展与评述》,载《灾害学》2010 年第 3 期。

51. 闫海明、战金艳、张韬:《生态系统恢复力研究进展综述》,载《地理科学进展》2012 年第 3 期。

52. 田亚平、向清成、王鹏:《区域人地耦合系统脆弱性及其评价指标体系》,载《地理研究》2013 年第 1 期。

53. 王沙燚:《灾害系统与灾变动力学研究方法探索》,浙江大学 2008 年硕士学位论文。

54. 李可:《类型思维及其法学方法论意义——以传统抽象思维作为参照》,载吴康宁主编:《金陵法律评论》(秋季卷),法律出版社 2003 年版。

55. 门可佩、高建国:《重大灾害链及其防御》,载《地球物理学进展》(第 23 卷)2008 年第 1 期。

56. 马宗晋:《世界环境问题和中国减灾工作研究进展》,载《地学前缘》2007 年第 6 期。

57. 尚志海、刘希林:《自然灾害风险管理关键问题探讨》,载《灾害学》2014 年第 2 期。

58. 陈为铎、余培刚:《"三个维度"看云南旱灾》,载《地理教学》2013 年第 19 期。

59. 王永德:《云南省持续干旱原因分析与应对措施》,载《中国水利》2014 年第 15 期。

60. 方海燕等:《甘肃舟曲"8 · 7"特大山洪泥石流灾害原因及防治对策》,载《中国水土保持科学》2010 年 12 月。

61. 王亚华:《反坝,还是建坝——国际反坝运动反思与我国公共政策调整》,载《中国软科学》2005 年第 8 期。

62. 李学举:《中国的自然灾害与灾害管理》,载《中国行政管理》2004 年第 8 期。

63. 张晓宁:《我国自然灾害风险管理现状与展望》,载《中国减灾》2013 年第 8 期。

64. 李翔:《美国的自然灾害管理体制与政策体系》,载《今日浙江》2008 年第 3 期。

65. 于安:《〈突发事件应对法〉的实施问题》,载《理论视野》2009 年第 4 期。

66. 张成福:《公共危机管理:全面整合的模式与中国的战略选择》,载《中国行政管理》2003 年第 7 期。

67. 刘树坤:《流域水循环与生态修复》,2004 年北京城市水利建设与发展国际学术研讨会论文集。

68. 马骧聪:《论我国环境资源法体系及健全环境资源立法》,载《现代法学》2002 年第 3 期。

69. 徐祥民:《关于环境法体系问题的几点思考》,载《法学论坛》2009 年第

2 期。

70. 黄锡生、史玉成:《中国环境法律体系的架构与完善》,载《当代法学》2014 年第 1 期。

71. 马骧聪:《论我国环境资源法体系及健全环境资源立法》,载《现代法学》2002 年第 3 期。

72. 高利红、刘先辉:《"森林资源"概念的法律冲突及其解决方案研究》,载《江西社会科学》2012 年第 7 期。

73. 刘超:《〈水污染防治法〉控制手段的反思与重构》,载《中国人口·资源与环境》2010 年第 11 期。

74. 胡苑、郑少华:《从威权管制到社会治理——关于修订〈大气污染防治法〉的几点思考》,载《现代法学》2010 年第 6 期。

75. 吕忠梅:《〈水污染防治法〉修改之我见》,载《法学》2007 年第 11 期。

76. 邓君韬、陈家宏:《自然资源立法体系完善探析——基于资源中心主义立场》,载《西南民族大学学报》(人文社会科学版)2011 年第 8 期。

77. 宦盛奎:《森林法立法理念的法理分析》,载《政法论坛》2015 年第 3 期。

78. 童星、张海波:《基于中国问题的灾害管理分析框架》,载《中国社会科学》2010 年第 1 期。

79. 胡建淼、杜仪方:《依职权行政不作为赔偿的违法判断标准——基于日本判例的钩沉》,载《中国法学》2010 年第 1 期。

80. 刘雪松:《有效防灾减灾体系新构建——从灾害共同体走向责任共同体和伦理共同体》,载《自然灾害学报》2007 年第 1 期。

81. 彭少麟:《发展的生态观:弹性思维》,载《生态学报》2011 年第 19 期。

82. 汪劲:《从中外比较看我国项目环评制度的改革方向》,载《环境保护》2012 年第 22 期。

83. 朱桂田、韦龙明、吴烈善:《日本环境评价制度对我国环境评价的启示》,载《矿产与地质》2002 年第 6 期。

84. 付鹏等:《论生态文明目标下环境影响评价制度的发展方向》,载《环境污染与防治》2008 年第 6 期。

85. 陈蓬:《中国林业生态工程管理机制研究》,北京林业大学 2005 年博士学位论文。

86. 杨亮亮、崔国发:《我国自然保护区数量特征分析》,载《林业实用技术》2009 年第 3 期。

87. 罗吉:《〈大气污染防治法〉修订与环境污染防治立法的发展趋势》,2001 年武汉大学环境法研究所基地会议论文。

88. 邓佑文:《行政参与的权利化:内涵、困境及其突破》,载《政治与法律》2014 年第 11 期。

89. 官大伟:《原住民生态知识与当代灾害管理——以石门水库上游集水区之泰雅族部落为例》,载《地理学报》2015 年第 76 期。

90. 李干杰:《生态保护红线——确保国家生态安全的生命线》,载《求是》2014 年第 2 期。

91. 陈海嵩:《"生态红线"制度体系建设的路线图》,载《中国人口 · 资源与环境》2015 年第 9 期。

92. 胡俊锋等:《中国综合防灾减灾标准化现状与发展思路》,载《生态学杂志》2014 年第 1 期。

93. 侯保龙:《公民参与重大自然灾害性公共危机治理问题研究——以我国政府与公民互动为视角》,苏州大学 2011 年博士学位论文。

94. 章剑生:《知情权及其保障——以〈政府信息公开条例〉为例》,载《中国法学》2008 年第 4 期。

95. 刘植才:《我国资源税制度改革发展的回顾与展望》,载《税务研究》2014 年第 2 期。

96. 姜明安:《论国家侵权责任的构成》,载《中外法学》1991 年第 4 期。

97. 杜群、黄智宇:《论自然灾害管理不作为的国家侵权责任》,载《中国地质大学学报》2015 年第 11 期。

98. 叶林:《论不可抗力制度》,载《北方法学》2007 年第 5 期。

99. 袁文全:《不可抗力作为侵权免责事由规定的理解与适用——兼释〈中华人民共和国侵权责任法〉第 29 条》,载《法商研究》2015 年第 1 期。

100. 姜明安:《论行政裁量权及其法律规制》,载《湖南社会科学》2009 年第 5 期。

101. 姬亚平:《论国家赔偿法的演变》,载《求索》2006 年第 6 期。

102. 季涛:《论国家侵权责任豁免的理论基础》,载《杭州大学学报》(哲学社会科学版)1998 年第 4 期。

103. 周利敏:《从自然脆弱性到社会脆弱性:灾害研究的范式转型》,载《思想战线》2012 年第 2 期。

三、外文著作类

1. Daniel A. Farber and Michael G. Faure, *Disaster Law*, London, Massachusetts, Elgar Research Collections, 2010.

2. Daniel A. Farber, Jim Chen, Robert R. M. Verchick and Lisa Grow Sun, *Disaster Law and Policy*, New York, Aspen Publishers, 2010.

3. Robert R. M. Verchick, *Facing Catastrophe: Environmental Action for a Post-Katrina World*, Cambridge, Massachusetts: Harvard University Press, 2010.

4. Kristian Cedervall Lauta, *Disaster law*, New York, Routledge, 2015.

5. Andrea Janku, Gerrit J. Schenk, and Franz Mauelshagen, *Historical Disasters in Context: Science, Religion and Politics*, New York, Routledge, 2012.

6. Fabrice G. Renaud, Karen Sudmeier-Rieux and Marisol Estrella, *The role of ecosystem in disaster risk reduction*, Tokyo, United Nations University Press, 2013.

7. George D. Haddow, Jane A. Bullock, *Introduction to Emergency Management*, 2nd edition, Elsevier, Butterworth Heinemann, 2006.

8. Erica Harper, *International law and standards applicable in natural disaster situations*, International Development Law Organization, 2009.

9. Andrea de Guttry, Marco Gestri, Gabriella Venturini, *International Disaster Response Law*, Hague, T · M · C Asser press, 2012.

10. Thomas Sikor ed., *The Justices and Injustices of Ecosystem Services*, London, Routledge, 2013.

11. E. L. Quarantelli ed., *What is a Disaster? Perspectives on the Question*, London, Routledge, 1998.

四、外文论文类

1. Paulina Aldunce, Ruth Beilin, John Handmer and Mark Howden, "Framing disaster resilience: The Implications of the Diverse Conceptualizations of 'Bouncing Back'", *Disaster Prevention and management* 23, 2014.

2. Emma L. Tompkins and W. neil Adger, "Does Adaptive Management of Natural Resources Enhance Resilience to Climate Change?", *Ecology and Society* 9(2):10,2004.

3. Frank Thomalla, Tom Downing, "Reducing Hazard Vulnerability: towards a Common Approach between Disaster Risk Reduction and Climate Adaptation", *Disasters* 30(I),2006.

4. Daniel Farber, "Symposium Introduction: Navigating the Intersection of Environmental Law and Disaster Law", *Brigham Young University Law Review* 1783,2011.

5. Keith H. Hirokawa, "Three Stories About Nature: Property, the Environment, and Ecosystem Services", *Mercer Law Review* 62,2010 - 2011.

6. James Salzman, "Creating Markets for Ecosystem Services: Notes from the Field", *New York University Law Review* 80,2005.

7. Robert L. Glicksman, "Regulatory Safeguards for Accountable Ecosystem Service Markets in Wetlands Development", *Kansas Law Review* 62,2013 - 2014.

8. Lia Helen Monteiro de Lima Demange, "The Principle of Resilience", *Pace Environmental Law Review* 30,2013.

9. Craig Anthony Arnold and Lance H. Gunderson, "Adaptive Law and Resilience", *Environmental Law Reporter News &Analysis* 43,2013.

10. J. B. Ruhl, "Ecosystem Services and The Clean Water Act: Strategies for Fitting New Science into Old Law", *Environmental Law* 40,2010.

11. "The Mouse That Roared: Can Louisiana's Coastal Zone Management Consistency Authority Play a Role in Coastal Restoration and Protection?", *Tulane Environmental Law Journal* 20,2006 - 2007.

12. Oliver Houck, "Can We Save New Orleans?", *Tulane Environmental Law Journal* 19,2006.

13. Sam Brandao, "Louisiana's Mono Lake: The Public Trust Doctrine and Oil Company Liability for Louisiana's Vanishing Wetlands", *Tulane Law Review* 86,2012.

14. Susan L. Cutter, Lindsey Barnes, Melissa Berry, Christopher Burton, Elijah Evans, Eric Tate and Jennifer Webb, "A place-based model for understanding

community resilience to natural disasters", *Global Environmental Change* 18, 2008.

15. Daniel A. Farber, "Catastrophic Risk, Climate Change and Disaster Law", *Asia Pacific Journal of Environmental Law* 16, 2013.

16. Claude de Ville de Goyet and André Griekspoor, "Natural Disaster, the Best Friend of Poverty", *Georgetown Journal on Poverty Law and Policy* 14, 2007.

17. María Eugenia Ibarrarán, Matthias Ruth, S. Ahmad, M London, "Climate Change and Natural Disasters: Macroeconomic Performance and Distributional Impacts", *Environment, Development and Sustainability* 11, 2009.

18. Matthew D. Adler, "Policy Analysis for Natural Hazards: Some Cautionary Lessons from Environmental Policy Analysis", *Duke Law Journal* 56, 2006.

19. K. J. Tierney, "From the Margins to the Mainstream ? Disaster Research at the Crossroads", *Annual Review of Sociology* 33, 2007.

20. Thomas Brennan, "Integrated (Total) Disaster Risk Management", International Training Program on Total Disaster Risk Management, 2003.

21. Jennifer Wilson and Arthur Oyola-Yemaiel, "The Evolution of Emergency Management and the Advancement towards a Profession in the United States and Florida", *Safety Science* 39, 2001.

22. Neal, D. M., "Reconsidering the Phases of Disaster", *Int. J. Mass Emerg Disasters* 15, 1997.

23. Daniel A. Farber, "Navigating the Intersection of Environmental Law and Disaster Law", *Brigham Young University Law Review* 2011, 2011.

24. Sandeeka Mannakkara and Suzanne Wilkinson, "Post-disaster Legislation for Building Back Better", *Construciton Law Journal* 29, 2013.

25. J. B. Ruhl, *The law and policy of ecosystem services* (Ph. D. diss., Southern Illinois University Carbondale, 2006).

26. Craig Anthony Arnold, "Fourth-generation Environmental Law: Integrationist and Multimodal", *William and Mary Environmental Law and Policy Review* 35, 2011.

27. Ryan B. Stoa, "Droughts, Floods and Wildfires: Paleo Perspectives on Disaster Law in the Anthropocene", *The Georgetown International envrionmental Law review* 27, 2015.

28. Melinda Harm Benson, "Reconceptualizing Environmental Challenges—is Resilience the New Narrative?", *Journal of Environmental and Sustainability Law* 99, 2015.

29. Tracy-Lynn Humby, "Law and Resilience: Mapping the Literature", *Seattle Journal of Environmental Law* 4, 2014.

30. Stephanie Joan Mead, "The Precautionary Principle: A Discussion of the Principle's Meaning and Status in an Attempt to Further Define and Understand the Principle", *New Zealand Journal of Environmental Law* 8, 2004.

31. Arie Trouwborst, "Prevention, Precaution, Logic and Law: The Relationship Between The Precautionary Principle and The Preventative Principle in International Law and Associated Questions", *Erasmus Law Review* 2, 2009.

32. Carl Folke, "Resilience: The Emergence of a Perspective for Social-ecological Systems Analyses", *Global Environmental Change* 16, 2006.

33. Carl Folke, Thomas Hahn, Per Olsson, Jon Norberg, "Adaptive Governance of Social-Ecological System", *Annual Review* 30, 2005.

34. Jessica L. F., "State's Duty to Prepare, Warn, and Mitigate Natural Disaster Manages", *Boston College International & Comparative Law Review* 37, 2014.

35. Jill M. F., "Re-examining Acts of God", *Pace Environmental Law Review* 27, 2010.

36. Mark S., "Human Rights Challenges and Adequacy of State Response to Natural Disaster", *Environmental Law Review* 11, 2009.

37. Ken Lerner, "Governmental Negligence Liability Exposure in Disaster Management", *The Urban Lawyer* 23, 1991.

38. J. B. Ruhl and R. Juge Gregg, "Integrating Ecosystem Services into Environmental Law: a Case Study of Wetlands Mitigation Banking", *Stanford Environmental Law Journal* 20, 2001.

39. Robert R. M. Verchick, "Disaster Justice: the Geography of Human

Capability" ,*Duke Environmental law &Policy Forum* 23,2012.

40. James Salzman, "Creating Markets for Ecosystem Services: Notes from the Field" ,*New York University Law Review* 80,2005.

41. Keith H. Hirokawa, " Three Stories About Nature: Property, the Environment and EcosystemServices" ,*Mercer Law Review* 62,2010 – 2011.

42. Michael J. S. , " The Transformation of State Sovereign Rights and Responsibilities under the Rome Statute for the International Criminal Court", *Chapman Law Review* 8,2005.

43. Mithi M. ,"Justice,War,and the Imperium:India and Britain in Edmund Burke's Prosecutorial Speeches in the Impeachment Trial of Warren Hastings", *Law and History Review* 23,2005.

44. Tyra R. S. , "Natural Disasters and the Responsibility to Protect: from Chaos to Clarity" ,*Brooklyn Journal of International Law* 32,2007.

45. Stuart F. ,"Is the Failure to Respond Appropriately to a Natural Disaster a Crime Against Humanity? The Responsibility to Protect and Individual Criminal Responsibility in the Aftermath of Cyclone Nargis", *Denver Journal of International Law and Policy* 38,2009.

五、会议报告类

1. UNISDR, Hyogo Framework for Action 2005 – 2015: Building the Resilience of Nations and Communities to Disasters,2005.

2. ISDR, Living with Risk: A Global Review of Disaster Reduction Initiatives,2004.

3. IPCC, Managing the Risks of Extreme Events and Disasters to Advance Climate Change Adaptation: a Special Report of Working Groups I and II of the Intergovernmental Panel on Climate Change, Cambridge and New York: Cambridge University Press,2012.

4. Elaine Enarson,Gender and Natural disasters,Infocus Programme on Crisis Response and Reconstruction,working paper 1,2000.

5. United Nations International Strategy for Disaster Reduction Secretariat, Living with risk:A global review of disaster reduction initiatives,Geneva,2002.

6. IUCN,Ecosystem and Livelihoods and Disasters:An integrated approach to disaster risk management,2006.

7. IFRC and UNDP, Effective Law and Regulation for Disaster Risk Reduction:a Multi-country Report,2014.

8. IRGC, White Paper on Risk Governance: Towards an Integrative Approach.

9. Millennium Ecosystem Assessment, Ecosystems and Human Well-being: Synthesis,Island Press,2005.

10. World Commission Dams,Dams and Development,a New Framework for Decision-making,2000.

11. UNISDR,2009 Global Assessment Report on Disaster Risk Reduction, Geneva,2009.

12. 2011 Global Assessment Report on Disaster Risk Reduction, 2011, Geneva.

13. International Strategy for Disaster Reduction, Sendai framework for disaster risk reduction 2015 – 2030,2015.

14. International Decade for Natural Disaster Reduction (IDNDR), Programme Forum 1999,5 – 9 July 1999,Geneva.

15. United Nations, Report of The World Conference on Natural Disaster Reduction,Yokohama,23 – 27 May 1994.

16. Protection of Persons in the Event of Disasters: Memorandum by the Secretariat,UN Doc. A/CN. 4/590,11 December 2007.

17. 国家发展改革委员会:《国家适应气候变化战略》,2013 年。

18. 中华人民共和国民政部:《民政部国家减灾办发布 2017 年全国自然灾害基本情况》。

19.《中国 21 世纪议程》,1994 年 3 月。

后记·致谢

拙著是在我的博士学位论文基础上修改而成,现怀着忐忑心情付梓。从论文选题到完成,再到如今的出版,我的博士生导师杜群教授都给予了悉心的指导和无私的帮助。在论文写作期间,武汉大学环境法所的各位师长、好友给予的关照也让艰苦的写作时光倍感温馨。在此郑重致谢!

拙著的出版得到了南昌大学法学院的大力扶持。南昌大学法学院院长、我的博士后合作导师杨峰教授在我博士后研习期间,不嫌弃我资质愚钝,耐心教诲,给我提供了许多学术锻炼的机会。感谢恩师!同时,感谢法律出版社对本书出版的持续关注和付出!

在多年的求学之路上,我的父母一直默默地支持我、帮助我,尤其是在论文写作期间,他们毅然帮我把尚在襁褓中的女儿接过去,承担起养育的重担,不辞辛劳,使我无后顾之忧。我的爱人谌建博士也总是在我迷茫、困苦之时开导我,给予我信心和关怀。

由于个人能力有限,拙著仍存在诸多不足和有待完善的空间,唯有以未来在漫漫学术之路上的不懈努力报答各位恩师和至亲!

黄智宇

2018 年 7 月 4 日写于南昌大学前湖校区法学楼

图书在版编目(CIP)数据

生态减灾的法律调整：以环境法为进路／黄智宇著
. -- 北京：法律出版社，2018
(南昌大学法学文库)
ISBN 978 - 7 - 5197 - 2557 - 0

Ⅰ. ①生… Ⅱ. ①黄… Ⅲ. ①环境保护法－研究
Ⅳ. ①D912.604

中国版本图书馆 CIP 数据核字(2018)第 177620 号

生态减灾的法律调整:以环境法为进路
SHENGTAI JIANZAI DE FALÜ TIAOZHENG:
YI HUANJINGFA WEI JINLU

黄智宇 著

策划编辑 张泽华
责任编辑 沈小英 张泽华
装帧设计 李 瞻

出版 法律出版社
总发行 中国法律图书有限公司
经销 新华书店
印刷 北京虎彩文化传播有限公司
责任校对 马 丽
责任印制 吕亚莉

编辑统筹 财经法治出版分社
开本 720 毫米×960 毫米 1/16
印张 14
字数 252 千
版本 2018 年 8 月第 1 版
印次 2018 年 8 月第 1 次印刷

法律出版社/北京市丰台区莲花池西里 7 号(100073)
网址/www.lawpress.com.cn
投稿邮箱/info@lawpress.com.cn
举报维权邮箱/jbwq@lawpress.com.cn
销售热线/010 - 63939792
咨询电话/010 - 63939796

中国法律图书有限公司/北京市丰台区莲花池西里 7 号(100073)
全国各地中法图分、子公司销售电话:
统一销售客服/400 - 660 - 6393
第一法律书店/010 - 63939781/9782 西安分公司/029 - 85330678 重庆分公司/023 - 67453036
上海分公司/021 - 62071639/1636 深圳分公司/0755 - 83072995

书号:ISBN 978 - 7 - 5197 - 2557 - 0 **定价**:58.00 元
(如有缺页或倒装,中国法律图书有限公司负责退换)